教育部职业教育与成人教育司行业规划教材
中等职业教育财经类专业基础课教学用书
21世纪“产学结合型”新概念教材

U0805627

现代商务礼仪

（第五版）

杨 眉 主 编
何浩然 副主编

东北财经大学出版社
Dongbei University of Finance & Economics Press
大 连

图书在版编目（CIP）数据

现代商务礼仪 / 杨眉主编. —5版. —大连：东北财经大学出版社，2016.8（2022.1重印）

中等职业教育财经类专业基础课教学用书

ISBN 978－7－5654－2382－6

Ⅰ. 现… Ⅱ. 杨… Ⅲ. 商务-礼仪-教材 Ⅳ. F718

中国版本图书馆CIP数据核字（2016）第150482号

东北财经大学出版社出版

(大连市黑石礁尖山街217号 邮政编码 116025)

网 址：http：//www.dufep.cn

读者信箱：dufep@dufe.edu.cn

大连永盛印业有限公司印刷 东北财经大学出版社发行

幅面尺寸：148mm×210mm 字数：242千字 印张：8.75 插页：1

2016年8月第5版 2022年1月第32次印刷

责任编辑：周 欢 责任校对：何 力

封面设计：张智波 版式设计：钟福建

定价：24.00元

教学支持 售后服务 联系电话：（0411）84710309

如有印装质量问题，请联系营销部：（0411）84710711

推荐说明

本书是全国中等专业（职业）学校通用教材，经审定，同意作为我会推荐教材出版。书中不足之处，欢迎读者批评指正。

教育部商业职业教育教学指导委员会

第五版前言

随着大众创业、万众创新的深入发展，人们的经商意识普遍提高，商务往来日趋频繁，良好的商务礼仪修养更显得尤为重要。《现代商务礼仪》出版至今，广受社会大众和读者的欢迎。在本教材再出第五版之际，我们结合现代商务实践活动的发展，依据教育部最新颁布的《中等职业学校专业教学标准（试行）财经商贸类（第一辑）》中的“市场营销专业教学标准”，对本书又进行了认真的修订。

修订中，我们大体保留了书中现有的体例和风格，舍去一些因发展而显陈旧的文字，增加了新鲜的内容和案例。在修订过程中突出教材的时代感、新颖性；注重教材的可读性和学生的可操作性，也注意到企事业单位和社会培训机构的适用。

本书的第一版由山东理工职业学院杨眉主编，安徽商贸职业技术学院何浩然担任副主编。参加这次第五版修订的老师还有山东理工职业学院牛凤英、安徽商贸职业技术学院黄亮、云南师范大学商学院蒋春萍，全书由杨眉统纂定稿。

本次修订中，我们参考了许多新的相关研究成果，借鉴了不少专家学者的宝贵资料，在此我们深表敬意和感谢。本书虽又经修订，但错讹应该仍有，欢迎广大读者热忱关心、继续指正，为进一步完善礼仪教育共同努力。

编　者

2016年5月

目　录

第 1 章

商务礼仪概述

学习目标

知识目标：了解礼仪与商务礼仪的基本含义及二者之间的内在联系，掌握商务礼仪在塑造个人形象、企业形象中的重要作用，认识个人修养对个人形象、企业形象的深刻影响。

技能目标：能够根据礼仪的含义，区分现实生活中礼貌、礼节、仪式三种不同的行为方式，并能指出它们之间的相互关系。

能力目标：能够更好地展示个人的教养、风度和良好形象，同时把个人学识、修养、价值观以及对社会的责任感融入企业的经营管理中去，更好地建立企业良好的信誉和社会形象。

【引例】

从一则新闻报道看礼仪教育的现状

从2013年5月开始，省文明办、省教育厅开展了“未成年人文明礼仪养成教育”的课题研究。结果显示，仅14%的学校开设了文明礼仪教育专项课程，真正经常性开展文明礼仪主题教育活动的学校仅占23%左右，家长经常过问孩子文明礼仪习惯养成和日常表现的也只有42%左右。70%的有学校对学生文明礼仪教育的主要形式是在班会课中宣讲。

《扬子晚报》得知这一课题调查结果后，深感未成年人礼仪教育的重要性。作为发行量和影响力巨大的媒体，决定与省文明办联合，大力推进这项提升未成年人文明素质的公益大行动。2013年11月13日—21日，在省文明办的支持下，《扬子晚报》推出一组重量级报道，一时间，孩子们的礼仪问题在社会上成了热门话题。而《扬子晚报》，还依托了扬子晚报网等全媒体平台，在更大范围内征求社会各届对于《江苏省未成年人基本文明礼仪规范》的意见和建议。短短一周之内，点击量近2万人次，共征集网友留言和读者反馈的各类意见建议500多条，包括具体修改建议238条，其中可吸收的修改意见52条。

课题组结合《扬子晚报》反馈的修改意见对草稿再次修订，今年春季开学前，《江苏省未成年人基本文明礼仪规范（试行）》正式出炉。活动旨在引导未成年人了解当代文明礼仪的基本规范，掌握基本的谈吐、举止、服饰等个人礼仪，以及家庭、校园、公共场所等社会生活领域的交往礼仪，养成“讲文明、懂礼貌、有道德”的良好品格和行为习惯，长大成为实现中华民族伟大复兴中国梦的合格建设者。

《扬子晚报》编委会指示，由教卫部成立活动组，与省文明办从2014年4月1日起，联合推出“江苏未成年人文明礼仪创作大赛”。涵盖“男生不跷二郎腿，女生并拢膝盖；不打听、不泄露别人隐私；春节向师长拜年；采取合理方式帮助跌倒路人……你怎么看待未成年人的文明礼仪规范；你对学好礼仪有什么好建议”等内容，截至8月份，大赛共收到参赛作文3 600多篇，参赛画作4 500余幅，作品总数超过8 000件。省文明办特邀国内知名作家及插画师倾力打造，历经10个月孕育，出版《未成年人文明礼仪养成教育丛书》。这是全国首套以绘画形式阐述礼仪养成的系列丛书，共35本，通过生动有趣的故事和简洁优美的文字，向读者揭示蕴含在礼仪知识点背后的“爱、善、诚、勤、俭、美”等价值观理念。

资料来源　由《扬子晚报》2014年12月报道整理得来。

本章将系统介绍礼仪与商务礼仪、商务礼仪与形象塑造以及礼仪与个人修养之间的关系。

1.1 礼仪与商务礼仪

人际交往涉及诸多层面，范围相当广泛。商务往来是人际交往的一种特定形式，与“礼仪”有着密切的联系。商务礼仪是礼仪在商界的具体应用，对商务活动的效果有重要影响。

1.1.1 礼仪

礼仪，作为人类社会文明的标志，是在人际交往中运用一定规范性的程序方式来表现对他人尊重和友好的行为活动及过程；从个人修养角度上看，礼仪属于个人内在素质与修养的外在表现，是人际交往活动的一种交际方式。

1）礼仪的含义

礼仪就是人们在社会交往活动中约定俗成的一种敬重他人、美化自身的行为规范、准则及程序。礼仪作为一种行为规范，体现着对他人的敬意与尊重，要求人们自觉遵守社会公共道德，自觉尊重他人和尊重自己，自觉平等待人，自觉真诚守信，自觉注重仪表、谈吐等。

2）礼仪的表现形式

礼仪的内容相当丰富，其表现形式也各有不同。礼貌、礼节、仪表、仪式等，都属于礼仪表现的基本形式。

礼貌是指人际交往中通过语言、动作等方面对他人表示敬重和友好的行为规范。

礼节通常是指人们在日常生活中，相互表示尊敬、友好、祝愿、慰问等惯用的形式，实际上是礼貌的具体表现。

仪表是指人的容貌、服饰、姿态、风度及个人卫生等方面的综合体现。

仪式是指礼仪展现的程度和形式。

显然礼貌、礼节、仪表、仪式是几个不尽相同的概念，但它们彼此之间又相互联系、密不可分。遵守礼仪，要通过具体的形式，要借助具体的礼节，要注重自身的美化，对于重要活动，还应举行隆重仪式，来表达对交往对象的尊敬和友好。这一切都是以“尊重”为前提，以“礼”为基础的。人们以礼塑造形象，以礼相互交往，以礼沟通感情，以礼促进友谊，以礼赢得和睦与安宁。总之，礼仪的形式看似简单，只不过是一个微笑、一声道谢、一种举手之劳，但不起眼的表现都可能会成为立身处世的法宝。

【小知识1-1】

孔子提出和倡导“道之以德，齐之以礼”，希望统治者用道德引导民众向上、用礼仪规范大众的行为方式。道德属于抽象范畴，触之无形，视之无色，嗅之无味，弄不好就讲空了，落不到实处。要让道德具有可操作性，就需实现有效转换，使之外化于行、内化于心。这就需要礼仪规范。

党的十八大报告强调：倡导富强、民主、文明、和谐，倡导自由、平等、公正、法治，倡导爱国、敬业、诚信、友善，积极培育和践行社会主义核心价值观。用我国传统文化的术语，这可以理解为“道之以德”。继之而来就有一个“齐之以礼”的问题，即如何吸收借鉴我国传统礼仪的合理内涵，将社会主义核心价值观的12条“德目”落到实处。

资料来源　由《人民日报》2014年8月14日报道整理得来。

3）礼仪的特征

（1）社会性

礼仪作为一种社会规范，是调整社会成员在社会生活中相互关系的行为准则，需要社会成员共同遵守，并非仅仅规范某些人或某团体成员的行为，因此，具有明显的社会性特征。

（2）范围性

虽然礼仪具有明显的社会性特征，但在不同地区、不同民族、不同国家、不同信仰间还有诸多差异。所谓“十里不同风，百里不同俗”正是体现了礼仪的范围性。比如，对见面时礼节的表达，日本人的鞠躬礼，韩国人的跪拜礼，泰国人的合十礼，阿拉伯人的按胸礼，以及欧美人的吻面礼、吻手礼和拥抱礼等，各有其讲究，都体现了礼仪的“范围性”。

（3）延续性

礼仪同其他文化现象一样，其形成都需要一个较长的演变过程，而一旦形成，便会较长时间地延续，这就是礼仪的延续性。了解礼仪的延续性，可以一方面对优秀的传统礼仪发扬光大，另一方面要敢于革除陋习。

（4）多样性

古今中外，各种礼仪浩如烟海，并充满社会生活的各个领域，礼仪无时不有，无处不在。从适用范围上讲，礼仪可以分为外事礼仪、商务礼仪、学校礼仪、军队礼仪、家庭礼仪、公共场所礼仪、习俗礼仪等。就形式而言，同一感情又可以用多种形式表达，比如表示赞许，可以竖起大拇指，可以微笑，可以击掌，还可以点头等。明确了礼仪的多样性特征，便于我们融会贯通，同时对于一些陌生的礼仪现象也就会见怪不怪了。

（5）互动性

古语曰：来而不往，非礼也。礼仪作为一种向对方表示尊重的行为，除一些特殊礼仪外，均需对方做出一定反应，比如问候、握手、鼓掌等，都可以说明礼仪具有互动性特征。了解互动性特征，就会人亦敬我，我亦敬人，就会对上不媚、对下不骄，就会不卑不亢、礼貌待人。

（6）等级性

尽管在社会主义条件下，人与人之间相互平等，没有什么贵贱之分，但尊老爱幼、尊重上级、尊敬师长、礼待宾客等这些优良传统不能丢。了解商务礼仪的等级性特征，就会懂得长幼有分、上下有别。

【小思考 1-1】

在西方国家人们见面时行拥抱礼，而在中国为何行不通？

答：礼仪有明显的范围性，在不同的国家、不同的地区，由于民族文化的不同和习俗的差异，表达感情的方式也有所不同。在西方人们见面时习惯拥抱，而在中国人们则普遍行握手礼。

1.1.2 商务礼仪

商务礼仪作为礼仪的一个分支，体现了在市场竞争中的重要性。一名优秀的商务人员，了解、熟悉和正确使用商务礼仪，保持良好的商业信誉和个人形象，是获取成功的重要条件。

1）商务礼仪的概念

商务礼仪是商务人员在商务活动中，用以维护企业或个人形象，对交往对象表示尊重与友好的行为规范。它是一般礼仪在商务活动中的运用和体现。一般来说，在商务活动中，言行大方、得体，按约定俗成的规矩办事，按大家都可以接受的礼节程序与客户往来，是商务礼仪的基本内容。因此，正确运用商务礼仪，对于树立良好企业形象、个人形象，妥善处理各方面关系，促进商务工作开展，实现营销工作目标，取得良好的经济效益，具有非常现实的意义。

2）商务礼仪的原则

商务礼仪的原则就是商务人员在商务往来、人际交往中所依据的标准或规则，具体内容如下：

（1）尊重原则

商务礼仪的核心就是体现人与人之间的相互尊重。在当今人际交往中，人与人是相互平等的，无论职务高低、年龄长幼、民族大小、种族强弱，人格上没有贵贱之分。尊敬领导、尊敬长辈、尊敬客户、尊敬宾朋等不但不卑下，而且是一种讲究礼仪的表现。只有尊敬对方，才能获得对方的尊敬。只有相互尊敬，才能建立、保持和谐愉快的人际关系，作为商务人员更应该在这方面身体力行，这样才会给事业成功提供助力。

（2）遵守原则

礼仪是人类为维系社会正常生活而共同遵循的道德行为规范，是人们在长期共同生活、相互交往中逐渐形成的，并以风俗、习惯及传统方式等固定下来的。正常的社会生活秩序，是以共同遵守为前提的。商务人员遵守这一原则往往还同对方及自身的经济利益有关，切不可随意而为。因此，社会上的每个成员都应该自觉遵行礼仪，如果与之违背，便是失礼、违礼、无礼，不但会给自己的形象、声誉、事业、经济、人际关系带来不良的后果，甚至会受到社会舆论的谴责。

【小知识 1-2】

商务活动中的礼仪，包括行为与习惯，是人们潜意识里认可并需要遵守的一些交往规范。这些规则能够使我们顺利地进行各种交往活动，比如互换名片、相互问候、送礼的方式、服饰的禁忌、商务宴请等等，诸如此类的礼俗和约定。虽然是一些小节，认真对待并适当遵守都体现着一个人的素养。

（3）真诚原则

真诚是做人之本，也是商务人员立业之道。有位名人曾说过，人与人相交贵在交心，人与人相知贵在知品，人与人相敬贵在敬德。真诚向来是为人所称道的美德，而虚伪作假最遭人厌弃。真诚待人，可广结人缘，拥有众多的同行朋友和社会友人，与人相处就会感情融洽，即使有点误会或隔阂，也能消除。虚假处世，只会糊弄一时，终不会长久，必定相交者寡。

（4）适度原则

《菜根谭》中有这样一句话："花看半开，酒饮微醉，此中大有佳趣。若至烂漫酕醄，便成恶境矣。履盈满者，宜思之。"在哲学上，"度"指的是一定事物保持自己的质的数量界限，超过这个界限，就要引起质的变化。在人际交往中感情的表达也要适度，这就是：待人既应彬彬有礼，又不低三下四；既要殷勤接待，又不失庄重；既要热情大方，又不轻浮谄谀。要把握好各种情况下的社交距离及彼此间的感情尺度。

（5）自律原则

自律就是自我约束，时时处处用礼仪准则规范自己的言行举止。试想，宴请客户或去赴宴，一道菜上来，十分可口，适当多吃一点无妨，但如果无节制地、自顾自地尽兴大吃，其行为肯定招人腹诽。自律并非单纯的一时一事，应是一个长期的自我约束、自我磨炼过程。因此，在平时的生活中要自觉摒弃不良习气，陶冶情操，使遵行礼仪成为自己好习惯的一部分，而无需外界的提示与监督。

观念应用1-1

张先生入住某酒店，在大堂、客房、餐厅、商务中心等处，服务员见到他都亲切地问候："你好!"开始张先生亲切微笑，点头回礼，后来却面无表情，甚至反感，服务员都很茫然不知所措。

分析提示

任何一种事情都有一种数量界线，超过了这个界线就要引起质的变化。人际交往中感情的表达也有一种适度的问题，张先生在酒店遇到各种不同岗位的服务员，多次使用同一种问候，确实显得机械、呆板，听多了就让人麻木乃至反感。酒店应该让客人在不同场合听到不同的问候声。

1.2 商务礼仪与形象塑造

1.2.1 商务礼仪与个人形象

个人形象主要是指一个人的相貌、身高、体形、服饰、语言、行为举止、气质风度以及文化素质等方面的综合，而这些正是商务礼仪所涵盖的内容。商务礼仪与个人形象塑造密切相关，以商务礼仪规范自己的言行、仪容、仪表，是展示良好形象的一条有效途径。商务礼仪在塑造个人形象方面，具有以下几方面作用。

1）遵行商务礼仪可以给人留下良好的第一印象

在人际交往中，根据交往的深浅程度，可将人的形象分为三个层次：对于那些只知其名未曾见面的人来说，一个人的形象主要与他的名字相关；对于初次相见只有一面之交的人来说，他的形象主要与他的相貌、仪表、风度举止相关；对于那些相知相交很深的人来说，他的形象更多的是与他的品行、文化、才能相关。由此可以看出，第一印象是由人的相貌、仪表、风度举止等综合因素构成的。对于商务人员来说，留给人良好的第一印象，是成功的前奏，因为商务交往中第一印象常具有"首因效应"，并会形成较强的心理定式，对后期的信息产生指导作用。

2）遵行商务礼仪可以充分展示商务人员良好的教养与优雅的风度

外形的美丽，常常指的是漂亮的五官、健美的身段及华丽的服饰等这些表象的东西，而内在的美所包括的内容则更多、更重要。二者的结合才使人更有风度。对一个人教养与风度的评判，不能仅以自己的好恶为标准，而应以社会共识进行考查，这种共识便是礼仪。商务礼仪正是衡量商务人员教养与风度的一种共识尺度，它要求每位商务人员讲究礼貌、仪表整洁、尊老敬贤、礼让妇女、助人为乐等，如果他的一言一行与商务礼仪规范相吻合，人们定会对他的教养与风度予以称道。

3）遵行商务礼仪可以更好地向交往对象表示尊敬、友好之意，赢得对方的好感

古语曰：礼者，敬人也。尊敬他人是获得他人好感进而友好相处的重要条件。反之，自高自大，忽略他人的存在，就会很难得到他人的配合，这是一种不懂礼貌的表现。

【小知识 1-3】

第一印象在很大程度上决定对一个人的观感，而且很少会改变其最初的判断。通常最初的印象被破坏了，大都没有机会再去第二次塑造了。

1.2.2 个人形象与企业形象

所谓**企业形象**，是指企业自身行为通过传媒，在消费者及社会公众心目中所确立的综合印象，也就是消费者及社会公众对企业的全部看法和总体评价。企业的形象，始终与企业的每位成员密切相关。消费者及社会公众与企业的某一个部门或某位具体成员进行交往。若每位企业成员均能做到热情礼貌、姿态良好、语言文明、行为规范等，就能在消费者及社会公众心目中留下良好的印象，企业形象自然得以树立。而在企业中，商务人员又是与消费者及社会公众交往最多的一种群体。可以这样说，没有商务人员的良好形象，就无所谓良好的企业形象。商务人员的礼仪形象，俨然是企业形象的“窗口”，消费者及社会公众透过这个“窗口”来了解企业形象，从而在自己心目中对

这个企业的形象进行评价。

商务人员的形象在企业形象中所起的重要作用，可以从以下三个方面理解：

1）商务人员形象是企业形象的代表

商务人员往往代表的是企业的形象。很多时候和场合，商务人员不再是以个人的面目出现，而是代表着企业进行各项活动，代表着企业向消费者及社会公众发布企业的经营新方针、新举措等最新消息，解答消费者及社会公众对企业及企业产品、服务等方面的疑问。在消费者及社会公众心目中，商务人员是企业的代表，商务人员代表的就是企业。

2）商务人员是企业形象的主要塑造者

同社会各界、各阶层、各民族、各种职业类型的社会公众广泛交往，是商务人员工作的一个重要内容。为了求得成功，客观上要求商务人员在不同交往中，都要恰如其分地表现自己的礼仪修养，以良好的社会公众意识展示企业的风貌，用符合礼仪的行为塑造企业的良好社会形象。从一定意义上说，先有个人形象，然后才有企业形象，个人形象是企业形象的基础。商务人员遵行礼仪，既是个人形象的重塑，又是企业形象的再造。

3）商务人员是连接企业与消费者的“桥梁”

对消费者及社会公众来说，某企业在他们眼中，既有具体的一面，又有抽象的一面。他们对于企业形象的认识，大多依赖于企业员工形象及商品的品质，而企业员工形象则主要是商务人员形象，因为企业里商务人员与社会各界接触最多。消费者会把商务人员表现出的对他们的尊重、关心、负责，看做企业对他们的尊重、关心、负责；会把商务人员的以礼相待，看做企业对他们的以礼相待。在企业与消费者的连接中，商务人员如同一座“桥梁”，正是通过这座“桥梁”，使企业的形象在消费者及社会公众眼中变得具体起来。

【小思考1-2】

为什么说商务人员的个人形象是企业形象的窗口？

答：许多公司都非常注重企业形象，并从职员形象入手，因为他们知道职员的形象会通过他们的外表、沟通行为、职业礼仪等给客户留下第一印象，这种印象反映了公司整体的信誉、产品及服务的质量、企业管理水平等。通过对公司职员形象的判断，客户会做出在合作方面“取与舍”的决定。

1.2.3　企业形象的塑造

企业形象的塑造不是孤立的、抽象的，而是通过塑造人员形象、商品形象、管理形象等具体内容来实现的。在构成形象的诸因素中，商务人员的形象是决定性的因素。

1）强化商务人员的敬业精神

商务人员的敬业精神，是构成企业形象的因素之一。敬业精神既包含商务人员对企业的态度、对顾客的态度，也包含对其所从事职业的态度，是商务人员礼仪形象的内在底蕴。有了这种敬业精神，才会对企业高度负责，才会尽心尽力维护消费者利益。

2）不断提高商务人员的服务质量

服务质量不仅指服务态度，还包括服务项目、服务范围和服务技术。在商务活动中，企业若能向顾客提供更多的服务项目、更广泛的服务范围和更雄厚的技术支持，对顾客的吸引力也就会更大，企业的社会形象和经济效益也就会更好。所以，企业在注重抓好商务人员服务态度的同时，要不断地扩大企业的服务范围，不断地提高商务人员的业务水平和企业的服务质量。凡企业所经营的商品，商务人员不仅要对其品种、型号、原材料加工、商品性能等知识了如指掌，还要对其保养、使用、调试、安装等服务技术样样精通，并对出售后的大宗商品做好跟踪调查和售后服务等，这些都是服务质量所包含的具体内容。这些内容在商务活动中，虽然是通过商务人员的言行、举止、动作体现出来的，但最终表现的是企业的整体风貌，塑造的是企业的整体形象。

3）正确处理商务活动中的矛盾纠纷

由于人所处的政治、经济、文化等背景不同，性格、职业、年龄、性别有差异，交往中往往存在不同的价值取向，难免会发生矛盾甚至冲突，礼仪作为通用行为准则，就更显得格外重要，往往可以起到润滑剂的作用。一旦遇有问题、矛盾发生，商务人员应保持冷静，分析问题的原因，寻求解决纠纷的有效途径，即使理在己方，也不要一味地站在企业的角度得理不饶人，不然，很可能会引起对方更大的反感和对抗情绪，使矛盾进一步激化，造成对企业无法挽回的影响。正确的做法是：耐心让对方把话讲完，然后再解释，讲清道理，将矛盾化解。商务人员宽容大度，虚怀若谷，善于求同存异，得理也饶人，便会得到更多的理解和支持，使企业赢得更高的美誉度。若是自己方面的过错，更应该虚心接受对方的意见，诚恳向对方道歉，及时弥补给对方造成的损失。如此，不仅无损于企业的形象，还可以因为商务人员诚挚的态度，使企业形象得到美化。

4）保持商务人员良好的职业修养

商务人员既然是企业形象的代表，在各种活动中，就要时刻把自己的行为同企业的形象自觉地连在一起，自觉遵守企业的各项规章制度，保持商务人员良好的职业修养。首先，待人要公道，不论年长年幼，还是体弱残疾，都应一样热情对待，童叟无欺。其次，任何时候，都不能借助手中的特殊权力或因掌握企业及客户的资料，从事不正当的活动，为自己谋利。再次，要有企业全局观念，特别是当个人利益与集体利益发生冲突时，应从大局出发，个人利益服从集体利益，不计较个人得失，表现现代商务人员较高的思想境界和职业修养。

观念应用1-2

北京某著名酒店的一名员工，在工作时未能按顾客的不当要求去做，被客人打了一拳。在这种情况下，这名员工努力保持克制，妥善地处理了这一事情，既维护了公司利益又达到了顾客的满意。

分析提示

（1）这名员工在被打的情况下能控制住自己的情绪，冷静处理、化解矛盾，很好地解决了商务活动中的纠纷；

（2）站在公司的角度，这名员工并没有得理不饶人，致使矛盾激化，使公司利益受损，而是以自己良好的修养，赢得了顾客的理解，赢得了人们对他的尊重。

1.3 礼仪与个人修养

1.3.1 礼仪与个性修养

心理学家麦迪指出："个性是决定个体心理和行为的普遍性和差异性的那些特征和倾向的较稳定的有机组合。"另一位心理学家凯立希也指出："个性是导致行为以及使一个人区别于其他人的各种特征和属性的动态组合。"上述观点，均对个性进行了阐释。由此可以看出，无论是有机组合方式，还是其特征和倾向，都具有其差异性，了解这一点，在把握个体形象时会有所帮助。

1）气质的培养

气质是个性的重要组成部分。心理学家认为，气质是一个人出生时所固有的、典型的、稳定的心理特点。一般把人的气质划分为多血质、胆汁质、黏液质、抑郁质四种类型。不同气质类型，对人的性格影响也不同。多血质和胆汁质类型的人，其性格特征常表现为豪放、机敏、乐观等，在人际交往中会显得风度潇洒、热情直率，能迅速吸引别人的注意。但多血质类型的人，粗心浮躁，感情易变；胆汁质类型的人，自制能力差，表达方式简单。抑郁质类型的人，对事物体验深刻，善于察觉别人不易注意的细小事物。黏液质类型的人情绪稳定，处事冷静。但这两种类型的人在社交场合中，一般显得比较被动。就气质类型而言，并无好坏之分。正确认识自己的气质类型，就可以扬长避短，使自己的形象不断完善。

2）性格的塑造

性格是一个人对待事物及生活稳定的态度和习惯行为方式。比如有的人谦虚、诚实、勇敢、坚定、忠厚、善良等，有的人骄横、虚伪、怯懦、软弱、刻薄、尖酸等，这些都是性格上的特征。按照人的心理活动倾向划分，可将人的性格划分为内向型和外向型；按照情绪、意志、理智所占的优势划分，可将人的性格划分为情绪型、意志型、理智型；按照个人独立性的程度划分，可将人的性格划分为顺从型和独立型。对人的性格特征的分析，目的是实现性格的重塑。只要有决心、有毅力，性格是可以改变的。

3）心理的完善

心理的完善，对于保持良好的工作状态，提高办事效率都有着积极影响。生活中常会遇到不愉快的事情，这时就应该学会自我调节、自我完善，保持良好的心态和健康的心理。心理完善的表现之一，是能够充分认识自己、悦纳自己，始终自信自强、不断进取。而与之对立的自悲自怜者都束缚于“人行我不行”的囹圄，荒废自己；自暴自弃者放纵自我，践踏自我；自傲自负者故步自封，自欺欺人。心理完善的表现之二，是能够面对现实，适应环境，不仅能发挥自己的最大能力利用环境，而且还能改变环境。心理完善的表现之三，是善于结交知己，与人为善，欢乐有人分享，痛苦有处宣泄。心理完善的表现之四，是既能努力工作，又善于休息，善于自我调节，张弛有度。商务人员在工作中不断自我完善，时刻保持健康的心态，就会以良好的姿态、高涨的热情对待工作、学习、生活，就会充满活力。

4）能力的发展

能力是一个人顺利完成某种活动所必需的并直接影响个人活动效率的个性心理特征，既包括工作能力、交际能力、协调能力，也包括表达能力、应变能力等。能力的发展：一是应通过创造机制激发热情，充分利用自己的本能创造新的生活，不等不靠，学会“主动出击”；二是应敢于承担各种风险，善待挫折；三是应培养广泛的兴趣，拓宽知识面，激发人的创造力，陶冶情操，调剂生活。

【小知识1-4】

美在礼貌、美在修养

著名演员赫本被人们誉为“国际影坛女神”，不仅仅因其貌美，貌美的很多，并不能被全世界的人记住；也不是因为学历，比她学历高的比比皆是。但她用一生诠释了修养这个概念，她在遗言里这样说“若要优美的嘴唇，就要讲亲切的话；若要可爱的眼睛，就要看到别人的好处；若要苗条的身材，就要把你的食物分享给饥饿的人；若要美丽的秀发，就要每天有孩子的手指穿过它；若要优雅的姿态，就要在走路时记住行人不只你一个。”

资料来源 何浩然. 中外礼仪 [M]. 大连：东北财经大学出版社，2015.

1.3.2 礼仪与知识修养

良好的知识修养，是构成一个人气质、形象及能力的重要底蕴。

如果说健康的心理展现出的是人的感情、态度、神采、气度等精神风貌，那么良好的知识修养展现出的便是其丰富的内涵。知识修养主要包括文化知识、专业知识及与专业相关的知识。

1）文化知识

文化知识是社会交往中的基础，它可以使人思考问题缜密细致，分析问题鞭辟入里，处理问题进退自如。一个优秀的商务人员，头脑中不应仅仅只有商品、数字、合同、协议、成交等，还应具备丰富的文化知识，以及对所掌握知识的灵活应用。例如，一个电脑商到邯郸一家公司洽谈业务，因价格问题僵持不下，这时电脑商巧妙运用了“邯郸学步”这个成语故事，风趣地说：“××经理，我这次来你们这里，也是‘邯郸学步’，你可不要让我也爬着回去。”一个外地商人初到邯郸，又用了一个有关邯郸的典故，此情此景恰到好处。电脑商人一番幽默，使邯郸这家公司的经理适当地作了让步。由此可见，运用丰富的文化知识，在商务活动中常常会收到意想不到的效果。

2）专业知识

欲善其事，先利其器。熟练掌握专业知识，工作起来才会得心应手，成为内行。商务人员专业知识丰富，可以有效地调动对方的积极性。生意内容无论是有形商品还是无形商品，有了丰富的专业知识，向对方述说就可以深入浅出，对对方的提问就可以对答如流，就可以向对方描绘一幅美好的前景，从而引发对方的兴趣。有了丰富的专业知识，可以有效地消除对方的后顾之忧。对方的后顾之忧，多缘于对商品及服务存有疑虑或不甚了解，如果商务人员运用自己丰富的专业知识将对方的疑虑消除，对方就会愉快的合作。

3）与专业相关的知识

一个优秀的商务人员还应拥有各种与专业相关的知识，诸如法律、工商、税务、利息、汇率、海关、运输等方面的知识。一笔生意的完成，常常需要经过诸多的环节。熟悉相关专业知识，考虑问题就会尽可能详尽，少走弯路，减少费用，避免误入“红灯区”。处理问题就会尽可能妥善，求同存异，顾全大局，减少纠纷，而一旦发生通过协商不能解决的问题，也易于采取恰当的方式，按程序处理。

1.3.3 礼仪与审美修养

所谓审美，就是人们对美的发现、理解、把握及创造。生活中，就美的具体形态而言，美大致可分为自然美、社会美、艺术美、科学美四大类。自然美是指存在于自然界的自然事物的美，像人的“天生丽质”、魁梧的体形等；社会美是指社会事物、社会现象、社会生活的美，是现实生活中最主要、最集中、最核心的一部分，主要由人的思想、意识、情感等组成，典型的如“雷锋精神”等，这是一种崇高的美；艺术美是艺术家借助于一定的手段和方式，对现实生活进行美的再现和反映，是艺术家创造性劳动的产物，如人对仪容的修饰，“浓妆淡抹总相宜”就是艺术美的展现；科学美是指潜藏在感性美之后的一种理性美，是审美者通过理解、想象、逻辑思维体验到的美，如一个人进取心态、非凡能力等。

人们的审美观，是由人们的价值观所决定的。由于人们价值观念的不同，审美取向也千差万别。例如，有人以奉献为美，有人以索取为美；有人以助人为乐为美，有人以与己方便为美；有人以清苦俭朴为美，有人以铺张奢侈为美。具体到对一个人美的评价，审美角度也是各不相同，有人偏重容貌之美，有人偏重身材之美，有人偏重姿态之美，有人偏重行为之美，有人偏重风度之美，有人偏重心灵之美。

把握健康的审美标准，有助于我们正确地区分美与丑，判断是与非，以不断提高自己的审美观念和审美能力。

【小思考1-3】

健康的美应具备几点要求？

答：第一，能够激发人们的美好情感；

第二，能够促进人们的身心健康；

第三，能够推动社会向前发展。

1.3.4 礼仪与职业道德修养

所谓**职业道德**，就是在职业生活中所必须遵守的行为准则与规范。社会上职业种类众多，俗话说“各行有各行的道”，职业不同，其职业道德的内容也有差异。比如，营业员同理发员的职业道德不一样，商品推销员与餐饮服务员的职业道德亦有差异。由于职业不同，职业道德内容的具体规定也不同，但其本质内涵却是相通的。商务人员职业道德的内容包括以下几个方面。

1）敬业爱岗，忠于职守

热爱本职工作，树立主人翁责任感，是每个商务人员应有的品德，也是做好本职工作的基础。只有敬业爱岗，才会勇于创新、开拓进取、不断探索、努力攀登；只有忠于职守，才会工作认真、精益求精、避免失误。

2）讲究信誉，礼貌待客

讲究信誉不仅是企业展业之本，也是个人立身之本。每个商务人员都应始终坚持诚实无欺、公正待人。要努力做到言必信、行必果，取信于客户。在让客户得到高质量商品或服务的同时，还应让客户得到周到的礼遇，使之高兴而来，满意而去。

3）与人为善，团结互助

商务人员在工作中和周围人员建立良好的关系，创造一个和谐、友好、宽松的环境，有利于各方面工作的开展。真正做到这一点，就应学会关心和尊敬他人，同时使自己令人可亲可信。日常事务中，对人对事既坚持立场，又通情达理，严于律己，宽以待人，以求得周围人员的理解与支持。

4）遵纪守法，廉洁奉公

商务人员经常同商品、金钱打交道，应自觉做到：常在河边走，就是不湿鞋。遵纪守法既是商务人员应尽的义务，也是完成工作任务不可缺少的条件。商务人员要认真执行各项政策，学法、懂法、守法，任何时候都要廉洁奉公、不贪不占、自尊自爱，真正一身正气、两袖清风。

综上所述，礼仪不仅仅是一种外在表现形式，它还与人们自身的修养密切相关。一个人修养的程度与他的礼仪水平是成正比的。所以商务人员除了要注意礼仪的外在表现形式之外，更应在内在修养方面下工夫，在勤奋的求知中不断地充实自己，在各种不同的环境中磨炼自己，不断提高自身修养和礼仪水平。

观念应用1-3

一位老人在某商厦买一斤散装茶叶，在称茶叶之前，见售货员先将包装纸放在电子秤上，显示屏上立刻出现了包装纸的重量，老人不解地问："你称包装纸干什么?"售货员告诉她，这是为了在茶叶重量中减去包装纸的分量，老人对此感叹不已。

分析提示

一桩小事展现的却是企业的精神风貌，反映出企业员工的职业道德水平。他们诚实经营、童叟无欺、讲究信誉、敬业爱岗的做法肯定会为企业赢得较高的商誉。

本章小结

礼仪是人们在社会交往活动中约定俗成的一种敬重他人、美化自身的行为规范、准则及程序。它有四种具体表现形式，即礼貌、礼节、仪表、仪式。礼仪作为一门独立的学科和漫长的历史存在，本身具有明显的社会性、范围性、延续性、多样性、互动性、等级性等多种特征，这对于我们继承和发扬优良传统，借鉴合理做法，指导自身社会实践都具有非常重要的意义。

商务礼仪是礼仪在商务活动中的运用和体现，是商务人员在商务活动中，用以维护企业或个人形象，对交往对象表示尊重和友好的行为规范。它有五个基本原则：尊敬原则、遵守原则、真诚原则、适度原则和自律原则。在商务活动中，恰当使用商务礼仪，遵守其原则，对妥善处理各方面的关系，促进商务工作的开展，实现经营工作目标，取得良好的经济效益、社会效益都会有很好的帮助。

商务礼仪是塑造良好个人形象、企业形象的重要手段和工具。在塑造个人形象方面，遵守礼仪可以给人留下良好的第一印象；可以充分展示商务人员良好的教养与优雅的风度；可以更好地向交往对象表示尊敬、友好之意，赢得对方的好感。商务人员的形象是企业形象的代表，商务人员是企业形象的主要塑造者，商务人员是连接企业与消费者的"桥梁"。所以，商务礼仪在塑造企业形象方面，仍要强调以人为本，让公众从每位商务人员的具体工作中窥测到企业的整体形象，具体内容包括：强化商务人员的敬业精神；不断提高商务人员的服务质量；正确处理商务中的矛盾纠纷；保持商务人员良好的职业修养。

商务人员礼仪修养不是天生就有的，也不是后天自发形成的，而是个人自觉学习，长期训练、培养的结果。商务人员提高礼仪修养，必须从以下几方面做起：(1) 个性修养，包括气质的培养、性格的塑造、心理的完善、能力的发展。(2) 知识修养，包括文化知识、专业知识、与业务相关的知识。(3) 审美修养，包括自然美、社会美、艺术美、科学美。(4) 职业道德修养，包括：敬业爱岗，忠于职守；讲究信誉，礼貌待客；与人为善，团结互助；遵纪守法，廉洁奉公。礼仪修养是商务人员塑造良好形象的底蕴和内功，是一个长期自我学习、自我磨炼的过程。

主要概念

礼仪　商务礼仪　企业形象　职业道德

知识练习

▲ 简答题

1）商界人士在活动中为何要遵循商务礼仪？

2）如何塑造企业的形象？

▲ 填空题

1）礼仪的表现形式主要包括________、________、________、________四种。

2）礼仪的基本特征为________、________、________、________、________和________。

3）生活中，就美的具体形态而言大致可分为________、________、________、________四类。

4）在社交活动中，每个人应时时处处用礼仪准则规范自己的行为，这是礼仪的________原则。

▲ 单项选择题

1）在社交活动中人们一般把语言、行为、仪表等方面对他人表示敬重和友好的行为规范称为（　　）。

A．礼貌　　　　B．礼节

C. 礼仪　　D. 行为准则

2）不同国家的人们见面时的礼节也有不同，如中国人握手，美国人拥抱，日本人鞠躬，这是指礼仪的（　　）。

A. 多样性　　B. 社会性

C. 范围性　　D. 互动性

3）一个人对待事物及生活稳定的态度和习惯行为方式称为（　　）。

A. 个性　　B. 性格

C. 气质　　D. 修养

4）乘车自觉排队，这是礼仪的（　　）。

A. 遵守原则　　B. 自律原则

C. 尊敬原则　　D. 适度原则

▲ 多项选择题

1）商务礼仪的原则是（　　）。

A. 适度原则　　B. 自律原则

C. 真诚原则　　D. 互动原则

2）商务人员职业道德所包括的内容是（　　）。

A. 丰富的专业知识　　B. 较强的语言表达能力

C. 讲究企业信誉　　D. 敬业爱岗、忠于职守

3）商务人员的个人形象在企业形象中的作用表现为（　　）。

A. 是企业形象的代表者

B. 是企业形象的塑造者

C. 是连接企业与消费者的桥梁

D. 是企业形象的重要组成部分

4）仪表是指一个人的外表，包括（　　）。

A. 语言　　B. 容貌

C. 服饰　　D. 姿态

技能训练

1）试分析在日常生活中如何遵守自律性原则。

2）谈谈个人形象在企业整体形象中的作用。

观念应用

▲ 案例题

问候声中的感触

著名美籍华裔舞蹈家孟先生入住上海金沙江大酒店。当他第一次入住时，站在门厅的迎宾服务员立刻向他微笑致意，说："您好！欢迎您光临我们酒店。"第二次孟先生来酒店时，服务员已经认出他来了，边行礼边热情地说："孟先生，欢迎您再次到来，我们经理已有安排，请上楼。"并随即陪同孟先生上了楼。时隔数日，当孟先生第三次踏入酒店大厅时，那位服务员脱口说出："欢迎您第三次光临，我们酒店感到十分荣幸。"事后，孟先生对酒店负责人说："贵店的服务员很不错，不呆板、不机械，你们的服务水平很高嘛。"

资料来源　陈萍. 最新礼仪规范 [M]. 北京：线装书局，2004.

问题：

结合案例，分析怎样说好问候语。

▲ 实训题

结合社会实践谈谈学习礼仪的重要性。

第2章

商务人员个人礼仪

学习目标

知识目标：了解商务人员个人礼仪基本知识，掌握仪表礼仪、仪态礼仪和言谈礼仪所包括的基本内容以及着装、举止言谈的具体礼仪要求和行为规范。

技能目标：能够根据仪表、仪态、言谈的礼仪要求，规范自己的行为，养成站、坐、走良好的姿态和文明讲话的习惯，并能运用所学知识进行自我形象设计，使之与自己所扮演的角色和所从事的活动相适应。

能力目标：能够运用所学知识和技能分析现实生活中由于不懂礼仪所出现的失礼行为，及其对工作、人生所产生的不良影响，从而不断去指导和校正自己的日常行为。

【引例】

小节误大事

业务员金先生去一单位推销新开发产品——照明器，由于路赶得急，脸上的汗珠未及擦一下，便直接走进了业务部张经理的办公室。正在处理业务的张经理被吓了一跳。“对不起，这是我们企业设计的新产品，请您过目”，金先生说。张经理停下手中的工作，接过金先生递过的照明器，随口赞道：“好漂亮呀！”并请金先生坐下，倒上一杯茶递给他，然后拿起照明器仔细研究起来。金先生看到张经理对新产品如此感兴趣，如释重负，便往沙发上一靠，跷起二郎腿，一边吸烟一边悠闲地环视着张经理的办公室。当张经理问他开关为什么装在这个位置时，金先生习惯性地用手搔了搔头皮。谈到价格时，张经理强调：“这个价格比我们预算的高出较多，能否再降低一些？”金先生回答：“我们经理说了，这是最低价格，一分也不能再降了。”张经理沉默了半天没有开口。金先生有点沉不住气，不由自主地拉松领带，眼睛盯着张经理，张经理皱了皱眉，“这种照明器的性能先进在什么地方？”金先生又搔了搔头皮，反反复复地说：“造型新、寿命长、节电。”张经理托辞离开了办公室，只剩下金先生一个人。金先生等了一会，感到无聊，便非常随便地抄起办公桌上的电话，同一个朋友闲谈起来。这时，门被推开，进来的却不是张经理，而是办公室秘书。秘书转达了张经理不选择该照明器的意思。本来有望成交的一笔生意，却因一些小节而泡了汤。

个人礼仪是一个人的生活行为规范与待人处事的准则，是个人仪表、仪容、言谈举止、待人接物的具体规定，是个人道德、品质、文化修养、教养良知等精神内涵的外在表现。它的核心是尊重他人、与人友善、表里如一、内外一致。在商务活动中若置个人礼仪而不顾，我行我素，小则影响自身形象，大则影响事情的成败还有企业乃至国家的整体形象。本章将系统介绍商务人员的仪表礼仪、仪态礼仪和言谈礼仪等个人礼仪。

2.1 仪表礼仪

2.1.1 仪表的含义

仪表，即外表，主要包括人的容貌、姿态、服饰等。容貌，也就是人的长相，多为先天造就，是一个人仪表的基础。姿态，即人的行为举止，是后天训练或习惯而成的结果，是构成一个人仪表的动态因素。服饰，即人的穿戴打扮，它不仅是遮体御寒的一种手段，而且是仪表的发展、创造和补充。从狭义上讲，仪表美包括仪表的自然美和仪表的修饰美两个方面，它是一个人外形的主要展现。事实上，反映一个人思想感情、道德品质、文化修养等的内在美一直为人们普遍重视，并在社交中起着非常重要的作用。因此，从广义上讲，仪表美应包括仪表的自然美、仪表的修饰美和仪表的内在美三个方面。

1）仪表的自然美

仪表的自然美主要指人体外观的自然美。五官端正、肤色健康、身体各部位比例匀称，是构成人体自然美的三个基本因素。五官端正，是指面部五官分布均匀，“三庭五眼”布局合理。“三庭”是指上庭、中庭和下庭。上庭是面部区从额头发际到两眼眉横连线以上位置。中庭是两眼眉横连线以下，到鼻端横连线以上位置。下庭是鼻端横连线以下，到下颏位置。“五眼”是指从正面看，左耳孔到右耳孔之间脸部横向平面距离正好相当于五只眼睛的宽度。一个人的脸形符合比例，就显得耐看（如图 2-1 所示）。

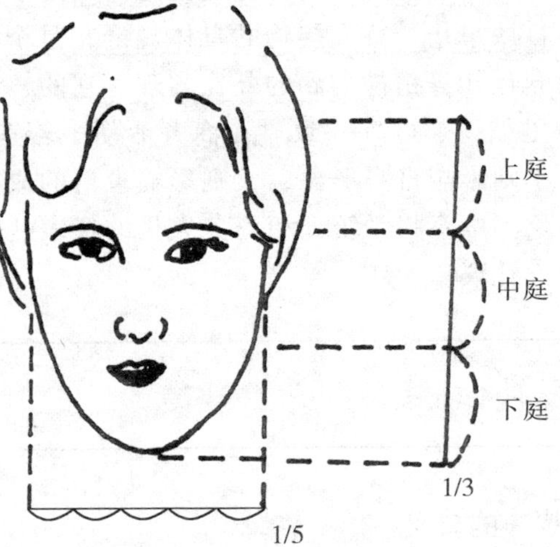

图 2-1　三庭五眼比例

肤色健康，是指皮肤颜色健康。健康的皮肤白皙且红润，黝黑，应有光泽。苍白、发黄往往是一种病态；面色憔悴、暗淡无光，显出的是一副萎靡不振的样子，这不是一种良好的工作状态。身体各部位比例匀称，是指头与躯干、上体与下体、三围尺寸、四肢比例的协调，身长腿短或上体胖下体瘦等，都称不上匀称。

2）仪表的修饰美

仪表的修饰美是一种创造之美。俗话说“佛要金装，人要衣裳”，又言“三分长相，七分打扮”，天生丽质为人所羡慕，却不能人人皆然。不尽如人意是难免的，比如小眼睛、大嘴巴、满脸雀斑、上身长、下身短等。对于先天条件人们无法选择，但通过后天修饰可进行弥补。容貌的缺陷可以通过美容修饰，体形的缺陷可以通过着装改善。仪表的修饰美所强调的就是这种必要的弥补，即人们可以通过对容貌的适当修饰、对服装的合理选择，从而使自己的仪表给人以审美上的愉悦。

3）仪表的内在美

仪表的内在美是更深层次的美，是仪表美的质的东西。从美学的角度讲，美总是有形的，美的生命在于它外形的显现，抽象的、内在本质的美需借助具体的、外在的美的形式才能得以体现。对于人的仪表美的要求，也正是基于这个道理，应让内在之美通过外在的、具体的形象美展现出来。另外，仪表美无论何时都不应仅仅是物质躯体的外壳，它均会从一个侧面反映出一个人的思想修养、精神风貌。心灵美与仪表美不是对立的，而是相亲相容不可分割的，只有它们互为表里、相得益彰，才是最完美的，否则只能是绣花枕头，外表再华丽，也是败絮其中。

【小知识2-1】

透过吸引人的外貌而让人看到你的内在美。

2.1.2 仪容的修饰

仪容一般指人的面部和头部。对仪容的修饰主要是对面部与头发的修饰。

1）面部修饰

面部是人际交往中为他人所关注的焦点，商务人员欲在交往中使自己从容、自信，就应注重面部修饰。

（1）女士化妆

商务礼仪要求商界女士上岗时着淡妆，这是对交往对象尊重的一种表示。淡妆的主要特征是清丽、素雅，具有明晰的立体感。在化妆时，为避免事倍功半，应熟练掌握化妆的一般技巧及化妆的步骤。

①清洁面部。化妆前先进行面部清洁是非常重要的。因为化妆后妆面艳丽程度、效果的持久程度与皮肤的洁净程度成正比，皮肤越洁净，妆面效果越好，效果越持久。对于面部的清洁，可先用洁面乳清洁面部油污，然后再用清水洗净。在清洁的面部上，涂以护肤类化妆品。这类化妆品的好处：一是润泽皮肤；二是保护皮肤，起到隔离作用，防止带颜色的化妆品直接进入毛孔；三是容易上妆，且上妆后不易脱落。

②基面化妆。基面化妆又叫打粉底，目的是调整皮肤颜色，使皮肤平滑，细腻有光泽。粉底有脂状粉底、粉状粉底、乳液状粉底、饼状粉底，化妆者可根据自己的肤质选择合适的粉底。施粉底时常采用“拍”“拍擦”“擦”三种方式，将粉底涂抹于面部，并根据面部的不同区域，分别敷深、浅不同的底色，以增强脸部的立体效果。

③眉毛的修饰。眉毛是由眉头、眉峰、眉梢三部分组成，其生长的标准位置如图2-2所示。

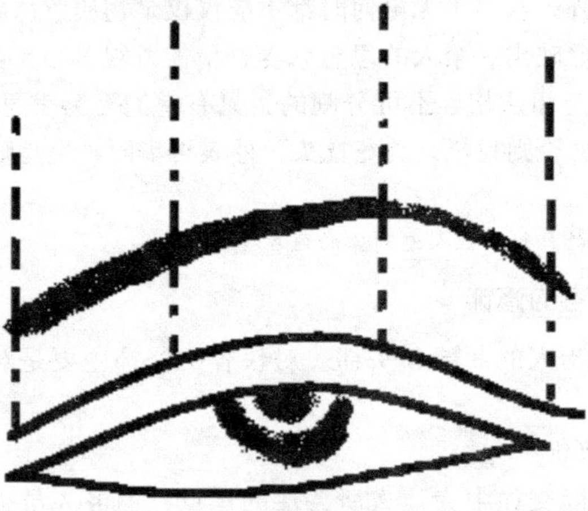

图2-2 眉毛的标准位置

修饰眉毛，先要在原眉的基础上，把过长的、粗直易下垂的眉毛一根一根地修剪到合适的长度，然后，根据人的脸形特点，确定眉毛的造型，再顺着眉毛的方向用眉笔画出眉形。

④涂眼影。工作妆，一般不需要涂眼影。社交妆，商界女士可选择沉静型的眼影，将其涂于眼睑沟内及上眼睑或眼角部位。

⑤画眼线。眼线的作用主要是突出眼睛的轮廓，增加眼睛的外观效果。画眼线要注意上下眼线应有差别，一般上眼线比下眼线画得长、粗、深。

⑥涂腮红。涂腮红主要是通过涂胭脂以弥补肤色的不足。胭脂颜色的选用，要根据肤色、着装、场合而定。涂胭脂的部位，以颧骨为中心，高不过眼，低不过嘴角。具体涂法要根据每个人的脸形而定，长脸形要横着涂，圆脸形要竖着涂，但都要求腮红向脸部原有肤色自然过渡。

⑦涂口红。涂口红时，先要选择口红的颜色，再使用唇线笔勾出理想的唇线涂上口红。唇线要干净、清晰，轮廓要明显。

⑧检查效果。检查化妆整体效果，对不合适的部位进行必要的修改，直到自己满意为止。

（2）男士美容

男士由于生理因素和户外活动量较大，与女士相比，一般皮肤粗糙、质地硬、毛孔大，汗液和油脂分泌量大，常会使灰尘和污垢积聚在皮肤表面而使毛孔堵塞，引起皮肤发炎，因此，男士更需要接受美容指导。从工作角度来说，特别是在国外的许多场合参加商务活动，女士不化妆，男士不修面，就会被对方理解为不尊重他，甚至是蔑视他。对此，商务人员不可掉以轻心。

男士修面，一般包括清洁面部，使用护肤品、无色唇膏和美发定型等几项内容。

①清洁面部。清洁面部，就是清除掉脸上的污垢，保持面部干净、清爽。为此，就要勤洗脸、勤修面。每天上班前要养成剃胡须的习惯，要保持好口腔的清洁卫生，清除口中异物和异味。仔细检查鼻孔、眼角是否有令人厌恶的东西等。

②使用护肤品和无色唇膏。护肤类化妆品的主要功能就是保养皮肤，使之更为细腻、滋润。化妆品品种繁多，功能不一，各具特点，使用者可根据自己皮肤情况和使用时间来确定。无色唇膏，主要是在冬季或干燥季节时使用，滋润嘴唇，防止爆皮、开裂。

③美发。美发是男士修饰容貌的重要组成部分，是人们目光注视的另一个焦点，因而在面部修饰时，绝对不能忽略了它。关于这个问题，将在下面发型修饰中详细介绍，这里不再赘述。

（3）化妆礼仪

现在，许多公司或单位都要求职员淡妆上岗，其目的在于展示员工良好的精神风貌，体现爱岗敬业，表达对交往对象的尊重，这是塑造企业形象所必需的。但就化妆的一些礼仪问题，有必要引起化妆者的注意，否则会事与愿违。

①容貌整洁。容貌整洁是化妆的基础，是每个人都必须做到的。在参加商务活动前，要检查自己的面部是否清洁，头发是否整齐。如果不修边幅，蓬头垢面是无法化妆的，即使化妆也不伦不类。

②妆色淡雅。淡妆是工作妆的特点之一，力求使面色自然，清丽、淡雅。淡妆要求不突出性格，不表现个性，不过分引人注目，这一切都是由工作性质和工作环境所决定的。浓妆艳抹则与工作环境不相协调，会让人觉得过分招摇、举止轻浮。

③不当众化妆。化妆虽是商务工作的需要，但不可以随时随地拿出来涂抹。当众化妆是一种失礼的表现，如果需要化妆或修补妆面，应在无人处或洗手间进行。

④不要非议别人的化妆。每个人都有自己的审美观和化妆风格，切不可对别人的妆面品头论足，特别是商务人员经常出入各种场所，同各个层次的人打交道，如果对别人的妆面说三道四，不仅让对方难堪、反感，而且别人会认为你更失礼。

⑤不要借用别人的化妆品。对于化妆品的使用，每个人都有自己的习惯。借用别人的化妆品，总会让对方不快。不仅因使用习惯不

同，更给人一种不卫生感，让人讨厌。最好是随身携带一套，以备随时使用。

2）发型修饰

发型是构成仪容的重要部分。发型修饰就是在头发保养、护理的基础上，修剪一个适合自己的发型。选择发型，可从以下几个方面加以考虑：

（1）要符合自己的性格和气质

每个人的性格、气质各不相同，所选择的发型也不能千篇一律。举止端庄稳重的人，宜选择线条明快、造型简洁、体现个性特别的发型。潇洒奔放的人，宜选择豪爽浪漫的发型。

（2）要适合自己的脸形特征

一般来说，人的脸形可分为椭圆、圆、长、方四种脸形，发型的选择要以脸形特征为依据。椭圆脸形比较标准，其发式可以比较随意；圆脸形发式不宜蓬松过大，额角及顶部的头发可隆起，发式切忌呈圆形；长脸形的发式，要将“刘海”向下梳，遮住额头，两侧的发型要蓬松，以缩短脸的长度；方脸形的发式，可让头发披在两颊，设法掩饰脸的棱角，使脸形漂亮。

（3）要与自己的身材相适应

人的体型有高、矮、胖、瘦之别。发型作为人体的组成部分，应该根据不同的体型选择适合自己的发型。比如，瘦高型的人，可留长发、直发、大波浪的卷发；身材矮小的人，可剪成短发或将头发高盘于头顶。披肩发是女性的偏爱，无论曲或直都会给人以不同的美感。披肩长发比较适合身材修长的年轻女士。

（4）要与自己的职业相适应

商务人员的活动范围广泛、工作要求严谨，所选发型应当稳重、大方，以整齐、简单的短发为好。在发型的选择上，应体现出干练、成熟的气质特征，切不可标新立异，追求新潮。

【小思考2-1】

公司没作规定，上班还用化妆吗？

答：化妆不仅使人显得健康、美丽、自信，展现员工良好的精神面貌，也体现了对别人的尊重，女士淡妆上岗是商界一种不成文的规定，这是工作的需要。

2.1.3 服饰的选择

1）着装的基本原则

服装对人体的美化作用是无可置疑的，但并不是任何服装穿在任何人身上都一定能产生美感。服装穿着只有遵循一定的着装原则，才能穿出得体、和谐的服装效果。

（1）服装穿着要符合自己的形体特点

服装的美是以人体的美为基础的，服装款式的选择应依穿着者的形体特点而定，才能产生良好的视觉效果。

（2）服装穿着要符合自己的肤色特点

这一点是讲要根据自己皮肤颜色的特点，来选择服装的颜色，以达到映衬和改善肤色的目的。

（3）服装穿着要符合环境与场合的要求

不同的场合有不同的服饰要求，只有穿着与环境氛围相协调的服装，才能产生和谐的效果，达到着装的要求。

（4）服装穿着要符合社会角色的要求

社会心理学家认为：不同的社会角色，必须有不同的社会行为规范，在服饰穿着方面也是如此。所以一个人无论出现在哪里，无论在干什么，都要先弄清自己扮演的角色，然后为自己挑选一套适合这个角色的服装。

【小知识2-2】

大脸不宜戴帽，小头不可包巾；平胸不宜T恤，胸大不穿衬衫；粗腿不穿裙装，细腿不穿宽松裤；肥胖不可坦露，骨感要配高领；吊带不可显露，低腰不露内裤；黑鞋不配白袜，红衣慎穿绿裤。

（5）服装穿着要考虑色彩的搭配与组合

选择服装色彩既要注意到身材、肤色、环境、场合，还要考虑到色彩本身的搭配规律。在服装配色中，同类色相配较为简单，使用多种不同颜色组合时，要根据色彩各自不同的特点加以选择。

观念应用2-1

美国著名的服饰工程师约翰·摩洛埃曾做过一项多元性研究。他派一位中下层社会出身的大学毕业生去拜访100家公司，去其中50家时，他穿着普通服装，去另外50家时则穿着高档服装。对每家公司的经理都事先打过招呼，让他们事先通知自己的秘书，这个年轻人是他刚刚聘任的助理，并要求秘书听从他的吩咐。结果这位年轻人穿着高档服装去拜访时，秘书几乎是有求必应，而穿着普通服装时，就至少有三分之一的秘书对他表示冷淡，或颇有微词。当他要求调3份职员档案时，身着高档服装时有42次在10分钟内收到，而在穿着普通服装时只有12次在10分钟内收到。这个实验的统计显示，身着高档服装时，在50次会面中得到的积极反应和合作是30次，而穿着普通服装时却只有4次。可见，借助服饰既可以美化形象，增强人际吸引，又可以塑造形象，优化你的"第一印象"，使你得到人们的重视和尊敬、生意的兴隆和发达、事业顺畅和成功。穿着不同服装时，受不同对待的原因何在?

分析提示

约翰·摩洛埃实验中的那位大学毕业生，穿着不同服装时，受到人们不同的对待，究其原因，是因为他的仪表形象与人们所期望的角色形象不符，未能满足人们的角色期待所致。

资料来源　何浩然．中外礼仪［M］．大连：东北财经大学出版社，2015.

2）男士西装

在商界，西装是最理想的职业服装，它款式美观大方，稳重潇洒，最能体现商务活动的特点，代表企业的形象，因此穿着也格外讲究。穿着西装的具体要求如图2-3所示。

图2-3　男士着装标准

资料来源　黄馨仪．商业礼仪［M］．北京：中国轻工业出版社，1999.

西装的长度。西装的上衣长度包括衣长和袖长。衣长宜于垂下臂时衣服下沿与手指的虎口处相齐，袖长应在距手腕处1~2厘米为宜。西装穿着后，其前襟和后背下面不能吊起，应与地面平行。裤子长度以裤角接触脚背为妥。

西装的领子。西装的领型有枪驳头和平驳头之分，应根据脸形和西装款式选择。穿着后西装领子应紧贴衬衣领，并低于衬衣领1厘米。这样，一是可起到保护西装领子的作用，二是可显示出穿着的层次。

西装的扣子。穿西装，扣子的扣法很讲究。双排扣西装，正规场合应将扣子全部扣上。单排扣西装，一粒扣西装扣子可以扣也可以不扣，两粒扣西装应扣上边的一粒，三粒扣西装应扣中间的一粒。

西装的口袋。西装上衣胸部的口袋是放折叠好的装饰手帕的，其他东西不宜装入。两侧的衣袋只作装饰用，不宜乱装物品，以免西装变形。物品可以装在上衣内侧衣袋里，左侧内袋可装票夹、日记本和笔等，右侧内袋可装名片、香烟等。裤子两边的口袋也不宜装东西，以求臀围合适，裤型美观。

衬衣。正式场合穿西装，最好配白色衬衣。衬衣的领子大小要合适，领头要挺括、洁净，衬衣的下摆要塞在裤子里。领口的扣子要扣好，若不系领带时应不扣。衬衣以单薄为宜，衬衣内不宜再穿除背心外其他衣物，以免臃肿。

领带。穿西装，一定要打领带，否则会让人觉得有所欠缺。佩戴领带时，除了要注意选择质地、款式、色彩、图案等几点要求外，还要掌握领带的系法（如图2-4所示）。领带系好后，领带结大小要适中，造型要漂亮。领带的长短要得当，其最佳长度是领带的大箭头，正好抵达腰带扣，过短、过长都不雅观。

鞋和袜子。穿西装对鞋和袜子也特别讲究。男士宜穿中筒袜，这样，在坐下谈话时不会露出腿上的汗毛。袜子的颜色应以深色为主。袜子要干净，不应有异味和破洞。穿西装要配穿皮鞋，鞋的颜色以黑色为主，并要经常保持皮鞋的洁净和光亮。

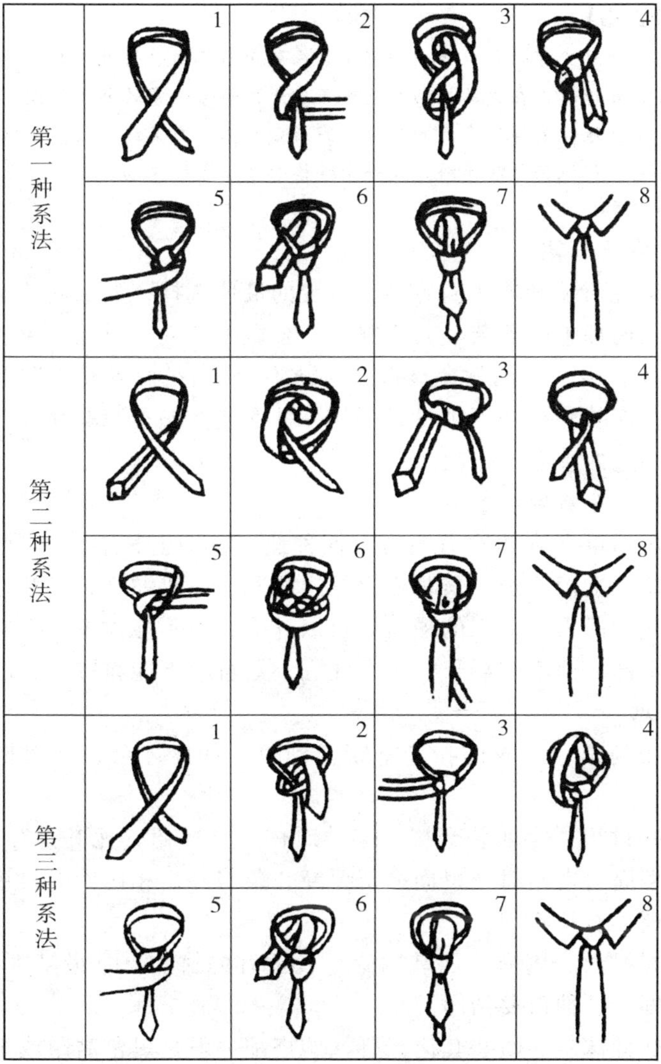

图 2-4　领带的系法

资料来源　赵景卓，戚学森．社交礼仪［M］．北京：中国商业出版社，1994.

【小知识2-3】

美国前总统克林顿曾大胆地利用领带来展示自己男性的魅力和个性。在大选前进行自我宣传时，在克林顿的竞选班子中媒体形象专家的创意和设计下，克林顿敢于多花样地佩戴鲜艳夺目的领带，穿着白衬衣、灰蓝的西服。虽然头发已经呈现出灰色，但他仍然展示给选民一个性格热情、朝气蓬勃、充满男性魅力的年轻总统的形象。

3）女士套裙

如果说西装套装是商界男士着装的最佳选择，那么西装套裙应是商界女士最理想的着装。女士穿上一套做工考究、质地上乘、典雅得体的西装套裙，立刻就会显得“与众不同”。在商界女士职业形象塑造方面，西装套裙功不可没，任何一种女装在塑造职业女性形象方面都无法超过西装套裙。

套裙的穿着要注意以下几点：

长短适度。套裙穿着通常有四种造型，即上长下长、上短下短、上长下短、上短下长。长装显得飘逸洒脱、高雅漂亮；短装显得简洁明快、充满活力。上衣的最短处可以齐腰，但不能再短；下衣最长可至小腿中部，但不宜再长。千万注意，穿着时不能露腰、露腹，否则极不雅观。

衣扣到位。上衣的扣子一定要到位，如此才会显出女性的端庄典雅。

穿好衬裙。穿西装套裙，多数时候应穿衬裙，尤其是穿丝、麻、棉等薄型面料套裙时，里面一定要穿一条与外裙相协调的衬裙，以免内衣外现，有失雅观。

穿好衬衣、内衣。西装内穿一件适宜的衬衣，是最基本的常识。衬衣的领口、袖口要洁净。

配好鞋袜。穿西装套裙，鞋袜的搭配一般是黑色高跟或半高跟皮鞋、肉色高筒或连裤丝袜。不宜穿布鞋、凉鞋、旅游鞋，也不宜穿低筒袜及中筒袜。裙摆的下面不宜露出袜口，以免破坏腿部的美感（如图2-5所示）。

图 2-5　女士着装标准

资料来源　黄馨仪. 商业礼仪［M］. 北京：中国轻工业出版社，1999.

2.2　仪态礼仪

仪态就是人的身体姿态，又称为体态，包括人的站姿、坐姿、走姿、表情以及身体展示的各种动作。

2.2.1　站姿

1）站姿的要求

站姿的基本要求是挺直、舒展，站得直，立得正，棱角分明，线条优美，精神焕发。其具体要求如下：

（1）头要正，顶要平，双目平视，下颏微收，面带微笑，动作平和自然。

（2）脖颈挺拔，双肩舒展，保持水平并稍微下沉。

（3）两臂自然下垂，手指自然弯曲。

（4）身躯直立，身体重心在两脚之间。

（5）挺胸、收腹、立腰，臀部肌肉收紧，重心有向上升的感觉。

（6）双腿直立，女士双膝和双脚要靠紧；男士两脚间可稍分开点距离，但不宜超过肩宽（如图2-6所示）。

图2-6　男士站姿

以上是基本的站姿，工作中可在此基础上进行调整。

女士工作中的站姿，双脚可调整成“V”字形或“丁”字形，右手搭在左手上，贴在腹部（如图2-7所示）。

（1）　　（2）

图2-7　女士工作站姿

男士工作中的站姿，双脚平行，也可调整成“V”字形，双手下垂于身体两侧，也可以将手放在背后，贴在臀部（如图2-8所示）。

图2-8　男士工作站姿

需要强调的是，在工作中站姿一定要合乎规范，特别是在隆重的场合下，站立一定要严格按照要求做。站累时，单腿可以后撤半脚，身体重心可前后移动，但双腿必须保持直立。正确的站姿是商务人员特别是服务人员的专业素质之一，因此必须严格要求并加强基本功训练。

2）站姿的训练

（1）站姿训练的内容、要求

对站姿的训练：一是训练站立时身体重心的位置或重心的调整，使身体正直，中心平衡，并能自然改变站立的姿势。二是训练两脚位置与两脚间的距离，并与手的位置和谐一致，使整个身体协调、自然。三是训练挺胸、收腹、立腰、收臀、身体重心上升，使躯体挺拔、向上。四是训练站立时的面部表情，心情愉悦、精神饱满，通体充满活力，并能给人以感染力。五是训练站立的持久性，能适应长时间站立工作的需要。

（2）站姿训练的方法

①顶书训练。把书本放在头顶中心，为使书不掉下来，头、躯体自然会保持平稳，否则书本将滑落下来。这种训练方法可以纠正低头、仰脸、头歪、头晃及左顾右盼的毛病。

②背靠背训练。两人一组，背靠背站立，两人的头部、肩部、臀部、小腿、脚跟紧靠，并在两个人的肩部、小腿部相靠处各放一张卡片，不能让其滑动或掉下。这种训练方法可使学生的后脑、肩部、臀部、小腿、脚跟保持在一个水平面上，使之有一个比较完美的后身。

③对镜训练。每人面对镜面，检查自己的站姿，看是否歪头、斜肩、含胸、驼背、弯腿等，发现问题及时调整。

站姿训练每次应控制在20~30分钟，训练时最好配上轻松愉快的音乐，用以调整心境，既可以缓解训练的单调性，又可以减轻疲劳感。

【小知识2-4】

一个人如果没有良好的站姿，不但会影响骨骼、体态的正常发育，还会影响服装造型的呈现，更重要的是会使一个人的气质大打折扣。

2.2.2 坐姿

1）坐姿的要求

对商务人员坐姿的基本要求是端庄、文雅、大方、得体，具体要求如下：

（1）入座时要稳要轻，不可猛坐猛起使椅子发出声响。女士入座时，若着裙装，应用手将裙子稍向前拢一下，不宜将裙子下摆东撩西扇，也不宜当众整理服饰。

（2）坐定后，身体重心应垂直向下，腰部挺起，上体保持正直，两眼平视，目光柔和。男士可双手掌心向下，自然地放在膝上，两膝距离以一拳左右为宜（如图2-9所示）。女士可将右手搭在左手上，轻放在腿上，并将两脚并排自然摆放（如图2-10所示）。

图 2-9　男士坐姿

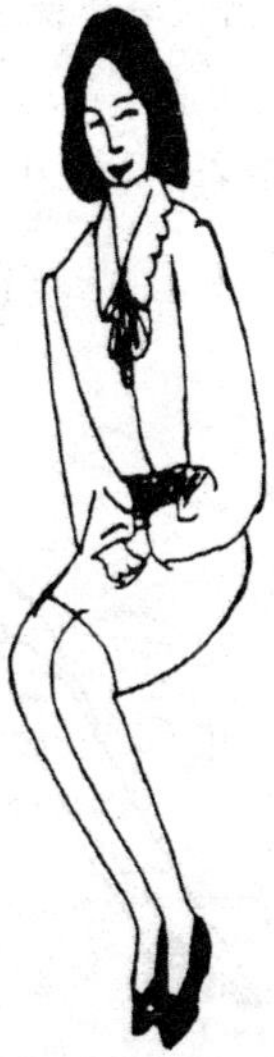

图 2-10　女士坐姿

（3）坐时不要将双手夹在腿之间或放在臀下，不要将双臂端在胸前或抱在脑后，也不要将双腿分开过大或将脚伸得过远。

(4) 坐于桌前应将手放于桌上，或十指交叉后以双肘支在桌面上。面对异性时，要注意不能双手托腮或趴伏在桌面上。

(5) 入座后，要尽可能保持正确的坐姿，如果坐的时间长，可适当调整姿态，但不能影响坐姿的优美。男士比较优美的坐姿如图2-11所示。

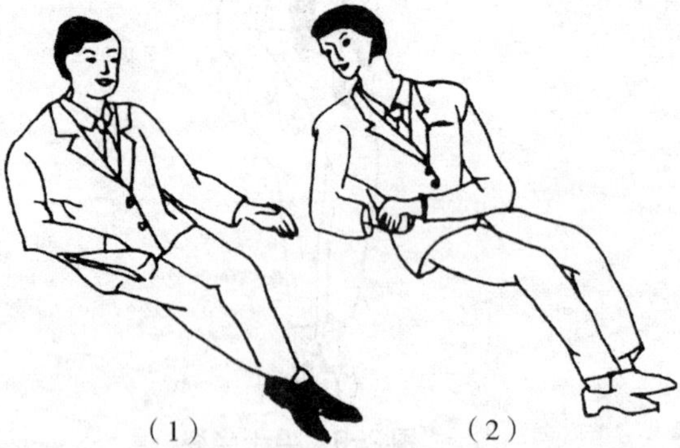

(1)　　(2)

图2-11　男士优美坐姿

资料来源　赵关印. 现代礼仪基础［M］. 北京：气象出版社，1997.

女士比较优美的坐姿如图2-12所示。

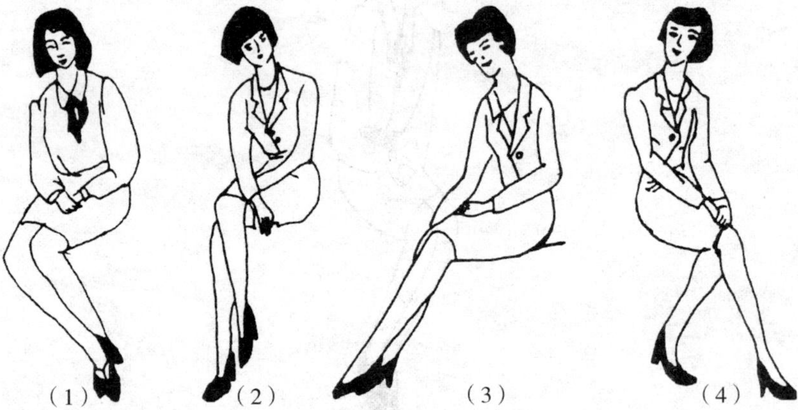

(1)　　(2)　　(3)　　(4)

图2-12　女士比较优美的坐姿

2）坐姿的训练

落座后，最影响坐姿美观的是人们坐下后的腿位和脚位，这是坐姿训练的主要内容。训练时要求上身挺直，腿姿优美，脚位和腿位的放置，可参照图2-11、图2-12。同时，还应进行落座、起身训练。

坐姿训练，最好是在形体训练房进行，坐在镜子前，对着镜子检查自己的坐姿，也可在教室或宿舍内进行，同学之间互相指导纠正。训练时间每次可在控制20~30分钟，训练时最好配上音乐，以减轻疲劳。

【小思考2-2】

双腿交叠而坐是否是一种优美的坐姿?

答：不一定。只有当脊柱骨挺直，双脚的脚尖朝向一个方向并且上脚的脚尖尽量贴着下脚踝骨处，双手微弯曲，交叠放在上腿的大腿处的坐姿才算是一个优美的坐姿。

2.2.3 走姿

走姿就是人行走的姿态、体态，它是站姿的延续动作，是在站姿的基础上展示人的动态美的极好手段。无论是在日常生活中，还是在社交场合，走路往往是最引人注目的体态语言，因而最能表现一个人的风度和活力。

1）走姿的要求

在商界，人们一向注重稳重与干练。商务人员应有意识地对自己的走姿进行调整，以保持稳健、持重。对商务人员走姿的具体要求是：

行走时，头部要抬起，目光平视前方，双臂自然下垂，手掌心向内，并以身体为轴前后摆动。上身挺拔，腿部伸直，腰部放松，步幅适度，脚步宜轻且富有弹性和节奏感。

男士应抬头挺胸，收腹直腰，上体平稳，双肩平齐，目光平视前方，步履稳健大方，显示男性刚强雄健的阳刚之气。

女士应头部端正，目光柔和，平视前方，上体自然挺直，收腹挺腰，两腿靠拢而行，步履匀称，自如、轻盈，显示女士端庄文雅的阴柔之美。

商务人员行走，应力戒下列现象：行走带响、狂奔猛跑、连蹦带跳、背手而行、左顾右盼、摇头晃脑、摆胯扭腰、低头看脚、横冲直撞，与人抢道。这些走姿会严重影响商务人员的形象。

2）走姿的基本步法

走姿的基本步法应掌握以下要点：

(1) 保持正确站姿，做好起步准备。站姿是走姿的基础，直接影响到行走的姿势。

(2) 行走时应伸直膝盖，尤其是前足着地和后足离地时，膝部不能弯曲。男士步幅以一脚半距离为宜，女士步幅以一脚距离为宜。

(3) 抬脚时，脚尖应正对前方，不能偏斜，否则就会出现"外八字"或"内八字"，使走姿不雅。

(4) 沿直线行走，即两脚内侧应落在一条直线上，避免东伸一脚、西出一脚。

(5) 双臂前后自然摆动，肩部、肘部、手腕相互协调。摆动时，用双臂带动双肩，肘、腕自然随之，以身为轴前后摆动幅度30~35度，肩、臂、肘、腕不能僵硬。

(6) 步履自然，手足配合协调，保持整个身体的有机统一，避免呆板僵硬，拘谨造作。

3）走姿的训练

走姿训练属动态性训练，不良的走姿大都积习已久，加大了训练的难度。训练时，一定要掌握要领，严格按规定要求，按步骤训练，才会收到较好效果。

(1) 双肩双臂摆动训练

身体直立，以身体为轴，双臂前后自然摆动。摆幅要适度，注意纠正双肩过于僵硬、双臂左右摆动的毛病。

(2) 步位、步幅训练

在地上划一条直线，行走时检查自己的步位和步幅是否正确，纠正"外八字"、"内八字"及脚步过大、过小的毛病。

(3) 顶书训练

将书本置于头顶，保持行走时头正、颈直、目不斜视，纠正走路摇头晃脑、东瞧西望的毛病。

（4）步态综合训练

训练行走时各种动作的协调性，最好配上节奏感较强的音乐，注意掌握好走路时的速度、节拍。保持身体平衡，双臂摆动对称，动作协调。

体态语言的宜与忌见表2-1。

表2-1　　**体态语言的宜与忌**

站姿	
宜	忌
站直	没精打采地站着
脚保持安静	来回移动脚
肩部放松	晃动身体
双臂垂于体侧	两臂抱胸
头和下颌抬起，下颏微收	低头
坐姿	
宜	忌
坐直	东歪西靠，坐不安稳
两腿在脚腕处交叉	两膝分开太远或跷起二郎腿
身体微微前倾	两腿不停地抖动
走姿	
宜	忌
行走有目的性	脚步拖拉
步伐坚定	步履沉重迟缓
弯腰捡东西时要屈膝	八字脚

2.2.4　表情

表情是指人的面部情态，即通过面部眉、眼、嘴、鼻的动作和脸色变化表达出来的内心思想感情。在体态语中，面部表情最为丰富，且最具表现力，能迅速而又充分地表达各种感情。表情表现的场所和范围相当广泛，只要及时观察脸上出现的表情特征，就能够准确地接受信息，了解其内心真情实感，这对于商务人员来讲是非常重要的。

1）目光

在与人面对面的交往中，信息的交流常以目光交流为起点。交流过程中，可不断地用目光表达自己的意愿、态度和感情。目光运用得当与否，直接影响到信息传递和交流的效果。因此，要学会不同场合、不同情况应用不同的目光。

（1）目光的运用

见面时，不论是熟人还是初次见面之人，尤其是向对方问候、致意、祝贺时，都应面带微笑，用炯炯有神的目光注视对方，以示尊敬和礼貌。

交谈中，应经常与对方保持目光接触，长时间回避对方目光而左顾右盼，是对对方不感兴趣的表现。

双目生辉、炯炯有神，是充满信心的反映，在谈判中持有这种目光，容易取得对方的信任。

推销、介绍产品时，额头舒展、眼神放光，可以让顾客从你流露出的明快而亲切的目光中产生对产品的信任感。

当别人说错话或拘谨时不要直视对方，以免给对方造成压力。

双方缄默不语时，应将目光移开，以免加剧因一时无话题而造成的尴尬或不安。

（2）目光的凝视区域

目光凝视区域是指人的目光所落的位置。根据人们交往中活动内容的不同，人的目光凝视的区域也不同。

①公务凝视区域。公务凝视是在洽谈业务、磋商问题和贸易谈判时所使用的一种凝视。凝视的区域为以两眼为底线、以额头为顶角形成的三角区。如洽谈业务，如果你看着对方这个区域，就会显得严肃认真，对方也会觉得你有诚意。在交谈过程中，如果你的目光总是落在这个三角区，那么你就会把握住谈话的主动权和控制权。因此，这种凝视是商务人员和外交人员经常使用的一种凝视行为。

②社交凝视区域。社交凝视是人们在社交场所使用的一种凝视。凝视的区域为以两眼为上线、以唇心为下顶角所形成的倒三角区。当你与人谈话凝视对方这个区域时，能给人一种平等、轻

松感，从而创造出一种良好的社交气氛。所以，在鸡尾酒会、茶会、舞会和各种类型的友谊聚会的社交场合中，最适合使用这种凝视。

③亲密凝视区域。亲密凝视是亲人之间、恋人之间、家庭成员之间使用的一种凝视。凝视的位置是从双眼到胸部之间。这种凝视往往带着亲昵、爱恋的感情色彩，所以非亲密关系的人不应使用这种凝视，以免引起误解。

2）微笑

微笑是无声的语言，也是人际沟通的桥梁，它不仅在外表上给人以美感，而且还可以最真实地表达自己的热情与友善，甚至还能够打破僵局产生巨大的感染力。

（1）微笑的要求

微笑的时候，面部应平和自然，下颌略向后收，嘴角微微上扬，牙齿微露，亲切和蔼，愉悦动人。

（2）微笑的练习

在练习微笑时，先对着镜子找出自己唇齿最美的笑容，然后将嘴巴部分遮起来，只有眼睛照到镜子，这时你的眼睛应该带着“笑意”，也就是要用眼睛来表现笑容，因为我们内心的想法会影响到眼神。

（3）微笑的魅力

微笑不仅有助于表现一个人的才华、干练和智慧，更可以柔化个人外表刚硬的气质，舒缓不知不觉中给别人的压迫感。恰到好处的笑容，不但能增加个人的亲和力和亲切感，还能化解尴尬的气氛，同时也能散发“热量”，给人温暖。

观念应用2-2

假日饭店在招聘新员工时，饭店管理者面试5 000名应聘者，在面试中微笑少于4次的应聘者，最后都被淘汰了。

分析提示

对一般人而言，微笑只是个人的修养或习惯。而对于职场人员来说，微笑却是一种重要的职业素质，是一些优秀企业招聘员工的重要条件。

2.3 言谈礼仪

言谈是人际交往中最迅速、最直接的一种沟通方式，在传递信息、增进了解、加深友谊、达成共识等方面起着十分重要的作用。谈话中不仅要注意表情、态度、用词，还要讲究交谈的方式及技巧。

2.3.1 言谈的基本要求

在商务活动中，谈话要自觉遵守言谈方面的规则和要求，以礼待人、以情动人、以理服人。这一点是商务人员拓展业务的一种优势。言谈方面的基本要求大致有以下几个方面：

1）态度真诚

真诚是言谈的基础，只有诚心待人，才能换取对方的信任和好感，才能为进一步的交谈创造融洽的气氛。要做到态度真诚，首先要把自己摆在与对方平等的位置上，交谈时，既不要露出趾高气扬、唯我独尊的态势，也不要低三下四、曲意逢迎、满口客套、吹牛拍马。言谈对答，应真心实意；提出问题，应择人所长。说话时应多用征求、探问、商讨的口气，要让别人觉得你是有诚意地同他人沟通思想、交流意见。

2）语言文明

语言文明是言谈的最基本规则，它要求语言不但礼貌、规范，而且要准确、得体。例如见面时，应礼貌地说声“你好”；告别时应客气地说声“再见”；当需要他人协助时，应尽可能地加上一个最能体现尊敬之意的“请”字；当你影响或妨碍他人时，应及时真诚地道歉等。如此显得彬彬有礼，就能获得他人对自己的友好与尊敬。

3）神态专注

言谈中，出于对他人的尊重，有必要对自己的神态加以约束，特别是要注意自己的眼神和手势。当你对别人讲话时，不要一边对人讲话，一边摆弄手机、修指甲、掏耳朵、伸懒腰、看电视、翻报纸、看手表等，这些都是带有明显“驱赶”性的暗示。言谈时要排除干扰、神态专注、聚精会神地同他人交谈。

【小知识2-5】

言为心声。心中有爱，语言就能带着温馨；心中充满愤恨，语言中就会释放出乖戾、不平。

2.3.2 言谈的语言技巧

言谈是一种语言的沟通，对于一般人而言，言谈的要求只是将自己的信息正确地传达至对方，使对方听懂、理解即可。而对于商界人士来讲，由于职业的要求，其言谈不仅要使对方听懂、理解，而且还应使对方认清事实，同意你的观点，进而改变其态度，修正其行为，这即是人们常说的语言技巧。

1）接近对方

语言是接近对方的起点，对商务人员而言，也是业务工作的开始。如何自然而巧妙地接近对方，可按以下惯例去做：

（1）问候与寒暄。这是人们相见时的招呼方式，本身并没有太多的实际意义，但能起到拉近感情距离的功效，如日常生活中常用的“你吃过了吗”“你干吗去”等寒暄语，使用频率都非常高。商务人员一般不应使用这种用语，而应采用标准的问候：“您好”“认识您很高兴”“见到您十分荣幸”“久仰”“幸会”等。

（2）请人介绍。介绍是人与人之间相识的一种手段。当你想接近一个陌生的朋友时，最好的办法是请人来为你介绍，除非万不得已，不要自己贸然去自我介绍，而请别人介绍来接近他人，就显得非常自然。在别人介绍时，要认真倾听，要记住对方的姓名、职务，必要时还应记住其专业、爱好和特长，以便在交谈中选择共同话题。

（3）熟记对方的姓名。对于初次见面的人，要尽量记住对方的姓名，待再次相遇时，力求准确地道出他的姓名和职务，这对他来讲无疑是非常愉快的事情，因为每个人都希望自己在社交活动中成为被别人注意的人物，若你能叫出他的名字，便说明你曾经对他注意或有好感，他心中自然会感到愉悦，接近也就显得更自然和更融洽了。

2）赞美对方

赞美是对他人长处的一种肯定。通常每个人在心理上都有一种被赞美的期待，都渴望得到别人较高的评价，赞美应注意以下几点：

（1）学会欣赏他人

赞美对方首先要学会欣赏对方，发现对方确有值得赞美的地方，否则赞美就会变得勉强和虚伪。

（2）赞美要出于真诚

赞美是一种艺术，也是一种爱的表现，所以赞美他人时常需要有想象力和热情，不可虚假。最美好的言语是发自内心深处的，如果只是为了讨好或某种目的说一些好听的话去奉承别人，或许暂时可以收效，但对人际关系的发展毫无意义，也毫无价值。

（3）赞美要措辞得当

赞美要实事求是，措辞得当。如对漂亮女孩，可以称赞她的美丽；对不漂亮的女孩，可以称赞她气质好；如果女孩既不漂亮又没气质，可称赞她可爱；如果女孩子再不可爱，可以赞美她聪明伶俐。总之，在一个人身上，一定有值得称赞的地方，只要细心观察就能发现他人身上的优点。

（4）赞美语言要具体

太笼统的赞美给人的感觉像是敷衍客套，只有具体深入细致的赞美语，才能使人产生深刻的印象。如赞美他人的画品，只说“你画得很好”，这句话近似敷衍，若加上“笔触有力，用色独到，令人赏心悦目”，这样的赞美就是具体深入，效果也就更好。

（5）赞美应配合眼神和动作

眼睛是最容易表露感情的窗口，当口说赞美的话时，加上和悦的眼神、亲切的微笑、恰当的手势都可使赞美更加具有感染力。

3）说服的技巧

说服是改变对方原有意见、见解、思想及态度的一种语言技巧。在商务交谈中，各自利益的不同，决定了双方在交谈中不可能处处都达成共识，常常会就某问题产生意见分歧。在这种情况下，要说服对方改变原有主张，接受自己的建议，除原则性的问题之外，可采用下面的方法：

（1）先肯定后否定，或在肯定的基础上局部地否定。对对方的意见中合理的部分加以赞扬，不妥当的部分加以指明和纠正，这样的否定，要比一上来便直接否定更容易让对方接受。不管是肯定还是否定，都必须要客观公平，有利于双方的利益，这种说服才易于使对方心悦诚服。

（2）以数据讲话，以事例服人。在说服过程中，数据是最有力的说服手段。比如，对于某一商品的价格，对方认为过高不能接受，非要降低价格方能成交时，你不妨把原材料涨价的幅度、成本增大的百分比等种种数据一一告诉他，在数据和实例面前，让对方觉得商品价格高是事出有因、情有可原，如此，对方对商品的高价就能理解和接受，就易于成交。

（3）通过对比，说服对方。将双方的观点进行相互比较，通过对比证明对方思路有失偏颇，存在漏洞，同时阐明自己观点的正确，让对方在对比中权衡利弊，使其最后放弃自己的观点。

运用说服技巧，应注意以下几点：

第一，了解对方，并设身处地为对方着想。只有如此才会缩短心理距离，才容易打动对方。

第二，语意要明晰，语气要委婉，神情要平和。即便对方提出反驳的意见，也不要急躁恼怒，应善于启发和开导。

第三，借此说彼。利用两件事的相似之处，借甲事说乙事，让对方在其中产生感悟，以达到委婉说服的目的。

4）拒绝的技巧

拒绝，即不接受。在彼此的交谈中，由于利益取向或其他方面的原因，不可能做到有求必应、事事同意。实际上，商务交谈中，拒绝别人的时候可能要多于承诺、应允的时候。由于拒绝不是一件令人愉快的事，因此有必要学习和掌握以下拒绝技巧：

（1）使用敬语，扩大心理距离

大家都有这种体会：如果熟人、朋友在你面前客客气气，说话彬彬有礼，张口敬语闭口谦语，你就会觉得双方的心理距离被一下子拉大了，会产生一种陌生感。如果想拒绝别人，就多用敬语，这样既能表现出对对方的格外尊重，又能在对方心理上产生一种“可敬不可近”的“距离”效应，使对方不好意思将要求和意愿提出来。这种方法对交往不太深的朋友比较适用。

（2）说明原因，取得理解

拒绝对方，往往总是有原因的，这些原因对方未必都清楚，在拒绝对方的同时，不妨将拒绝理由及自己的难处一并陈述给对方，只要是真诚的，对方多半能予理解和谅解。但同时也应主动理解对方，可对对方的处境表示同情，也可帮对方想一些其他办法或提一些建议。这样的拒绝不仅不会伤和气，而且有可能促进双方关系的发展。这种方法对交往深或交往浅的人都可适用。

（3）答非所问，转移、回避

商务活动比较复杂，有许多问题不便直接表态，必要时可来个答非所问，先行回避一下。比如当遇到某人提出一些棘手的问题或过分的要求时，既不好说“是”，也不好说“不是”，便可采用这种方式，来个“王顾左右而言他”，避实就虚，将问题回避开。这种方法对于提出的问题不便作答，又不想将关系搞僵的情况比较适用。

【小思考2-3】

怎样赞美别人？

答：（1）学会欣赏他人；

（2）赞美要出于真诚；

（3）赞美要措辞得当；

（4）赞美语言要具体；

（5）赞美应配合眼神和动作。

2.3.3 言谈中应注意的问题

为使交谈顺利进行，除了要掌握交谈的基本要求和技巧外，还应了解交谈中应注意的问题和禁谈的话题，否则，就有可能使正常进行的交谈产生危机，出现中断，从而导致交谈失败。

1）交谈中应注意的问题

（1）不要自吹自擂。交谈中适时适度地“推销”自己，让对方了解自己、熟悉自己，本是必要的，但不要说过了头，喋喋不休地“我来我去”，以此炫耀自己。

(2) 不要恶语伤人。交谈中出现意见分歧是常有的事，甚至争辩都有可能。遇到这种情况时，首先要冷静，不可动怒，不得失礼，更不可出言不逊，甚至讥讽辱骂、恶语伤人。

(3) 不要妄下结论。市场经济千变万化，人际关系错综复杂，交谈中不要一听到某事、一见到某种现象就主观臆断妄下结论。这样做的结果，往往不是搅乱了人们的视野，就是增加了人与人之间的矛盾，对人对己都没有什么好处。

(4) 不要言而无信。人离不开交际，交际少不了信用，治理国家、结交朋友、经营业务都需要讲信用。“志不强者智不达，言不信者行不果”“一诺千金”，讲的都是一个“信”字。一朝失信，终生无友，并非危言耸听。为避免失信，商务人员在平时说话时要做到不轻易许诺，办不到的事不要应允，答应的事就要千方百计去兑现，不能形成爱说大话的坏习惯，否则，说了不算，言而无信，终将成为商界的孤家寡人。

(5) 不要飞短流长。商务谈话应围绕业务展开，一般不应涉及他人的是是非非，不要非议他人，也不要不负责任地传播小道消息。小道消息一是没有经过证实，二是传播途中往往添枝加叶，极易造成对他人的伤害。商务人员不要参与议论他人，不要在别人背后说三道四。

2) 商务交谈中禁谈的话题

(1) 个人隐私。每个人都有一些不愿让他人知道的秘密，如年龄、婚姻情况、电话号码、财产、收入、住址等。商务人员要避免询问对方的年龄与婚姻，也不要谈论他人的收入与财产，否则容易让人对你产生一种俗不可耐的感觉。

(2) 对方的禁忌。每个人都既有所长又有所短，不要在对方的短处面前，大谈自己的长处和优势，以免触及对方的伤痛，伤害其自尊。比如，在大龄未婚人面前，一般不要谈及家庭、小孩的话题；在残疾人面前，应少谈健美及运动等方面的话题，更不允许拿他们的缺陷开玩笑。

(3) 庸俗话语。不要谈论他人是非。生活中有些人整日将一些低级趣味的东西当作谈资，并津津乐道，这是一种内心极度空虚的表现，商务人员切莫为之。

(4) 令人压抑的事情。如凶杀、死亡、灾难、疾病等都不是好的话题。谈论这些事情，易让人伤感，甚至影响谈话的情绪和气氛。

2.3.4 聆听的艺术

在交谈过程中，每个人都既是言者，又是听者。有一句名言说得好："善言，能赢得听众；善听，才会赢得朋友。"可以说，善于说是一种天性，而认真倾听则是一种修养，它体现了对人的尊重，能创造一种与说者心理交融的谈话气氛。因此，听别人说话也是一门学问。

1）专注有礼

当与别人谈话时，应目视对方，以示全神贯注。还可以通过点头、微笑及其他体态语言的运用，使对方感觉到这一点。对外界造成的种种干扰，要尽量做到视而不见，听而不闻。主观上产生的心理干扰，也要尽量控制。一个出色的聆听者，本身即具有一种强大的感染力，能够引起对方的谈话兴趣。

2）呼应配合

认真倾听，不是毫无反应地傻听，而应是随着谈话者情感和思路的变化而呼应配合：当对方讲到精彩处时，可以击掌响应；当对方讲到幽默处时，可以以笑回之；当对方讲到紧张处时，要避免弄出声响；当交谈者所表达的观点与自己的观点一致时，还可以轻轻点头以示赞同。呼应配合在某种程度上可极大地调动说话人的情绪。

3）正确判断

倾听对方谈话，弄清其意图是很重要的。要善于体味对方的话外之音，要注意听清对方话语的内在含义和主要思想观点，以便正确判断其真正意图。当自己还不能完全摸透对方意图时，切不可自以为是，以免曲解或误会对方的本意。为使信息接收得更准确，对一些重要意见，最好能得到对方的认可，比如"你的意思是说……""我理解你的意思是……”如果符合对方的意图，便会得到首肯。如果不符，对方会给你解释。如此，还会给对方留下一种你听得很认真的印象。

总之，交谈是一种双向的行为。无论是哪一种的交谈，都离不开“说”与“听”双方的配合。商务人员在同他人进行交谈时，应时刻不忘克己敬人，在礼仪上尽量做到中规中矩，需要自己“说”时是如此，需要自己“听”时也是如此。

观念应用2-3

有位小伙子根据一家单位的招聘启事前去求职，他为了让对方全面了解自己的能力和特长，滔滔不绝地和这家单位的人事处长谈了半天，等到临结束时，人事处长对他说了句话：“很抱歉，我们这儿没有空缺位置了，你到别的单位再去看看吧。”小伙子很纳闷，不知为何人事处长不想录用他。

分析提示

（1）这位小伙子的失误在于自己滔滔不绝地谈了半天，却没有留心观察对方对自己所谈的是否感兴趣。

（2）有效地推销是自己说三分之一的话，把三分之二的话留给对方去说，然后认真去听。求职面试时要让主考官发问，让他了解你是否能胜任工作，求职者则应认真聆听，并适时做出回答即可。

本章小结

个人礼仪是商务礼仪中最基本的，也是最重要的内容之一。强调商务人员的个人礼仪，其目的是提高个人礼仪素养，强化文明经营意识，树立良好的个人形象和企业形象。

仪表礼仪中的仪表是指一个人的外表，包括人的仪容、服饰等内容。仪容美是指对面部和头发的修饰。面部修饰对女士而言，主要是面部化妆；对男士而言，是面部清洁、不留胡须。商务人员不仅要掌握化妆、皮肤保养的一般知识，而且还要懂得化妆的礼节。头发的修饰，不论男士、女士，在选择发型时，都要考虑自己的性格、气质、脸形、身材、职业等方面的因素，真正体现稳重、干练、成熟的气质特征。商务人员对服饰的选择，应与工作的性质相吻合，不可随心所欲，男士的服装以西装套装为首选，女士则以西装套裙为主，并要注意穿着时的礼仪要求。

仪态礼仪是指用优美的体态来表达自己对交往对象的尊敬，如站姿、坐姿、走姿、表情等。这些仪态既有规范要求，又有训练的步骤及方法，商务人员欲以优美的体态、良好的气质展示于人，就应该自觉、规范地长期训练。

言谈是人际交往中最迅速、最直接的一种沟通方式。为了实现交往的目的，商务人员在言谈中要自觉遵守言谈中的基本要求：态度真诚、语言文明、神态专注。语言技巧是一种艺术，其内容较为宽泛，本章主要讲了四种：接近对方的技巧、赞美对方的技巧、说服对方的技巧、拒绝对方的技巧。言谈中还有一些商务人员应当力戒的话题，如个人隐私、对方禁忌、庸俗、恐怖等内容。商务人员还应尽量避免言谈中容易出现的一些问题。聆听是一种修养，也是一门学问，在聆听他人谈话时，应做到：专注有礼、呼应配合、正确判断，创造一种与说者心理交融的谈话氛围。

主要概念

个人礼仪　仪表的自然美　仪态　表情

知识练习

▲ 简答题

1）如何理解仪表美的含义？

2）商务人员在穿着方面应遵循哪些基本原则？

▲ 填空题

1）淡妆的主要特征是________、________，具有明晰的立体感。

2）眉毛是由________、________、________三部分组成。

3）言谈的基本要求是________、________、________。

4）仪态又称为体态，包括人的________、________、________、________以及身体展示的各种动作。

▲ 单项选择题

1）公务凝视区域是指（　　）。

A. 以两眼为底线，以额头为顶角形成的三角区

B. 以两眼为上线，以唇心为顶角形成的倒三角区

C. 从双眼到胸部之间的区域

D. 从头顶到脚之间的区域

2）国际商界公认的西装色彩为（　　）。

A. 灰色　　　　B. 黑色

C. 蓝色　　D. 任意色

3）能够展现商务人员良好气质的是他们的（　　）。

A. 化妆　　B. 说话

C. 穿戴　　D. 举止

4）穿深色西装要配（　　）皮鞋才符合要求。

A. 白色　　B. 黑色

C. 任意色　　D. 棕色

▲ 多项选择题

1）构成人体自然美的基本要素是（　　）。

A. 五官端正　　B. 肤色健康

C. 骨骼健壮　　D. 身体各部位比例均称

2）修饰一个适合自己的发型，一般要考虑（　　）。

A. 服装色彩　　B. 肤色

C. 脸形　　D. 职业

3）化妆礼节中常出现的失礼现象是（　　）。

A. 非议他人的妆容　　B. 当众修饰妆容

C. 帮助他人化妆　　D. 借用别人的化妆品

4）在与人交谈中怎样做到聆听（　　）。

A. 专注有礼　　B. 一言不发

C. 呼应配合　　D. 正确判断

技能训练

1）如果有人想见你的上司，而你的上司又不想接见时，你该怎样拒绝客人？

2）假如参加求职面试，该怎样为自己进行形象设计呢？

观念应用

▲ 案例题

细微之中显素质

中专毕业的李先生陪同学到一家知名企业求职。李先生一贯注重个人修养，从他整洁的衣服、干净的指甲、整齐的头发上看，就给人一种精明、干练的感觉。来到企业人事部，临进门前，李先生自觉地擦了擦鞋底，待进入室内后随手将门轻轻关上。见有长者到人事部来，他礼貌地起身让座。人事部经理询问他时，尽管有别人谈话干扰，他仍能注意力集中地倾听并准确迅速地予以回答，同人说话时，他神情专注，目不旁视，从容交谈。这一切，都被来人事部察看情况的企业总经理看在眼里。尽管李先生这次只是陪同学来应试，总经理还是诚邀李先生加盟这家企业。现在，李先生已成为这家企业的销售部经理。

资料来源 王思忠. 礼仪基础知识 [M]. 上海：华东理工大学出版社，1997.

问题：

结合案例，谈谈李先生为什么会被邀加盟这家企业。

▲ 实训题

设计不同情形，进行礼貌谈话。

第3章

商务人员日常交往礼仪

学习目标

知识目标：掌握见面时正确的礼仪礼节，明确商务性拜访与接待礼仪的规范与要求，了解馈赠应注意的事项和礼仪，基本掌握舞会举办者和参加者应讲究的礼仪规范。

技能目标：能够针对日常交往活动中常见的不同场合灵活运用合乎规范的礼仪，如正确与他人握手，礼貌进行介绍，适当进行馈赠等。

能力目标：能够根据商务人员日常交往的具体情况，运用关于见面、拜访与接待、馈赠和舞会的知识与技能，创造性地分析和解决交往活动中的实际礼仪问题，自觉培养礼仪意识，提高自己的素质和修养。

【引例】

见人“减岁”

我跟刘健到一家公司推销产品，在门口就让看门的一位大爷给拦住了。

刘健不急不躁，笑着跟那大爷聊天：“您老高寿？今年有六十了吧？”我心里想：“什么眼神儿啊，这人怎么看也快七十了。”可是刘健仍然笑眯眯地说着。

果然，那老头儿呵呵一笑：“早过六十了，今年都六十九了。”“哟，看不出来，瞧您这身板儿，这精神头儿，一点儿也不显老，我到了您这岁数，肯定难有您这么好的身体……”这几句话一说，老头儿满脸都乐开了花。又闲扯一会儿，便挥手让我们进去，还偷偷告诉我们，公司里的事张秘书就能做主，只要她点头了，经理一准儿会同意。等电梯的工夫，我用极其崇拜的眼光看着刘健。刘健一得意，便吐了真言：“我们跑销售的，必须让人家喜欢我们。这里面有一个‘秘诀’，就是见人减岁，最好是减去十岁。”

现代商务工作，是一项开放性、竞争性很强的工作，需要社会各界及相关人员的支持和配合，建立良好的人际关系尤为重要。因此，要求商务人员不仅能在一些重要场合展现出较高的礼仪素养，更应注意日常交往中的礼貌、礼节，赢得人们的好感。

3.1 见面礼仪

见面是人与人交往迈出的第一步，这时给对方留下的印象在心理学上称之为“首因效应”，它直接影响到与对方交往的深度和广度。为了给对方留下良好的第一印象，取得社交活动的成功，商务人员必须掌握和遵守见面礼仪。所谓**见面礼仪**，是指在与他人见面时应当遵循的礼节规范和行为准则，主要包括称谓、打招呼、握手、介绍和使用名片的礼仪规范。

3.1.1 称谓

称谓，也叫称呼，是指当面招呼对方，同时显示彼此关系的名称。称谓看来很简单，但实际反映出的内容却很丰富，关系也很微妙。

国内最普通使用的称呼是“同志”，同志意为志同道合的人。随着改革开放，我们和海外的交往增加了，在涉外活动中，人们习惯相互称“先生”“小姐”“女士”，这样的称呼也越来越广泛地应用到我们的日常生活中。在国际交往中，一般对男性称“先生”，对女性称“女士”比较稳妥。如果是未婚的女性可以称“小姐”，已婚的可称“夫人”。但千万要注意，在没有弄清对方的婚姻状况时，不要乱称呼，否则会引起不愉快和尴尬。

不同职业在称呼上也存在差异。在企事业单位中，一般习惯依对方的职务职称来称呼，如称董事长、经理、局长、厂长、工程师、师傅等。对医生、教授、法官、律师以及有博士等高学位的人士，可单独称“医生”“教授”“博士”等，也可在此称呼前加上姓氏，如王医生、陈教授、张博士等。

对地位高的外宾（一般指部长以上的高级官员），可以按官衔称“部长阁下”“总理先生阁下”“主席先生阁下”“大使先生阁下”等。在君主制国家，按习惯称国王、皇后为“陛下”，对王子、公主、亲王等可称“殿下”。对有爵位的人既可称爵位，也可称“阁下”或“先生”。

除了上述符合规范的称呼外，在称呼他人时，还应注意不要乱用可能引起误会的称呼，不要使用低级庸俗的称呼，不要使用带有侮辱意味的称呼，不要随便使用别人的小名，不要使用绰号称呼，不要随便直呼他人的姓名等。

观念应用3-1

称谓是时代的产物，每个称谓都有从产生到消亡的发展过程。然而，曾经有一些称谓，既不是因为它们不适应社会的发展了，也不是我们不需要它们了，而是被人为地作践和糟蹋了，所以也就没人用了。比如说下面这三个称谓就是。

同志：新中国成立以来，陌生人之间的称谓多采用“同志”。同志者，志同道合之人也，这个称谓显得亲密但不亲昵，庄重但不刻板，可以适用于从8岁的孩子到80多岁的老人，可谓是男女通用，老少皆宜。但不知道从何时起，该称谓被赋予了新的意义，成了同性恋的代名词，以至于一般人都不能、不敢、不屑再用这个称谓了。

笔者曾经请教过语言学家，自己也遍查资料，最后发现这个称谓之所以变味、变质、变异，完全是人为作践的结果。它的始作俑者不是别人，正是蓬勃发展的互联网。自从同志成了同性恋的代名词，它就彻底地从普通人的嘴里消失，每当说到它的时候，必然是带着嬉笑、嘲讽、暧昧、揶揄的口气的。

小姐：小姐本来是一种对年轻女性的称谓，追本溯源，据说是在中国的封建社会就有了，是当时对那些封建家庭中大家闺秀而言的。后来便“旧时王谢堂前燕，飞入寻常百姓家”，普通老百姓也可以此称呼年轻的女子。但到了建国之初，“小姐”却被视为资产阶级的产物，在很长一段时间内都未被使用。随着改革开放，这个称呼得到了彻底的发扬光大，连大妈甚至是奶奶级别的人，都可以被称为“小姐”了。可是好景不长，伴随着不良服务业的发展，这个词被经常运用到那些从事色情工作的年轻女性身上，正经人家的女孩，当然是不敢再用，最终导致了该词遭受众人的鄙视和弃用。

农民：农民本不是人对人之间的称呼，它只是对从事农业劳动的整个群体的称呼。但正因为这样，当它从一个正常的职业称谓沦落为骂人的话，所伤害到的人也就最多。不过这其中有个奇怪的现象，虽然“农民”成了土气、寒酸、不识时务的代名词，但是农民本身好像并不是特别在乎。反而是那些被称为农民，但又不是农民的人才会真正在乎。但不管怎么说，用“农民”当作是骂人的话，都是对农民本身的极大不尊重。中国过去是农业大国，现在仍旧是农业大国，农民为社会的发展、国家的强大以及人民生活水平的提高都做出了巨大贡献，我们又有什么理由不尊重他们？

但愿这些被错用、污蔑的称谓，能有回归其本来含义的那一天。

3.1.2 打招呼

在社交场合遇到相识的人，要利用一定的方式与对方打招呼，表示对对方的友好和尊重。如果遇到熟人不打招呼，或看到对方跟你打招呼你装作不知道，都是极其不礼貌的。与对方打招呼，应根据不同的情况选择不同的招呼方式。

双方近距离相遇又无须深谈，可以驻足稍作寒暄，这时候打招呼主要靠语言来交流，常用的寒暄语有以下几种：第一，寒暄话与生活中的吃喝睡等有关，比如中国人习惯问“你吃了吗”“你还没歇着呢”；第二，寒暄语与对方正在进行的活动有关，比如“你正在打球啊”；第三，寒暄语与想了解对方将要进行的活动有关，比如“你准备干什么去啊”；第四，寒暄语与夸耀对方有关，比如“你今天这身衣服好漂亮啊”；第五，寒暄语没有任何具体内容，常以天气作为话题，比如“今天的天气不错嘛”。

双方距离稍远并且无须停步寒暄时，则行点头礼，即目视对方，面带微笑，轻轻地点一点头即可。在同一场合，双方多次相遇，或者彼此不是十分熟识，都可以用点头礼打招呼。在舞会上或其他社交场合与相识的人近距离相遇，也可以用点头打招呼，表示礼貌。

双方距离较远，不便寒暄时，可以行招手礼，即伸直右臂举起右手轻轻挥动一下并且同时注目微笑。迎接客人、见到熟人，在握手之前，为了表示热情友好也可先挥一挥手示意。告别送行时也常用招手礼，不过这时的招手应注意多招几下，直到客人远去。

3.1.3 握手

握手礼节源于古代欧洲人向对方表明手中未带武器，表示亲切友好之意。其后成为风尚，通行于欧美。辛亥革命后，我国也习以为礼。如今，在商务和社交活动中，握手礼已是最常使用的一种见面礼。两人见面，一般是面带亲切、友好的微笑，伸出右手与对方相握，以表示对对方的欢迎、问候、敬重或慰问。

正确的握手方式是：在问候之前，双方各自伸出右手，彼此之间保持一步左右的距离，手掌略向前下方伸直，掌心向左，两人手掌平行相握，同时注意上身稍向前倾，头略低，面带微笑地注视对方的眼睛，以示认真和恭敬（如图 3-1 所示）。

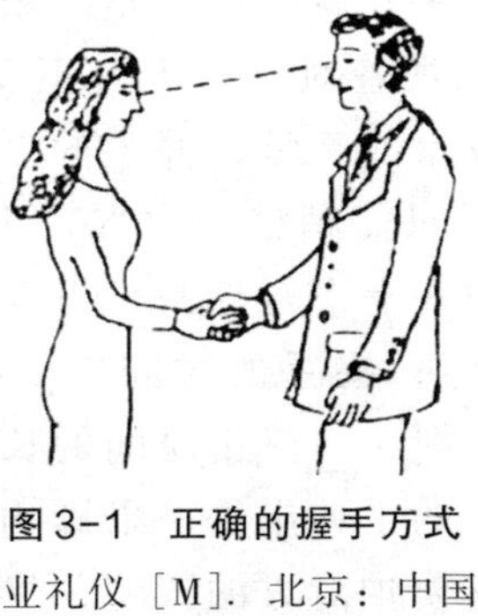

图 3-1　正确的握手方式

资料来源　黄馨仪．商业礼仪［M］．北京：中国轻工业出版社，1999.

此外，握手还应注意以下要求：

1）注意伸手的先后顺序

见面时握手是向对方表示友好，但在有些情况下，先向对方伸手虽说明你热情，却也表示你在礼仪方面有欠缺之处。在人际交往中，握手时伸手的先后顺序讲究颇多，要视身份、地位、性别而定，不可贸然伸手。

（1）职位高者优先

握手时，职务、地位高的人先伸手，职务、地位低的人应先问候，然后再伸手相握，这样做体现出对领导的尊敬。

（2）长辈优先

握手时，长辈先伸手，晚辈才可以伸手相握。这种通则符合社会的“长者为尊”的伦理标准，表达了对年长者的尊重。

（3）女士优先

握手时，女士优先伸手，以体现出对女士的尊重。尊重女性已成为现代社会的一种文明行为。

总之，握手时要让上级、长辈、女士先伸手，把握手的主动权让给他们，以表示对他们的尊敬，同时也避免了将自己的意愿强加给对方，这本身就是对人的尊重。

2）注意握手的礼节

握手时一定要用右手，用左手握手是失礼行为；多人相见时，注意不要交叉握手；握手时要脱去手套，否则将是十分失礼的表现，如因故来不及脱下手套就握手，则必须向对方说明原因并表示歉意；握手时眼睛要注视着对方，千万不要心不在焉、东张西望，这会使对方产生不被尊重的感觉；握手的力度要适中，如果是一般关系，双方见面握手时只需稍稍用力握一下即可，如果关系密切，双方握手时则可略用力并上下轻摇两三下，握力不宜过大，以免使对方产生疼痛难忍之感；握手的时间以1~3秒为宜，切忌时间过长，特别是男士与女士握手，停留时间的长短更应注意；握手时手部应保持清洁，脏乎乎的手伸出去一来影响个人形象，二来是对对方的不尊重；握手时不要拍对方的臂膀，尽管老朋友、熟人可以接受，但大部分人会产生不快，尤其是对上级、长辈和异性，更不允许使用这种方式。

【小知识 3-1】

应当握手的场合：遇到较长时间没见面的熟人；在比较正式的场合和认识的人道别；在以本人作为东道主的社交场合，迎接或送别来访者时；拜访他人后，在辞行的时候；被介绍给不认识的人时；在社交场合，偶然遇上亲朋故旧或上司的时候；别人给予你一定的支持、鼓励或帮助时；表示感谢、恭喜、祝贺时；对别人表示理解、支持、肯定时；得知别人患病、失恋、失业、降职或遭受其他挫折时；向别人赠送礼品或颁发奖品时。

3.1.4 介绍

介绍是人们日常生活、工作及各种社交活动中经常使用的一种结识朋友的方式。通过介绍可以使互不相识的人消除陌生和畏惧心理，建立必要的了解和信任。

日常交往中的介绍基本有两种，即为他人作介绍和自我介绍。

1）为他人作介绍

为他人作介绍就是介绍不相识的人相互认识，或是把某个人引见给其他人。为他人作介绍时，不仅要熟悉双方的情况，而且要特别注意介绍的礼仪顺序和介绍时的姿态。

（1）介绍的顺序

所谓介绍顺序，即在介绍过程中先介绍谁，后介绍谁。在为他人作介绍中，涉及先后顺序时，应遵守两条原则：一是个人或少数人优先被介绍给多数人；二是位尊者优先了解对方情况。在日常交往中，为他人介绍的先后顺序大体有六种情况：

①先把地位低者介绍给地位高者，再把地位高者介绍给地位低者。这种介绍顺序适用于正式场合的介绍，特别是职业相同的人士之间。

②先把晚辈介绍给长辈，再把长辈介绍给晚辈。这种介绍顺序通常适用于同性之间，或年龄差别较大的人士之间。

③先把男士介绍给女士，再把女士介绍给男士。这种介绍顺序通常适用于同年龄、同地位的人士之间。

④先把客人介绍给主人，再把主人介绍给客人。这种介绍顺序通常适用于来宾众多的场合，尤其是主人与客人未必都相识的情况。

⑤先把未婚者介绍给已婚者，再把已婚的介绍给未婚者。这种介绍顺序必须以介绍人对被介绍人的情况非常了解为前提。若是把握不准，千万不要贸然行事。

⑥先把个人介绍给集体。当新加入集体的成员初次与集体的其他成员见面时，负责人可采取这种介绍方式。

以上几种介绍方式，其共同点是“尊者居后”，即先把身份、地位较低的一方介绍给身份、地位较高的一方，让尊者优先了解对方的基本情况，以表示对尊者的敬重之意，而在口头表达上，则是先称呼尊者，然后再介绍。以上介绍的顺序已是国际通用惯例，如果颠倒了顺序会令人不愉快。

（2）介绍的姿态

当你为别人作介绍时，千万不要用手指指点对方，而要手掌心向上，五指并拢，胳膊向外微伸，斜向被介绍者。向谁介绍，眼睛就要注视着谁（如图3-2所示）。

图3-2 正确的介绍姿态

（3）介绍的语言

介绍的语言就是介绍人在为他人作介绍时应当说的话。介绍的语言宜短不宜长，内容宜简不宜繁。较为正规的介绍，应该使用敬辞，如“于小姐，请允许我向您介绍一下李先生”；较随便一些的话，可以这样说：“张先生，我来介绍一下，这位是×××。”

为他人作介绍时，要避免给任何一方厚此薄彼的感觉。不可以对一方介绍得面面俱到，而对另一方介绍得简略至极。若是介绍人能找出被介绍双方的某些共同点，会使初识人的交谈更加顺利。如果时间宽裕、气氛融洽，介绍人除了介绍被介绍人的姓名、单位和职务外，还可以介绍双方的爱好、特长、个人学历、荣誉等，为双方提供更多交谈的内容。

2）自我介绍

在许多社交场合，为了多结交一些朋友，需要主动介绍自己，这就是自我介绍。在一般情况下，要掌握好自我介绍的艺术，必须注意以下几个方面的问题：

（1）自我介绍要寻找适当的机会

要想使自我介绍能够给对方留下深刻的印象，应首先考虑当时的特定场合，若是对方正忙于工作，或是正与他人交谈，或是大家的精力集中在某人或某件事情上的时候，作自我介绍有可能打断对方，效果一定不会太好。若发现对方心情欠佳，或疲惫不堪，也不要上前打搅。如果对方一人独处，或在轻松愉快的情况下，把自己介绍给对方，他对你的自我介绍不仅会洗耳恭听，而且肯定有良好的反应。此外，在大家闲谈的时候或出现冷场的时候，抓住时机进行适当的自我介绍，对方一定很乐意接受你。

（2）自我介绍要充满自信

自我介绍时应先向对方点头致意，得到回应后再向对方报出自己的姓名、身份、单位及其他有关情况（如“您好，我是××公司的业务员”），语调要热情友好、充满自信，眼睛要注视着对方，同时可以递上事先准备好的名片。要自然、大方，不要忸忸怩怩，如果刚介绍时就流露出羞怯心理，会使人轻视你，彼此之间的沟通就有可能产生障碍。

（3）自我介绍要注意内容的繁简

在社交场合自我介绍的内容大体由三个要素构成，即本人姓名、工作单位及职业（或职务）。一般的自我介绍大都需要将三者先后报出来。需强调的是初次见面时的自我介绍，本人姓名一定要报全名，随便一句“叫我小李好了”，就明显地带有不愿进一步深谈、拒人于千里之外的意味。

自我介绍的内容虽由三个基本要素构成，但应视交际需要来决定内容的繁简。一般参加聚会、沙龙或演讲发言前的自我介绍应简明扼要，因为对方不一定有多大的兴趣去深入了解你，这时只报出自己的姓名，为对方提供称呼就足够了。而在另外一些情况下，比如自己很想认识对方，或者对方显然也有认识自己的愿望，或者对于参加公开招标的投标者来说，自我介绍如果仅限于此三要素，恐怕就不够了。此时，自我介绍还可根据对方的情况，简略地介绍一下自己的籍贯、出生地、母校、专长、兴趣等。

（4）自我介绍要把握好介绍的分寸

自我介绍时措辞要注意适度。有些人唯恐别人不识眼前“君子”，一开始便炫耀自己的身份、门第、学识，显得锋芒毕露，让人觉得夸夸其谈、华而不实。另有一些人正相反，喜欢作一番自我贬低式的介绍，以示自己很谦虚。这两种做法，要么让人觉得你大吹大擂，要么让人觉得你很虚伪、不诚实。只有实事求是、恰如其分地介绍自己，才会给人诚恳、坦率、可以信赖的印象。

总之，自我介绍若要表现出友好、自信，就应力戒虚伪和媚俗，使自我介绍成为结交朋友的良好开端。

【小知识3-2】

著名歌唱家克里木在一次演唱会上和歌迷见面时的自我介绍很有新意，给人留下了难忘的印象。他说，自己12岁开始便倒骑着心爱的小毛驴走南闯北，为了接受青年朋友的善意批评，忍痛放弃了那头落后于时代的老毛驴，从国外买了辆进口车开到演出场地。说到这儿，他停了片刻，又说：“你们猜是什么车？那是印度的——大篷车！”克里木就是从观众对他印象最深的曲子说起的，不落俗套，语言风趣幽默。克里木的自我介绍很有技巧，给人留下了良好的、难以忘却的第一印象，而这正是见面交往要达到的目的。

3.1.5 使用名片

在商务活动中，名片的使用很频繁，使用名片有两大好处：一是自我介绍方便，这是名片的基本功能；二是便于保持联系，且印象深刻。

1）名片的样式

一张标准的名片应包括三方面的内容：一是本人所属单位、徽记及具体部门，印在名片的上方；二是本人的姓名、职务或职称，印在名片的中间；三是与本人联系的方法，包括单位所在的地址、电话号码和邮政编码等，印在名片的下方（如图3-3所示）。

××××××××公司
×××经理
地址：×××××× 邮编：××××××
电话：××××××

图3-3 名片的标准样式

名片的规格一般是长8.5~10厘米、宽5.5~6厘米。名片的质地多为柔软耐磨的白板纸、布纹纸。名片的色彩以白色、乳白色、黄色和浅蓝色为宜，讲究淡雅、艺术和庄重，切忌色彩鲜艳、花哨。

【小思考3-1】

名片应该如何书写呢？

答：名片书写的样式分为两种，即横式和竖式。

横式。行序由上而下，字序从左到右。第一行顶格书写持片人的单位名称。第二行是持片人的姓名，用较大字号写在名片正中。有职务、职称或学衔的，通常用小字标在姓名下右侧。第三行是持片人的详细地址及电话号码、邮政编码。

竖式。行序由左到右，字序从上到下。第一行是持片人的单位名称，顶格写在名片左边。第二行是持片人的姓名，低两格用较大字号写在名片正中，持片人的职务、职称或学衔等用小字标在名字下右侧。第三行是持片人的详细地址及电话号码、邮政编码。

名片上的文字同其他应用文一样，首先要合乎规范，否则就会引起误解，影响交际效果。在合乎规范的前提下，可以讲究自己的风格，表现自己的个性。名片的风格、个性，主要表现在片面布局与字体的选择与设计方面。就字体而言，行、草、篆、隶及各种美术字体均可。

2）名片的用途

在现代社会，名片不仅有自我介绍和保持联系的作用，而且还有其他多种用途：一可以替代便函。在人们交往过程中，有许多时候必须对友人做出礼节性的友好表示，例如祝贺新年、恭贺新婚、表示感谢或慰问病人等。但由于公务繁忙，不能亲往，此时在自己名片的左下角写上祝福或问候语寄给对方，同样可以表达自己的情意。二可以替代介绍信。如果介绍自己的友人与另外一位友人相识，可在自己名片的左下角用铅笔写上“p.p.”，然后把被介绍者的名片附在后面一并送去，这时名片发挥着介绍信的作用。三可以替代礼单。向友人寄送或托送礼物、鲜花时，可在礼品或花束中附上自己的名片并写上祝贺短语。自己收到友人的礼品，可立即回复一张名片，左下角用铅笔写上“p.r.”，以表示感谢。四可以替代请柬。在非正式的邀请中，可用名片代替请柬，并写明时间、地点和内容。五可用于通报和留言。拜访名人、长辈、职位高者或不熟悉的人，为了避免被拒见的难堪，可先请人递上一张自己的名片，并在名片的“姓名”下方写上“求见”字样，转行顶格起写上对方姓名称谓，作为通报和自我介绍，让对方考虑一下，以便做出是否见面的决定。六可用于通知变更。如果自己调任、迁居或更换电话号码，要及时送给亲朋好友一张注明上述变动情况的名片，礼貌地通知对方，便于对方与自己联系。

3）名片使用的礼节

名片使用的礼节涉及递交、接收和交换三个环节，是递、接双方都应注意的礼仪问题。

递交名片应注意六个方面问题：一是做好递交前的准备，即在外出时将名片放在容易拿出的地方，以便需要时迅速拿取。一般男士可以将名片放在西装内侧左边的口袋或公文包里，女士可将名片置于手提包内。二是递交名片要讲究场合。商业性质的横向联系和交际，社交场合中的礼节性拜访以及表达情感或祝贺场所可以递交。三是掌握递交名片的时机。如果是初次见面，相互介绍之后递上。若是比较熟识的朋友间，可在告辞的时候递过去。四是为表达对对方的尊敬，一般应双手递过去。特别是下级递给上级、晚辈递给长辈时，更应如此。五是应将名片上的文字正向对着对方，以便对方浏览。六是应面带微笑地递交名片，同时可以说些友好、礼貌的话语，比如，“这是我的名片，欢迎多联系”“这是我的名片，请多关照”。总之，动作要洒脱大方，态度要从容自然，表情要亲切谦恭。

接收名片的方法是：双手接过名片后，应从上到下、从正到反认真浏览，加深印象以示尊重。不会认的字应主动向对方请教，看完后要郑重地将其放在名片夹里，并表示谢意。如果是暂放在桌子上，切忌在名片上放其他物品，也不可漫不经心地放置一旁，更不可在手上摆弄。名片上印有对方的名字，是其人格的一个组成部分，分别时千万不要忘记带走。

交换名片体现了双方感情的沟通，表达了愿意交往下去的意愿。交换名片的礼节，主要体现在交换名片的顺序上。一般是地位低者、晚辈或客人先向地位高者、长辈或主人递上名片，然后再由后者予以回赠。若上级或长辈先递上名片，下级或晚辈也不必谦让，礼貌地用双手接过，道声“谢谢”，再予以回赠。

3.2 商务性拜访与接待礼仪

随着市场经济的不断发展，企业与企业之间的业务往来不断增加，对内对外业务交往的涉及面也越来越广，企业代表上门拜访或接待来访客户的工作就显得越来越重要。怎样做好商务性拜访、商务性接待工作，必须引起商界人士的高度重视。

3.2.1 商务性拜访

商务活动中，商界人士免不了要经常前往不同的地方拜访客户。拜访客户的目的无外乎广泛开展业务联系，巩固老客户，发展新客户，不断加强联络，沟通感情。拜访工作要想达到预期效果，商务人员就必须遵守一定的礼仪和规范。

1）办公室拜访

办公室是工商企业、行政机关及各种社会组织处理往来事务的重要部门。商务性拜访活动常常要到办公室拜访，做好办公室拜访，应从以下几个方面加以注意：

（1）选择拜访时间

办公室拜访之前应对时间有所考虑，一般在一周当中，星期一和星期五这一头一尾是最繁忙的，因此除非有紧要事情，否则应避开这两天，不然即使你被接待，恐怕对方手头有一大摊子事情，也很难安心接待你。

（2）拜访前要预约

拜访要事先和对方约定一下，不要唐突而至，弄得对方措手不及，要主动与将要拜访的对象进行联系。具体的联系方式可以是打电话，也可以是写信，但都要在拜访前一周进行，约定的时间和地点应以对方的决定为准。约定好时间后不能失约，要按时到达，不要迟到，以免对方着急，也不可过早，否则对方来不及准备。确实因特殊原因不能如约前往时，要及时向对方说明，另行约定时间。

（3）拜访前要注意修饰仪表

一般性的拜访可不必过分修饰，但如果是比较重要的拜访，应整理头发、刮净胡须，服装要整洁，鞋子要干净，显示出对对方的尊重和对会面的重视。仪容不整、满身脏污地去拜访，是极不礼貌的。

（4）到达后要礼貌地进入室内

到达办公室门口，要再稍稍整理一下头发和服装，看看鞋上是否带有泥土，如果有就及时擦一擦。然后用手指关节轻叩两三下门，在对方询问的情况下，应礼貌通报自己的身份，经允许后方可进入。

（5）节省时间进入正题

到办公室拜访，一般都是业务性拜访。由于办公室接待工作繁忙，因此双方见面后客套话尽量少说，尽早将话题转到正题上来，简要说明来意，待对方表示同意并达到目的后，应及时告辞，以免影响对方的工作。

（6）礼貌告辞

拜访结束时，应礼貌地告辞。对拜访成功的结果表示满意，对对方的热情接待表示感谢，对进一步接触表示信任和诚意。

【小知识3-3】

在商务往来中，如去他人的办公室或家中拜访，或去参加宴会，应主动摘帽子、墨镜、手套，脱下外套，并放下自己随身携带的皮包。这就是所谓的“四除去”和“一放下”。

2）拜访异性客商

因工作的需要，单独拜访异性客商是常有的事。由于性别的差异，在拜访时应特别注意礼节、礼貌，以免引起对方的误会或其他人的猜疑，影响拜访效果。

（1）忌做不速之客

拜访异性客商，要事先约好时间。无论你和拜访对象之间是熟悉的还是不熟悉的，都需要预约。这既是为了礼貌的需要，也是为了使对方有所准备，以顺利实现拜访的目的。未曾约定的任何异性拜访多半是不受欢迎的，有时甚至是令人尴尬的。

（2）选择合适的拜访时间

对异性客商的拜访在时间的选择上一定要考虑周到，要避免时间过早或过晚，否则会造成对方的不方便，也容易造成其他人的猜疑和误解。要避开用餐时间，在用餐时间去拜访异性客商，往往显得仓促，一般难以较深入地讨论问题，且会造成对方的被动和不快，有碍实现拜访目的。要避开节假日去拜访异性客商，多数情况下节假日本身是不办理公事的，商务活动也不例外，对外商尤其如此。异性客商在节假日亦有自己的安排，若非情况紧急、迫不得已，节假日不宜拜访、打扰异性客商。

（3）服饰要整洁大方

整洁大方的服饰既能表现个人修养风度，又能表达对拜访对象的尊敬和重视。在拜访异性客商时，对自己的服饰做一番准备是必要的，可以根据被拜访者的身份和拜访的场所等因素进行选择，但不要过分打扮。

(4) 言语要真诚得体

拜访异性客商时，讲话的态度要自然诚恳，不要闪烁其词，更没必要羞怯不安；用语要谨慎，不可乱开玩笑；动作、手势不宜幅度过大；保持稳重平和的态度；争论问题需有节制。如果不是代表公司，不要向异性客商送任何礼物。

(5) 适时告辞

拜访异性客商，时间上不宜过长，拜访过程中，基本目的已经达到，应选择时机适时告辞。适时告辞当然不是指15分钟还是1个小时这样刻板的规定，而应视拜访进程情况具体而定。过早走，会被认为拜访者心不诚，是出于商务上的应付；过迟走，又易引起被拜访者的厌烦。所以要选择恰当时机告辞，使拜访工作圆满完成。

3.2.2 商务性接待

接待工作是商务人员的一项经常性工作。随着市场经济的发展，商务活动中的彼此往来日趋频繁，接待工作也随着企业形象意识的增强而更讲究规范。商务性接待工作的严谨、热情、周到、细致，会加深客商对企业的了解，从而增强与企业合作的信心，促进双方业务发展。

1) 接待人员的形象

接待人员是展现公司形象的第一人，其接待来访客商时的形象和态度对公司整体形象起着非常重要的作用。因此除了公司选用接待人员时应进行严格的筛选外，接待人员本身也应注意自己的形象。

(1) 仪表端庄，仪容整洁

接待人员应当清楚地知道自己作为公司的代表与来访客商第一接触的重要性。仪表仪容要端庄整洁，服装要干净、平整、大方。女士适当化妆，发型不宜过于新潮，珠宝首饰不可佩戴过多以免有碍工作。

（2）言语友善，举止优雅

作为一名接待员，站、坐、走、举手投足、目光表情，都能反映出你的文化素养、业务能力，同时也能体现所在单位的管理水平。

（3）恪守职责，高效稳妥

接待员要敬业爱岗，开创性地干好自己的工作，兢兢业业、一丝不苟、精益求精，讲究效率，减少或杜绝差错。当有客来访时，要微笑着打招呼，热情地接待好每一位来访者。

2）接待工作的一般要求

商务性接待工作视来访者的身份、来访目的、接待地点的不同而有所不同，但各类接待的目的是一致的，即让客商感到受尊重，感到企业的诚意，为双方进一步展开实质性合作打下基础。接待工作要注意以下两点：

（1）准备工作

接待工作是从接到来客通知后开始进入准备阶段的，这是整个接待工作的重要环节，一般应从以下两个方面着手：

①了解客人的基本情况。接到来客通知后，首先要了解清楚客人的单位、姓名、性别、职业、级别、人数等，其次要掌握客人的来访目的和要求，最后要问清客人到达的日期，所乘车次或航班的抵达时间。

②制订接待方案。接待方案一般包括客人的基本情况、接待工作的组织分工、陪同人员和迎送人员的名单、食宿地点、房间、交通工具、活动方式及日程安排等。

（2）接待工作

客人抵达后进入正式接待阶段。这个阶段除逐项落实接待方案外，还要根据情况的变化随时采取应变措施。接待工作一般包括：

①迎接客人。一般客人可由业务部门或办公室人员去迎接，重要客人应安排有关领导前往迎接。去迎接的人员在客人到达前就应到场

等候。

②安排食宿。客人到达后，应把客人引到事先安排好的客房。客人住下后，应把就餐的时间、地点告诉来客，对重要客人应安排专人陪同。

③协商日程。进一步了解客人的意图和要求，共同商议活动的内容和具体日程。如有变化，及时通知有关部门以便进行工作。

④组织活动。按照日程安排，精心组织好各项活动：如客人洽谈供货合同，可提前做好各项准备工作；如客人去参观游览，应安排好交通工具和陪同人员。

⑤听取意见。在客人活动全部结束后，应安排单位领导与客人会见，听取意见，交换看法。

⑥安排返程。根据客人要求订购返程车票，并及时地送到客人手中。送客人到车站作最后告别。

3）几种不同活动的接待

商务性接待工作有其具体要求，但因接待活动的不同而又各具特点，这里仅介绍会议接待、参观游览接待和家庭接待的礼仪规范。

(1) 会议接待

会议接待主要由会议筹备、会议前的接待、会议中的服务和会议善后工作四个环节组成。

①会议筹备工作。接待大型会议，必须要认真做好会议的筹备工作，以保证会议的顺利进行。

A.确定接待规格。企业召开的会议一般有两种：一是企业内部召开的会议；二是由上级单位召开、本企业承办的会议。由于参加会议的主要领导身份不同，接待规格也不一样。企业内部的会议应尽量俭朴，讲究效率，不拘形式。如果是请上级领导参加的表彰会、庆祝大会，出于对领导的尊重和对外宣传的需要，可将会议搞得隆重点。上级单位主持召开的会议，由于邀请各企业代表参加，所以会议规模大、规格高。为了完成高规格的会议接待工作，通常由企业的一位主要领导直接负责会议的筹备工作，专门研究布置会议的各项具体工作，明确各招待人员的职责。

B.发放会议通知。会议通知必须写明开会时间、地点、会议主题、参加会议的要求等，会议通知要提前发出，以便参加会议者有充足的准备时间。如有外地的人员参加会议，应在通知上写明住宿的宾馆到达的路线、应带的材料、会务费、是否有接站等项内容，发通知时，要准确书写单位名称、详细地址，以防投递出现差错，耽误与会者到达的时间。

C.选择会场。如果是企业内部召开的会议，可根据人数多少选择在会议室或大礼堂进行。如果是承办上级布置的大型会议，则应考虑交通是否方便，食宿条件是否良好，会场附近是否有噪音，会场的照明、空调、音响设备是否完好，其他必要的设备、服务是否齐全。

观念应用3-2

大凡稍具规模的企业，都会准备一间专门的会客室接待来访者，以示正规和礼遇。有位名人说过："房间的陈设应当展现人们美好的心灵。"在商务活动中，精心布置的会客室犹如企业形象的一扇窗口，颇受人们的重视。

分析提示

会客室不论大小，光线、色彩、声响、温湿度等四大要素都在重点考虑之列。会客室的陈设和装饰应强调简洁、实用、美观、整洁。会客室的清洁卫生应"常备不懈"。不要因小小的疏忽，留给来宾不良的印象。

D.会场的布置。会场的布置包括会场的装饰布置和坐席的安排。大型会议应根据会议主题，在场内悬挂横幅，在门口张贴欢迎和庆祝标语。主席台上可摆放盆景、盆花。桌面上摆放茶杯、饮料，要干净且摆放整齐和统一。

坐席的安排，要适合会议主题，符合人员身份，讲究礼宾次序，常见的有这样几种安排：

圆桌形。这是用圆桌或椭圆形桌子为会议桌（如图3-4所示），这种布置使与会者同领导一起围坐，不但消除了不平等的感觉，而且与会者能清楚地看到其他人的表情，有利于相互交换意见。这种形式较适合10～20人的会议。坐席安排主人和来宾相对而坐，来宾席应安排在朝南或朝门口的方向。

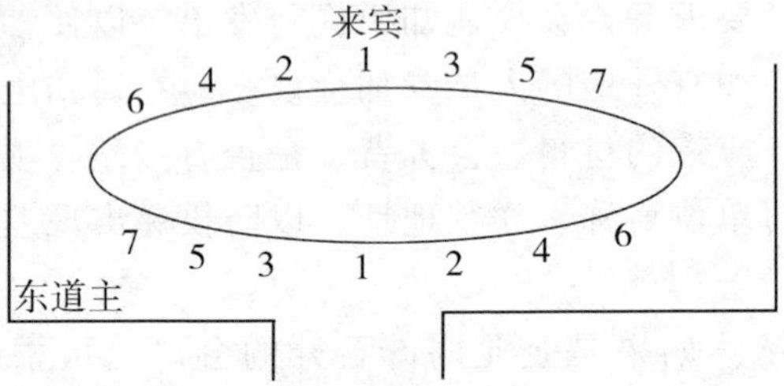

图3-4 圆桌形座次

长桌形。如果是比较严肃的会议，还可以使用长桌（如图3-5和图3-6所示）。图3-5的坐席安排突出了与会者的身份，表现出最高领导者的权威性。图3-6的坐席安排体现了主人与来宾平等相处。

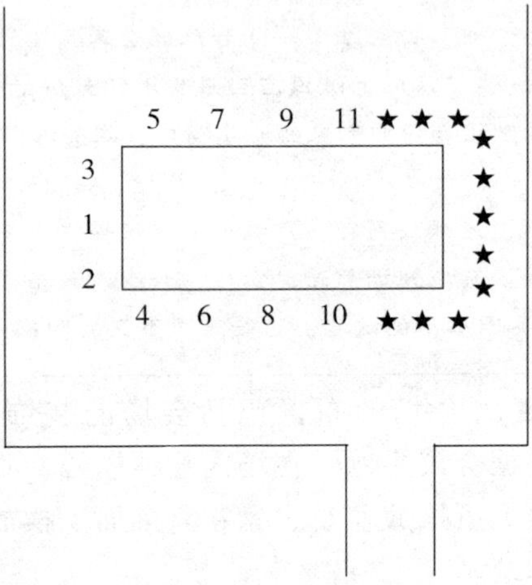

图3-5 长桌形座次（1）

教室形，这是最经常采用的形式，主席台与听众席相对，主席台的座次按人员的职务、社会地位排列。主席台的座位以第一排中间为上（如图3-7所示）。这种形式较适合于与会人数较多，不需讨论、交流意见，只以传达指示为目的的大型会议。

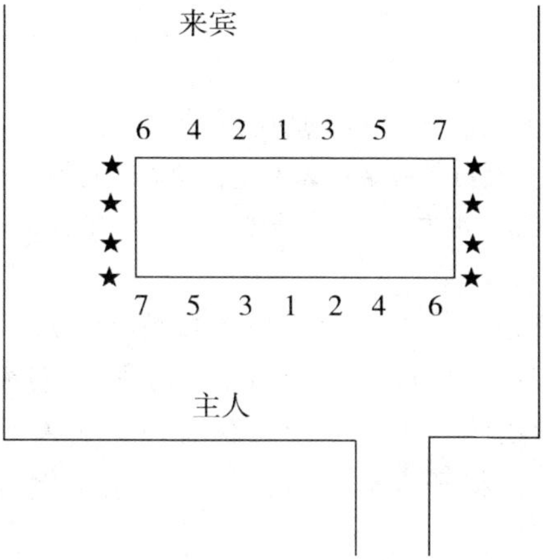

图 3-6　长桌形座次（2）

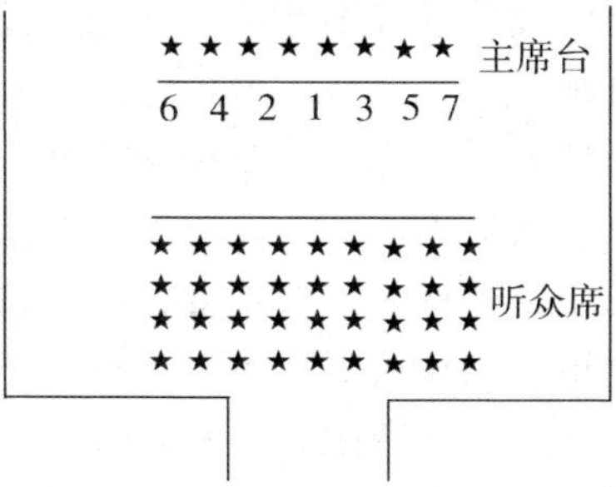

图 3-7　教室形座次

E.准备会议资料。会议资料应准备齐全、装订整齐。如果需要在会上讨论，应提前发放资料，文件资料应用文件袋装好。

②会议前的接待工作。会议开始前一小时，应对准备工作进行一次全面、细致的检查，如有遗漏应及时补救。同时做好迎接来宾的工作，主要包括：

签到。在会场外较醒目的适当位置设一签字台，配有 1~2 名工作人员，备好签到簿、钢笔或毛笔。客人签到时应把笔递到客人手中，若同时发放资料，应礼貌地用双手递上。

引座。签到后，会议接待人员应有礼貌地将客人引入会场就座，对重要领导应先引入休息室，由企业领导作陪，会议开始前几分钟再到主席台就座。

【小思考3-2】

在引导客人上下楼梯时应注意哪些礼仪规范?

答：当引导客人上楼时，应该让客人走在前面，接待人员走在后面；若是下楼时，应该由接待人员走在前面，客人走在后面。上下楼梯时，接待人员应该注意客人的安全。

③会议中的服务。与会者坐下后，接待人员应及时递茶倒茶。递茶要用双手，茶杯把儿应放在与会者的右手处。倒茶要轻要规范，杯盖的内口不要接触桌面，手指不要按住杯口，可左手拿开杯盖倒放在桌上，右手持水壶，将开水准确倒入杯内。茶水倒至八分满为宜，然后将杯盖盖上。

会议如有领奖内容，工作人员应迅速组织受奖人按顺序排列好，礼仪人员及时送上奖状或荣誉证书，由领导颁发给受奖者。

如果有电话或有事相告，工作人员应走到其身边，轻声转告。如果要通知主席台上的领导，最好用字条传递通知，避免工作人员在台上频繁走动和耳语而分散他人注意力，影响会议效果。

工作人员在会场不要随意走动，不要开呼机或使用手机。若会场上因工作不慎发生差错，工作人员应不动声色尽快处理，不要惊动其他人，更不能慌慌张张、来回奔跑以免影响会议气氛和正常秩序，否则将是工作上的失误，会给企业造成不良影响。

④会议善后工作。会议结束后，有时还会安排一些活动，如联欢会、舞会、会餐、参观、照相等。这些善后工作既有必要，又很烦琐，应由一位组织能力较强的领导统一指挥和协调，其他工作人员要积极配合做好各自的工作，以保证活动顺利进行。与会人员离别时，工作人员应根据情况安排车辆把客人送到车站、码头或机场，待客人登上车、船、飞机与客人告别后方可离去。

(2) 参观游览接待

企业除了举行和接待各种会议外，有时还接待大量的来本地参观游览的客商。企业在条件允许的情况下，应尽可能为客商参观游览做好安排，提供方便，具体的工作主要包括:

①选定参观游览项目。要根据宾客来访的目的、性质、兴趣以及本企业的实际条件确定参观游览的项目。从商贸角度讲，安排参观游览对象应选择能反映本地区、本系统经济发展水平的单位和经济开发区，也可以考虑安排参观市容市貌、名胜古迹或富有地方特色的旅游项目，以促进双方了解和增进友谊。

②落实日程，搞好接待。参观游览日程安排应与客商协商，比如先参观哪里，后参观哪里，途中休息和用餐、逗留和集合时间、所安排的交通工具等。企业应安排身份合适的人员陪同宾客参观游览，并选派懂技术的专业人员解说。如果有介绍产品的宣传资料，应事先准备并发给客人。如果口头介绍，应简明扼要、突出特点、实事求是、准确可靠。企业应提前通知被参观单位人员，以引起他们的重视，产生自豪感，并做好接待准备，对商业秘密和产品信息应注意保密。

③参观游览注意事项。在接待参观游览过程中，还要注意企业之间的商务性往来，一般不搞隆重的迎送仪式和大型宴请活动，可举行一些礼节性的招待。参观游览中要有张有弛，注意宾主双方人员的身体疲劳程度和安全。另外，参观游览不同于正式活动，对着装要求不严格，可根据季节、气候和参观游览的项目、内容选择舒适、轻便的服装和鞋子。

（3）家庭接待

家庭接待客人包括两个方面：一是平时接待来访客人；二是设宴招待应邀而来的客人。这两个方面的待客礼仪是不相同的。

①平时接待来访客人。平时接待来访客人的礼仪比较简单，只需注意下面的问题即可：

A. 恭候迎接。与要来访的客人事先约好后，主人必须在家等候。如果因特殊情况确实需要改变时间时，一定要事先通知对方并请求谅解。当客人敲门或摁门铃时要尽快去开门。见到客人要热情招呼、寒暄问候，并请客人入内，帮助接挂外套、帽子并将客人随身携带的物品放在合适的地方，同时要表示对客人的欢迎。

B. 主动介绍。如果与来访者是第一次见面，见面时双方都应主动作自我介绍，证明身份后，将客人引入室内并向家人介绍，同时将家人介绍给客人。如果与来访者虽不是初次见面，但却是第一次来家做客，也应将客人与家人相互介绍。

C.敬茶递烟。请客人入座后要给客人沏茶敬茶。沏茶时茶叶量要适中，用开水冲泡。斟倒茶水时，水量以八分满为宜，茶具要干净，不能有残缺或茶垢。敬茶时应面带微笑，双手奉上并说："请喝茶。"如果客人不止一位时，第一杯茶应给职务高者或年长者。如果客人有吸烟的嗜好，还要敬烟，客人不吸烟不可勉强。

D.陪客交谈。如果谈话的内容与家人没有关系，家人可以回避。与客人交谈态度要友好热情，不能对客人爱理不理，不能边谈边干别的事情。冷落客人是很失礼的行为，即使是很不受欢迎的客人，也不能做一些带有明显的"驱赶性"动作，更不能当着客人的面打骂孩子或与家人吵架，以免让客人感到尴尬。

E.送客告别。客人要告辞时，应以礼相送，除了要说一些送别的话以外，还要懂得一些送客礼节。客人要走，主人不能先于客人起身，不能走在客人面前为客人开门。客人临别时，家中成员都应起身相送或握手告别并欢迎下次再来。最后将客人送至门口或楼下，待客人身影完全消失后才可返回，绝不能客人刚出门就"砰"的一声将门重重地关上，这将会使客人产生极不舒服的感觉，甚至使整个接待前功尽弃。

②设宴招待应邀客人。在家举办宴席，邀请亲朋好友来做客，不外乎有以下几种情况：欢度节日、庆贺新婚、老人祝寿、父母或子女过生日、为朋友或家人送行、庆贺乔迁之喜和其他聚会等。邀请一些亲戚、朋友、同学、同仁来家赴宴和聚会，作为主人，待客的礼仪就比较复杂了，除了注意上述招待客人的礼仪之外，还应遵循举办宴席的一些礼仪要求。具体内容见第6章中的宴请者礼仪，在这里就不再赘述。

3.3 馈赠礼仪

馈赠是指人们以物的形式向交往对象表示祝贺，感激、慰问、惜别之情，是一种正常的人际交往，它同行贿受贿有着本质的区别。随着人们交际活动的日趋频繁，馈赠礼品越来越受到人们的重视，因为它能起到联络感情、加深友谊、促进交往的作用。不过，馈赠要注意礼品、馈赠时机的选择和馈赠中的具体礼节才能达到馈赠的目的。

3.3.1 馈赠的目的

任何馈赠都是有目的的，或为结交友谊，或为祝贺，或为酬宾谢客，或为其他。

1）以交际为目的的馈赠

这是一种为达到交际目的而进行的馈赠。它有两个特点：一是送礼的目的与交际的目的直接一致。无论是个人还是组织机构，在社交中为达到一定的目的，针对交往中的关键人物和部门，都可以通过赠送一定的礼品以促使交际目的实现。二是礼品的内容与送礼者的形象一致。对于礼品的选择，一个非常重要的原则就是要使礼品能反映其寓意和送礼者的思想感情的倾向，并使寓意和思想感情的倾向与送礼者的形象有机地结合起来。

2）以巩固和维系人际关系为目的的馈赠

这类馈赠即为人们常说的“人情礼”。无论是个人间的还是组织间的人际交往，都会产生各类关系和各种感情。人与生俱来的社会性又要求人们必须重视这些感情和关系，因而围绕着如何维系、巩固人际关系和感情，人们采取了许多办法，其中之一就是馈赠。人情礼强调礼尚往来，以“来而不往非礼也”为基本准则。因此从礼品的种类、价值的轻重、档次的高低、包装的式样、蕴含的情义等方面都呈现多样性和复杂性。

3）以酬谢为目的的馈赠

这类馈赠是为答谢他人的帮助而进行的，因此在礼品的选择上十分强调其物质利益。礼品的贵贱厚薄，首先取决于他人帮助的性质。帮助的性质分为物质的和精神的两类。一般来说，物质的帮助往往是有形的、能估量的，而精神的帮助则是无形的，难以估量的，然而其作用又是相当大的。其次取决于帮助的目的。只有那种真诚无私的帮助，才是值得真心酬谢的。再次取决于帮助的时机。一般情况下，危难之中见真情。因此，得到帮助的时机是日后酬谢他人的最重要的衡量标准。

4）以贿赂为目的的馈赠

这种馈赠表面上不求回报，而实质上其索取的回报往往更深地隐藏在其后的交往中，或是金钱，或是权势，或是其他功利，是一种为达到不可告人的目的而用礼品的形式进行的“收买活动”，其实质是一种腐败行为，它与礼仪性馈赠有着本质的区别。因此，应当将企业的公关馈赠、人际交往中的正常馈赠与收受贿赂、腐败拉拢、歪门邪道等区别开来。

3.3.2 馈赠礼品的选择

因人因事因地施礼，是社交礼仪的规范之一，对于礼品的选择也应符合这一要求。

1）礼品的选择要投其所好

每个人都有自己的兴趣、爱好，每个民族、每个国家都有各自的风俗习惯，选择礼品时一定要有所考虑，有的放矢、投其所好，不可盲目。馈赠者可以通过仔细观察或通过打听了解受礼者的兴趣爱好，然后有针对性地精心选择合适的礼品，尽量让受礼者感觉到馈赠者在礼品选择上是花了一番心思的，是真诚的。

2）礼品的选择要考虑具体情况

选择礼品要考虑具体的情况或场合。例如，给孩子可送些糖果或玩具等；给老人可送寿糕或保健用品；给病人可送些可口食品、花束等；厂庆、开业可送花篮、花束等；逢新年、圣诞节可送年历、贺卡或糖、酒、茶等食品；到外地出差或从外地归来，则可适时地送些当地的土特产或旅游纪念品等。

目前送花已成为一种时尚。花是美好、吉祥、友情、幸福的象征，人们赋予花以象征意义来表达人的某种感情和愿望，现代生活离不开鲜花，在国际上也形成了公认的花语，即各种花所代表的含义（见表3-1）。所以，送花时可根据具体情况送不同的花束。

表3-1　　**国际公认的花语**

鲜花	含义
玫瑰	爱情
紫罗兰	诚实、朴素
白菊	真实
松柏	坚强、伟大
竹子	虚心、正直
橄榄	和平
百合花	高洁
康乃馨	母亲
牡丹花	富贵

【小知识3-4】

在人际交往中，要讲究礼尚往来，正所谓“来而不往非礼也”。虽然馈赠者赠送礼品时不应抱着希望他人回报的想法，但收到他人的礼品及时回赠，却也是礼仪所要求的。回赠时，一是要把握好时机，二是要掌握好形式。如接受礼品后，打电话或写信向对方表示感谢，同样可以起到促进彼此之间友好交往的作用。

【小思考3-3】

馈赠中的礼品选择怎样才能做到“恰到好处”?

答：一是向受礼者较亲近的人打听了解对方需要什么；二是靠平日观察受礼者的爱好，留心受礼者说过需要什么，这样能够出其不意，让受礼者收到一份渴望已久、十分适合的礼物。

3.3.3　馈赠时机的选择

馈赠要注意时间，把握好机会。一般情况下，人们选择在下面的几种馈赠时机与表达的情感（见表3-2）。

表 3-2　**常见的馈赠时机与表达的情感**

馈赠时机	表达的情感
传统的节日（春节、元宵节、中秋节、端午节等）	向亲朋好友表示美好的祝愿
喜庆之日（嫁娶、乔迁新居、生日祝寿、晋升、升学等）	备送礼品以示庆贺
惜别送行	赠送礼品留作纪念，以示友谊天长地久
酬谢他人	送些礼品以回报感恩
探视病人	以示祝愿早日康复
企业开业庆典	送花篮、牌匾或室内装饰品以示祝贺

总之，送礼时机要视实际情况灵活掌握，选择好的送礼时机，让物质上的给予感染上精神文明的风采，则更有意义，更能打动人。

3.3.4　馈赠礼节

要使对方愉快地接受馈赠并不是件容易的事情，因为即便是你精心选择的礼品，如果不讲究赠礼的艺术和礼仪，也很难使馈赠成为社会交往的良好形式，甚至会适得其反。

1）注意礼品的包装

精美的包装不仅使礼品的外观更具艺术性和高雅的情调，显现出赠礼人的文化和艺术品位，而且还可以避免给人以俗气的感觉，使受礼人产生更强的欣喜感。包装可以自己设计，也可以到礼品包装店让其代为包装，包装材料的色彩要挑受礼者喜欢的颜色。包装完毕再贴上写有祝词和签名的缎带或彩色卡片，以表达自己的情感和诚意。

2）注意赠礼的场合

赠礼场合的选择是十分重要的。通常情况下，当众只给一群人中的某一个人赠礼是不合适的，给关系密切的人送礼也不宜在公开场合进行，只有象征着精神方面的礼品才适宜在众人面前赠送，如锦旗、牌匾、花篮等。

3）注意赠礼时的态度和动作

赠送礼品时，平和友善的态度、落落大方的动作并伴有礼节性的语言，才宜于受礼者接收礼品。那种做贼似的悄悄将礼品置于桌下或房中某个角落的做法，不仅达不到馈赠的目的，甚至会事与愿违。

4）注意赠礼的时间

一般礼物应选择在相见或道别时赠送，选择这样的时机是最为恰当的。

观念应用3-3

王某有不少外国朋友，在每次朋友回国之际他都要赠送一些纪念品，但有时候虽然东西买得很贵，但对方却不一定很喜欢，王某有些犯愁：馈赠给外国友人的礼品到底应该如何选择呢？

分析提示

馈赠给外国友人的礼品应本着经济实用、方便携带的原则，可常选用景泰蓝礼品、玉佩、手染制品、中国特色的服饰、绣品、水墨字画、竹制品等。

3.4 舞会礼仪

舞会又称交际舞会，亦称交谊舞会，当今它已经成为一种被广泛采用的社交活动形式。通过举办舞会，可以沟通感情，增进友谊，加强交流，建立友好协作的关系，从而推进业务的顺利开展。**舞会礼仪**是指舞会的组织者和参加者在组织舞会和参加舞会时的行为准则。

3.4.1 组织舞会的礼仪

要使舞会举办成功并取得好的效果，在举办前要精心地做好组织准备工作。

1）选择适当时间

舞会一般在周末、节假日或开幕式、闭幕式的晚上举行。这些时间气氛活跃，便于大家尽情地娱乐而不至于影响第二天的工作，这个时间也容易邀请到客人。

2）布置场地

舞会的场地要考虑人数的多少，大小适中：过小会拥挤不堪，空气不好，难以使人尽兴；过大则显得空空荡荡，气氛不够热烈，情绪会受影响。舞会场地布置应雅致、美观，可用花卉、彩带和各种彩色灯装饰。舞会场地地面要清洁平整，可以事先打打蜡使之光滑。舞场灯光要稍暗，光线要柔和。

3）选好舞曲

较正式的舞会可以请乐队伴奏，营造隆重、热烈的气氛。一般的舞会可播放唱片、磁带伴奏，并指定专人负责。在选定舞曲时应注意：

（1）要注意舞曲的节奏、速度和众人熟悉的程度，以及乐曲的演奏次序。

（2）舞曲长短适宜，太长，舞者虽尽兴但太累；太短，则不利于舞者激情的调动，难以产生优美轻松的感觉。一般以4~5分钟一曲为宜，迪斯科曲可稍长一些。

（3）舞曲的选择要适合舞者的年龄，尤其是主宾的年龄。如年轻人多喜欢跳快节奏的舞曲，而中老年人则偏爱舒缓的舞曲。所以应该备有快、中、慢三种不同节奏的舞曲，并且穿插播放，以满足不同人的需要。

（4）安排舞伴。邀请的客人应男女人数相当。尽量避免同性共舞，若人员不足或比例不当，主办人可从本单位或兄弟单位邀请部分人员前来助兴。

（5）其他准备工作。举办舞会时要在舞池边准备休息用的椅子，必要时可准备些茶水、饮料及小食品，以便客人休息时食用。

【小思考3-4】

对于商界人员来说，在舞会中如何做好自律？

答：主要做到“四尊重”：其一，要尊重歌舞厅的演职人员；其二，要尊重一同娱乐的异性；其三，要尊重同场的其他人士；其四，要尊重自身人格。

3.4.2 参加舞会的礼仪

参加舞会是树立形象、进行社会交往的重要机会，因此只有在仪容、仪表、举止和行为方面遵循礼仪要求，才能显示自己高尚的舞德和良好的风度。

1）着装要求

参加舞会，不论是主人还是客人，不论是组织者还是参加者，服装都要整洁、大方。男士应着西装，女士应选择华丽大方、色彩稍鲜艳的服装。另外，男士不能穿短裤、背心、拖鞋和凉鞋，女士不可以赤腿光脚穿凉鞋，这是舞场上力戒的穿着。

2）邀请舞伴礼仪

交际舞的特点是男女共舞，邀请舞伴通常是男士的任务。男士邀请舞伴时应姿态端庄、彬彬有礼地走到女士面前，微笑点头，同时伸出右手，掌心向上，手指指向舞池并说："我可以请您跳舞吗？"如果被邀女士的丈夫或父母在场，要先向他们致意问候，得到同意时方可邀请女士跳舞。待舞曲结束后，要把女士送到座位旁或送回其家人身边并致谢。

3）拒绝邀请礼仪

参加舞会不仅要求男士应彬彬有礼，女士也应落落大方。如果女士要拒绝某位男士的邀请，应遵循下面的礼仪：女士如不愿与前来邀请的某位男士跳舞，应当婉言谢绝，而不能蛮横无理或露出轻视别人的表情；一旦拒绝某位男士的邀请，这曲舞就不要再接受另一位男士的邀请，以免造成对前者自尊心的伤害。当女士拒绝一位男士的邀请后，如果这位男士再次前来邀请，并无不礼貌的举止和表现，女士不应再次拒绝邀请，在无特殊情况下应与其共舞，这是舞会礼仪所要求的。

如果女士已接受某位男士的邀请，对再来邀请者应表示歉意。如果自己愿意同他跳舞，可以告诉他下曲舞再与之共舞。如果两位男士同时邀请一位女士跳舞，最礼貌的做法是同时礼貌拒绝两位邀请者，也可以先同其中一位跳舞，并对另一位男士礼貌地说："对不起，下一曲与您跳好吗?”

观念应用3-4

在一个人头攒动的舞会上，张立没有舞伴，只好呆呆地坐着。这时，有位漂亮的女士向他走来，他的心怦怦地跳了起来。“你要跳舞吗?”她愉快地问。“是的。”张立讷讷而语。“好极了!”她说，“那我能坐你的椅子吗?”

分析提示

故事中这位女士的做法有失妥当。在舞会这样的场合，她的举动无疑给别人造成了错觉，而且，主动跟别人要座也是不合适的。

4）舞场上的其他礼节

参加舞会前不要吃葱、蒜等带有异味的食品，不可喝烈性酒。不可在舞厅里大声喧哗，也不可在舞池里来回穿梭。跳舞时应姿态端庄、表情自然，不要左顾右盼、心不在焉或表现出不耐烦的样子。不可在舞场内吸烟，保持场内清洁卫生。

【小知识3-5】

跳舞时，身体要端正。领舞者通常为男士，领舞者与伴舞者之间不宜距离过近，双方胸部应有30厘米左右的间隔，以维护各自的人格尊严。跳舞时，男女双方表情要自然，不要目不转睛地凝视对方。

本章小结

商务人员在日常的交往活动中，同社会的各界人士有着广泛的联系，见面时要施恰当的礼节，这已成为一种共识。见面礼节所包括的内容主要有称谓、打招呼、握手、介绍、使用名片。见面时向对方问候、致意并表示友好，不仅可以塑造自身形象，而且为今后的交往创造了良好的开端。

商务性拜访与商务性接待，是商界日常交往活动中的重要组成部分。商务性拜访要达到沟通关系、联络感情、发展业务的目的，就必须遵循拜访礼仪。接待礼仪与拜访礼仪同样重要，在接待过程中，如果接待不周、照顾不到，同样也达不到上述目的。因此，在接待工作中应注意接待人员的形象、接待工作的要求，做好不同活动的接待工作，如会议接待、参观游览接待、家庭接待等礼仪问题。接待工作琐碎、繁杂，因此更须细心、热情、周到。

馈赠是指人们以物的形式向交往对象表示祝贺、感激、慰问、惜别之情，是一种正常的人际交往，它同行贿受贿有着本质的区别。因此，在馈赠时应遵循有关礼仪：明确馈赠的目的、注意礼品的选择、确定馈赠的时机、讲究馈赠的礼节。只有这样，才能收到馈赠的预期效果。

舞会礼仪是指舞会的组织者和参加者在组织舞会和参加舞会时的行为准则。作为舞会组织者，举办舞会要做好选择适当时间、布置场地、选好舞曲、安排舞伴等项工作和其他准备工作。舞会的参加者应注意自己的着装，注意邀请舞伴的礼仪和拒绝邀请的礼仪，还要注意舞场上的其他礼仪，真正体现出舞者高尚的情操和优雅的风度。

主要概念

见面礼仪　馈赠　舞会礼仪

知识练习

▲ 简答题

1）握手时应注意哪些礼仪规范?

2）正式场合下为他人介绍时应该遵循怎样的顺序?

3）拜访异性客商应当注意哪些礼节?

4）馈赠礼品应注意哪些礼节?

▲ 填空题

1）握手时手部应保持清洁，否则，一来________，二来________。

2）名片最基本的功能是________和________。

3）商务接待人员的形象要求有：①________；②________；③________。

4）会议接待主要由________、________、________和________四个环节组成。

▲ 单项选择题

1）介绍时（　　）。

A. 先把男士介绍给女士　　B. 先把成人介绍给儿童

C. 先把主人介绍给客人　　D. 先把地位高的介绍给地位低的

2）到主人家拜访时，有违礼节的是（　　）。

A. 在主人未让座之前，不能自己随意坐下

B. 主动参观主人的居室、设施，以示关心

C. 未经主人同意，不能拿走主人的任何东西

D. 拜访时间不宜过长，应及时起身告辞

3）赠送礼品时要注重（　　）所表达的情意。

A.送礼者　　B.礼品　　C.受礼者

4）舞会的舞曲应长短适宜，一般以（　　）一曲为宜。

A.1~2分钟　　B.2~3分钟

C.4~5分钟　　D.5~6分钟

▲ 多项选择题

1）握手时应该遵循的先后顺序有（　　）。

A.男性比女性先伸手　　B.女性比男性先伸手

C.长辈比晚辈先伸手　　D.晚辈比长辈先伸手

2）国际上公认的花语，即各种花所代表的含义有（　　）。

A.玫瑰代表爱情　　B.橄榄代表朴素

C.百合代表高洁　　D.竹子代表虚心正直

3）拜访异性客商应当正确运用的礼仪有（　　）。

A.节假日进行拜访　　B.拜访前应预约

C.服饰要整洁大方　　D.长时间进行交谈

4）组织舞会要考虑以下问题（　　）。

A.选择适当时间　　B.布置场地

C.选好舞曲　　D.安排舞伴

技能训练

1）参加一次正式的社交活动，正确地运用介绍礼仪、握手礼仪、交换名片礼仪，并注意观察他人的相应礼仪规范运用是否恰当。

2）组织一场舞会，熟悉舞会主办者应该遵循的礼仪规范。

观念应用

▲ 案例题

应　聘

小　李：（推门进来，重重地关上门。坐在主考官面前，默不作声。）

主考官：你是李东吧？请问，你是从哪所学校毕业？什么时候毕业的？

小　李：（不解地）您没有看我的简历吗？您问的这些问题简历上都写着呢。

主考官：看了。不过我还是想听你说说。那么，请用1分钟叙述一下你的简单情况。

小　李：（快速地）我毕业于某某大学（把学校的情况讲得详详细细，他的目的很明显，是想让用人单位知道，毕业于这样一所一流大学的学生也是同样优秀的)。

主考官：(皱起眉头) 好吧，回去等通知吧。

小　李：(急匆匆地走出去，又急匆匆地返回来拿放在椅子脚旁的帆布皮包。)

最终，用人单位在最后并没有录取这位大学生。

问题：

(1) 运用自我介绍的礼仪分析该大学生为何最后未被录取。

(2) 正确的自我介绍应遵循哪些礼仪规范?

▲ 实训题

商务往来过程中，人们经常会互赠礼品，以增进了解、友谊。送礼要恰到好处，恰如其分，这就要求送礼人必须根据对象，精心选择最能表达情意的礼品，让对方见物如见人，起到人走茶不凉的社交功效。要使交往对象愉快地接受馈赠，并不是件容易的事情。因为即便是你在馈赠原则指导之下选择了礼品，如果不讲究赠礼的艺术和礼仪，也很难使馈赠成为社会交往的手段，甚至会适得其反。试运用馈赠礼仪相关知识，开展恰当的馈赠，讲究一定的规范性和艺术性。

第4章

商业实务礼仪

学习目标

知识目标：认识商业实务礼仪在商务活动中不可替代的重要意义，了解写字间、商品推销、业务洽谈、宾馆服务等礼仪。

技能目标：学习商场、超市和宾馆服务过程中的礼仪，在接待、谈判、售卖、服务等业务活动中会自如地加以运用。

能力目标：能够掌握商业实务技术的同时结合所学礼仪知识，胜任公司、商场、宾馆等部门的本职业务工作。

【引例】

细节的力量

我打电话给一家会用到我公司产品的陌生客户，向他们简单介绍了我们的产品，然后打算送一份产品样本书给他们，对方让我把样本书放门卫那儿就行了。我知道他们接触到的销售人员太多了，这样说只是敷衍而已，但即使如此，我还是决定把一套产品样本的资料送给这个单位。

第二天凌晨，我坐了四五个小时的车去了那个城市，然后又冒着酷暑大汗淋漓地赶到那家企业。门卫给我开了门，这是一位六十多岁的老人，他让我按照惯例做了登记，然后帮我打通了采购部的电话，并让我把资料直接送上去。

我诧异地望着他，一个门卫的电话，采购部居然同意让我直接把资料送到办公室，而这竟然是采购部原先怎么也不答应的事情。老人见我疑惑的样子就说："一般来这里推销的人，他们都是把资料放在门卫这里，但我让你上去找他们，你就有机会跟他们直接接触了，"后来经过几次交往，这家公司的老板都热情地接待了我这个在他们眼里司空见惯的销售员。

当我得知我工作进展得如此顺利的真正原因时，我自己都不敢相信。原来门卫在给我开门时，我对这个又瘦又矮的老人说了声"谢谢"，而这个门卫就是这家公司总经理的父亲，最后我成功地签下了相关合同。

对别人说一声"谢谢"，是对他人的尊重，是一种必备的修养。我们必须尊重每一个人的劳动，即使他是一个不起眼的门卫。

商业实务是商务活动内容的重要体现。**商业实务礼仪**是指商业企业在从事公司业务、商场服务、宾馆服务等商务活动的过程中，长期形成的行为规范和准则。商务活动最大特点是与人打交道，其礼仪形象在中间起着非常重要的作用。正如引例所述的那样，注重礼仪，有助于营造良好的工作氛围，促进业务的顺利发展；有助于企业和自身形象的树立，赢得更广泛的商机；有助于正确处理各种矛盾或纠纷，消除不必要的误会，增进相互间的了解和信任。因此，每一位商务人员都应在商业实务中遵循礼仪规范。

4.1 公司业务礼仪

4.1.1 写字间礼仪

写字间不仅是公司业务人员、管理人员工作的地方，是公司对内科学管理、对外广泛联系的重要窗口，也是接待外来客人和贸易伙伴的场所。注意写字间礼仪的运用，有助于塑造公司的良好形象，促进商务活动的顺利开展。

1）写字间的布置

写字间是公司的办公场所，它的布置应体现明亮、整洁、合理、安全的风格。写字间的装饰和布置，在很大程度上体现着公司的团队精神和企业文化。

写字间一般设有写字台、文件柜、电话、传真机、复印机、办公电脑等物件，其摆放应整齐合理，以美观、方便、高效、安全为原则。写字台上不要堆放过多的书报、文件，常用的材料也要摆放整齐。若用玻璃台板，应注意玻璃板下的整洁，不要横七竖八地压着各种车票、请柬、发票、文字报告等。应特别重视写字间的卫生。试想一下，客商来联系、洽谈业务，写字间里满地烟头、果皮，连找个比较干净点的沙发都难以如愿。这笔业务还能顺利做成吗？

写字间的布置，应给人以宁静、洁雅的印象。虽然近来一些公司出于公关的考虑，把写字间装修得豪华气派，以显示自己公司的经济实力，但应注意，豪华不可俗气。过于奢侈，往往适得其反。写字间的布置重点应放在采光合理、空气流通、色彩相宜方面。墙上可挂点书法、挂历、公司荣誉、公司徽标等物，显得清新大气；还可贴上工作计划表、经营图表、市场网络图等，以标示公司的业绩和勤勉。

如果是在租赁的写字楼里办公，在设计及摆设上，应特别注重突出自己公司的标志和形象，以方便来往客户及贸易伙伴寻找。

写字间如果较大，可采用不同规格的隔板把写字间里各工作人员的办公区域分隔开来，减少彼此的影响，提高工作效率。有的写字间除设有文件柜之外，还设置了保险柜。下班时要留意把一些重要的文件、清单、保险单、账册、支票、印章等，按制度要求放入保险柜里。

2）写字间工作人员礼仪

公司员工的素质、待人接物的礼仪水平，是从每个员工的言谈举止中体现出来的。写字间虽不算大，却也是个“小世界”，既是工作的地方，又是社交的场所。写字间工作人员的礼仪如何，往往是客商评价公司的重要依据。

（1）服饰整洁大方

公司职工无论男女，都应按公司要求，规范着装。对写字间的工作人员，可以不要求穿统一的工作服（依各公司情况而定），但要与写字间的工作性质和工作环境相协调，以能够体现权威、声望和精干的服饰为宜。例如，男士可以黑、灰、蓝三种颜色的西服套装为主，系好领带，衬衣不要穿印花或大方格的；女士最好穿西装套裙、连衣裙或长裙，不宜穿露、透、短的衣服。

一般来说，服装必须干净、平整、合体、大方，不能太艳、太奇、太随便。休闲装、运动装、牛仔服等，都不适宜在写字间里穿着。从外面进入写字间，应脱去风衣、手套和帽子。但西装上衣、领带，不能随便脱掉。写字间内若没有现成的衣帽架，可自行存放衣物，但要注意写字间整体的整洁性。若去别的写字间办事，不可随便乱放自己的衣物，只有在主人允许时，才可整齐地摆放一处。

在写字间工作，工作人员应有适当的修饰。男士不要留胡须、蓄长发、戴项链，头发应梳理得美观大方，衬托出自己良好的精神状态。女士最好能施以淡妆，不俗不媚，衣饰和发饰不宜太杂，发型以雅为准，不能过于新潮，以体现自己端庄文雅、自尊自信的良好形象。

（2）遵守制度，礼貌待人

各公司都有自己的管理制度，这是公司工作正常进行的重要保证。比如，按时上下班、不迟到、不早退、不能无故不上班；办公时不拨打或接听私人电话，不占用工作时间去上街买菜、逛商店，不在写字间打扑克等。写字间工作人员对这些制度应自觉遵守。尽管在具体执行中有可能遇上特殊情况，或偶尔必须接打一下私人电话等情况，但一定要自觉，设法把这种情况减少到最低限度。

礼貌待人既是对外接待客商时的要求，也是对公司同仁之间相处的要求。不能认为只有对外来客人才需礼貌相待，而天天在一起工作的同事之间，就可以随随便便。礼貌待人，要做到主动招呼、话语谦和、真诚微笑。出入写字间，应主动与同事打招呼，使用“早安”“再见”等礼貌用语。遇上自己的下属或晚辈，不妨寒暄几句，以示关心。打招呼时，应明确、主动，不能含糊其辞，要以自己良好的心情去感染对方。

在写字间工作，要注意保持安静。与同事谈工作时，声音不宜太高，不要在过道里、走廊上大声呼唤同事。拨打或接听电话，语调要平和、文明。在撰稿或起草文件时，不能因构思而敲击桌子或跺脚。离开座位时，应轻轻关好抽屉，把坐椅轻移至写字台下面。相互交谈要做到：态度谦和，用语文明，说话不刻薄，不挖苦、讥讽伤人。偶尔开一下玩笑，要适度，不能庸俗低级。不津津乐道领导或同事的私事，不编造或传递小道消息。

（3）接待和应召礼仪

公司的写字间经常会有客人来访，或为洽谈业务，或为交流情况等。当客人来访时，写字间前排的职员应起身招呼，亲切问好。问明客人身份和来意，同时也向客人自报姓名。如果客人要见的人当时不在，应礼貌地说明：“对不起，×××刚出去，请稍候。”并在为客人沏好茶水后，再说声“我给您联系一下”。如果来客要会见的人一时回不来，则应明确说明，表示歉意，并和客人约定再接触的时间。

客人如是与公司领导相约而来的，可直接带他去见领导。在引导时，工作人员可先客人一至两步，或与客人平行并寒暄。上下电梯时，可以用手示意招呼：“请！小心点。”到达会见地点，应先轻敲门，得到允许再请客人入内，并向领导介绍：“××公司的×先生来了。”如若同行者二人以上，则应在事先问清的前提下，依礼仪顺序一一介绍。客人落座，斟上茶水。征得领导同意后，向客人致意，轻轻退出门外回到自己的写字间。

办公时间，如上级召见，应立即停止手中的工作，将文件、报表等资料略加整理安放好，马上去见上级。如与上级不是在同一个写字间，应先告诉领导的秘书，或自己轻轻敲门，经允许进入后顺手轻轻把门掩上，走到领导办公桌正前方，站立答话。领导如请你就座，应按他示意的座位坐下，双膝自然弯曲并拢，不要跷二郎腿。汇报工作、回答提问，声音要清晰平和，态度要慎重认真，用语要简练准确、实事求是，不妄测，不乱语。召见过程中，不必主动敬烟，未经同意自己也不要吸烟，不能随便插话。回答问题完毕，可征求上级意见，说声："我可以走了吗?"得到同意后，礼貌地退出，并轻轻带上门，回到写字间继续刚才的工作。不必神秘兮兮，也别立即招呼左右，把自己刚才的所见所闻向同事渲染。

3）电话礼仪

电话包括移动电话，作为公司活动中常用、方便、经济的一种通信工具，在开展业务交往、贸易洽谈、商品推销和互通信息、联络感情等方面发挥着重要的作用。因此，应当注意用好电话，遵守电话礼仪。

写字间的固定电话，一般放在写字台的右前缘，如果写字间里工作人员较多，则放在沙发边的茶几上。在写字间工作时，一般多使用办公电话而不用移动电话，如若使用，应以不影响别的同事工作为原则。

重视电话礼仪，无非是要克服电话本身的"仅闻其声，不见其人"之不足。通过规范的拨打或接听电话，使双方彼此"认识"、了解、接近，因此，要特别注意塑造自己和公司的"电话形象"。写字间承担着公司与外界多方面的联系，不会只停留在回头客和老朋友的生意上。市场的不断拓展，就会有众多新的朋友，我们要通过接拨电话，了解对方的性格、情绪、心境、意图，甚至揣摩其身高、长相和品德等，塑造"虽未晤面，已成至交"之感。这种电话形象，对自己、对公司都有极大益处。接拨电话的礼仪，无论是拨打还是接听电话，都应做到的要求见表4-1。

表4-1　　接拨电话应做到的要求

（1）热情招呼，自报“家门”	首先应说声“您好”，然后自报“家门”，不能只用“喂”“嗯”，或者不出声的方式等待对方讲话
（2）恰当用语，规范通俗	恰当使用电话用语，做到既规范，又通俗。但不能因规范就刻板生硬，也不能因通俗就模糊含混
（3）声音清晰，精神饱满	做到声情并茂，注意“声”和“情”都要“茂”得有度
（4）准备充分，应答慎重	在拿起话筒前要有一定的思想准备，特别是业务上的电话更是如此；否则会手忙脚乱，失去主动。应答方面，要注意分寸和留有余地，切不可信口开河，贸然应允
（5）节约时间，重复重点	电话上谈生意，要有时间观念。这不全是出于为单位节省电话费用的考虑，也是为客户的利益考虑，过长地占用对方的时间，也是不礼貌的。另外，电话占线时间太久，也会影响别的客户和本公司的业务联系。讲节约时间，不排斥重点内容的重复强调，电话毕竟不是电传、传真可以事后再读，所以，电话中的重点内容要反复讲清，加深留给对方的印象。对于日期和数字，更应强调准确性，如4和10、1和7，都很容易误听，再加上方言，更易出错，如“是17元”会误成“41元”
（6）礼貌结束，及时上报	通话时，要注意耐心聆听，把握对方的真实意图。不要随意打断对方讲话，但也不能只是“嗯”而不说别的，让人家怀疑你是否有诚意、是否真心在听。内容讲完后，应主动致谢、道别再挂断电话，一般情况下由拨打电话的一方先挂断。放下话筒后，应及时将通话内容向业务主管和公司报告，不要因为忙而搁置起来，以致误事

观念应用 4-1

一位外地的客人来某市出差，很想和自己的老同学见一面，但忘了同学的联系方式，于是他通过114查到了同学所在单位的电话号码，并拨通了该号码。没想到的是，他非但没有找到自己的老同学，反而憋了一肚子气。

以下是这位外地客人与接电话人员的通话内容：

外地客人："你好，请问是某某单位吗？我想找一下某某人。"

工作人员："你知道今天是星期几吗？（语气粗暴，带有质问口气）"

外地客人："今天星期几？"

工作人员："今天星期天，你星期一再打过来（他的声音提高了八度）。"

"啪"的一声，这位工作人员挂断了电话。

那位外地客人再次拨通了电话："你怎么挂电话了？"

工作人员："今天不上班，我是临时有事来单位，我本来可以不接你电话的，我说过你下周一再打过来（他的声音越来越大，情绪很激动）。"

外地客人："这不是值班电话？"

工作人员："这不是值班电话！"

"啪"的一声，这位工作人员再次挂断了电话。

外地客人放下电话后非常纳闷：作为单位的工作人员，在接电话过程中，为何如此地不耐烦？态度为何如此粗暴？你怎么看待此事？

资料来源　由《芜湖日报》2009年7月相关报道整理得来。

分析提示

该单位负责人在接受记者采访时表示，"无论是本地群众还是外地客人来电，作为我们工作人员，接电话时用语都应该文明、礼貌。这位工作人员的不文明行为，不仅有损于我们单位的文明形象，更给本地区良好的对外形象带来了负面影响，也反映出我们在细节管理和作风建设上还存在欠缺。单位已经对接电话的工作人员进行了严肃处理。下一步，我们将在单位开展教育整顿活动，进一步加强干部队伍作风建设，要求全体工作人员以此为戒，从细节做起，规范言行，增强自律意识，树立良好的形象，真心服务于群众，为营造良好的发展环境和对外形象贡献出自己的一份力。"

这样的答复给你提示了些思路了吗？

4.1.2　商品推销礼仪

推销有两种理解，即广义推销和狭义推销。广义推销在社会生活中处处存在，比如人们相互间交谈，就是在推销自己的观点。狭义推销则是一种专业的经营过程。**商品推销**就是狭义推销的一种，指商业公司在一定环境中，寻求潜在顾客，主要采取商场设点和人员外出的方式，进行商品销售的业务活动。推销礼仪运用得是否得当，关系到公司推销结果的成败。

1）商品推销人员的自身素质

商品推销对推销者在装束、谈吐、举止、修养等方面的礼仪素质要求较高，因为它直接影响着推销的成败。商业企业拥有一批素质较高、训练有素的推销人员就能吸引并保持更多的客户。

（1）爱岗敬业，热忱服务

商品推销员要热爱自己的工作，努力学习，提高自身思想认识和业务能力，树立起自己在顾客心目中诚实守信、乐于助人的形象，取得顾客的理解和信任。这是推销人员最起码的素质要求。人们绝不会去买自己信不过的推销人员推销的商品。

（2）知识丰富，业务精通

为了更好地做好推销工作，推销员应具备丰富的知识，这对于推销员打开局面、开拓市场、应答顾客、促进服务是必要的。这些知识主要有：党的路线、方针、政策和当前经济形势、环境、趋向等方面的政治经济常识；本企业本行业的历史、规模、经营观念、市场行情和竞争态势等基本状况；所推销商品的性能、品种、规格、价格、特色以及竞争者同类商品的各自利弊；还应懂得市场营销中细分市场、目标定位、促销手段以及消费者动机、行为的心理分析等。唯有如此，才能在推销中进退自如、判断准确、业务精通、决策果断。

（3）言谈文明，举止大方

推销员是为顾客服务的，应注意自己的言谈举止符合礼仪要求。无论是到客户家庭还是到企业去拜访，对人都要以礼相待。无论推销成功还是遇阻，甚至是失败，也都应文明有礼，举止大方。尊重客户就是尊重自己。介绍商品，语调诚恳而肯定；展示商品，动作大方而准确；对顾客的提问，解释耐心而自信。推销中既不急躁暴跳式地强迫购买，也不奉承谄媚式地乞求成交，要自始至终与顾客保持和谐、愉快的合作气氛。

（4）百折不挠，坚毅顽强

推销工作必然会遇到困难，甚至可以说“推销就是由遭到拒绝开始的”。推销中顾客对商品甚至对推销员本人的抗拒心理是常见的，如受到冷淡、嘲笑及无端的奚落、指责，甚至被拒之门外。此时推销员要先克制自己，在客户面前保持自己的热情和礼貌，心平气和、从容不迫地去应对，说声“对不起，打扰了”，有礼地告辞。要不断总结被拒绝的原因，以利再战。遇到过分挑剔的顾客，不要放弃努力，要百折不挠、坚毅顽强，以必胜的信念、勤奋的工作和周到的服务，促成交易。虽然并不能次次如意，但这却是推销人员必备的可贵素质。

2）不同方式推销的礼仪

商品推销的方式多种多样，大体可归纳为三大类，即外出登门推销、公司来客推销和电话推销。下面就分别介绍运用不同推销方式时，业务员应注意的礼仪。

（1）外出登门推销礼仪

由公司派推销人员外出，主动登门寻找顾客，亲自向顾客介绍产品、展示产品，促成顾客购买，就是外出登门推销。这里的“登门”，意指走向顾客，并非一定要到顾客家中。在公园里、大道旁、车厢里，也都可以。外出登门推销时，要注意的礼仪主要是：

①要重视给顾客的第一印象。调查表明，人们接触的最初两分钟，印象最为深刻。为此，推销人员首先要特别注意自己的外貌，要开朗热情、诚恳自信。其次要选择合适的服装。佛朗哥·贝德格认为初次见面给人印象的90%产生于服装。国外流行的TPO服装术，值得推销人员借鉴。只有保持良好的形象，才能感染顾客，给推销工作打下基础。

【小思考4-1】

为什么说推销人员必须注重礼仪修养？

答：商品推销工作对推销人员在装束、谈吐、举止、修养等各方面的礼仪要求较高，因为推销者代表的不仅是其个人的素质，同时代表了公司的形象。公司拥有一批质量较高、素质较好的推销人员，能吸引并稳定更多的客户与公司打交道。

②登门推销，尽量预约。外出登门推销时，购买者面对陌生的推销人员及其推销的产品，大多不愿轻易接待和爽快购买，这很常见。但不可一概而论，也要看顾客的需要和推销人员工作的能力。一拍即合、相见恨晚的推销，也绝非没有。如果可能，事先预约一下，再与顾客洽谈推销，让双方都有点准备，比贸然造访的效果要好得多。预约，首先应注意约见时间的确定。最好由顾客来定，否则，就要从顾客的作息时间、活动规律、家庭条件，甚至天气和情绪诸多方面来考虑约见顾客的时间。其次应注意约见的地点要方便。多数登门推销，地点常安排在居室，但也可考虑顾客的习惯，安排在顾客认为安全和方便的场所，还可请顾客代为召集社区邻里或亲朋好友。选择大家熟悉、无干扰、接待条件良好的地点，开展集中推销。再次应注意预约方式要得当。采取电话预约的方式，快捷方便，也较经济，除应遵循一般的电话礼仪外，还重点应落实好时间、地点。可以多提供几种方案，让顾客挑选，这既是对顾客意见的尊重，又可防止其简单回绝。如用信函预约，则时间慢些，但它可见其形，有助备忘，除应遵循一般的信函礼仪外，要注意“约见”的特色，既已相“约”，尽量得“见”。信函预约的时间，要放宽松些，以防在邮路上耽搁而误期。最后应注意约见一定要守信用。不管如何约见，推销人员必须按时赴约，绝不能失约。

③推销过程礼仪。商品推销是个过程，其中每个阶段既有业务技巧上的要求，又有礼貌礼仪方面的规范，二者结合，可大大提高推销成功的概率。首先是敲门。如果是去顾客家中推销，一定要先敲门。敲门宜轻，节奏应缓慢，主人应允后方可进入。特别应注意的是，即使门原来就开着或掩着，也要先敲门，不能贸然推门而入。其次是自我介绍。自我介绍，应明确简洁，事前就应打好腹稿，依不同对象灵活使用。总体而言，自我介绍要谦和、准确而有吸引力，切忌冗长、卖弄和自吹。再次是展示和介绍商品。介绍商品要实事求是，具体讲清商品的性能、特点、质量及给顾客带来的实际利益和价值，必要时出具相应的证书、质检证明、报刊评介等资料、图片，以增强顾客的

信任感。产品价格可以讨论，力求使双方互利。展示商品时，要通过自己对商品的细心爱护，让顾客感受到商品的价值及分量。对于产品功能，应尽量演示清楚，如果顾客有意，应鼓励他们亲自操作尝试，以刺激顾客的购买欲望。最后要礼貌告别。对于推销的成功，要真心感谢顾客的关照。对于没有成交的顾客，也要感谢他们耐心听讲、支持工作。坚持礼貌地向顾客告别，既给顾客留下了良好的最后印象，又为今后可能再次登门推销打下了基础。

（2）公司来客推销礼仪

顾客来到公司或经营部购买商品，推销礼仪仍然是必要的。如果说外出登门推销，让顾客感到没有思想准备有点突然的话，那么，到公司来的则是那些有备而来、可能成交的顾客，公司应尽力做好接待，营造良好的购物环境。

①与来客建立和谐的关系。顾客来到公司，是对公司的信任，业务人员应发自内心地感激，务必要求自己态度和蔼、举止得当、语言讲究，与来客建立起融洽和谐的关系。顾客虽然来了，但只有先接受了推销员，才有可能接受推销员推荐的商品。

②热情推介商品。一般情况下，顾客不会去买不了解的东西，推销介绍商品过程就是帮助顾客了解商品的过程。这就要求推销员对本公司的产品要相当熟悉，对竞争者的同类商品也要了如指掌。这样，才能使推介工作得心应手，真正让顾客称心和放心。推介商品时，不可夸夸其谈、唯我独尊，应记住：自己是在为顾客服务。推介商品常用FABE说明术：“F”指商品特征，“A”指商品优点，“B”指客户利益，“E”指证据。要根据不同类型的顾客及其不同的购买目的，来组合推介重点。对同一商品不能只有一套说法，即无论推介对象是谁，都像背书似的千篇一律，讲完了事。推介必须实事求是，不可为一时奏效而自毁信誉。

③重视成交礼仪。经过努力，接近成交，此时推销员的礼仪对促进成交、实施购买至关重要。首先，要清楚地知道，是顾客照顾了公司的生意，功劳归于顾客，不能认为是自己干得漂亮而沾沾自喜，更不能说什么“今天算你找对人了”之类无礼的话。其次，努力请顾客

发表意见，让顾客有明确的参与感。此时如推销员仍滔滔不绝、喋喋不休，不但会言多必失，而且会令顾客产生“是听了劝告才买的”被动感，进而厌烦、不快，甚至打起退堂鼓。最后，要保持常态神情。成交之际，推销员应谨防“喜形于色”，或因急于成交在忙乱中显得顾此失彼，这类不稳重的神情表现，易让顾客顿生疑窦，失去对你的信任。所以，推销员仍应一如初始、彬彬有礼、不卑不亢、从容不迫。

④礼貌地送别顾客。推销完成后，对顾客不能有半点冷淡，否则顾客会觉得你刚才的热情都是为了赚钱。因此，成交后还可以与顾客轻松地谈点别的话题，让他感到与你做交易是件很愉快的事。有时适当地招待一下公司来客，不但有业务上的需要，也有礼仪上的需要，这在实践中也常见到，当然这要根据需要和可能来考虑。告别时，可以把顾客送出公司大门，多说些增进商贸友谊的话，只说一句“走好”是不够的。

（3）电话推销礼仪

改革开放以来，各类电话以惊人的速度在国内普及，这为企业利用电话作为推销手段准备了必要的物质条件。国外的电话推销，经过多年的探索和实践，已成为促进销售的最重要手段之一。早在1962年，美国福特汽车公司就为推销23 000辆新车，打出过200万人次的电话，取得了良好的效果，开创了电话推销的先河。1983年，美国每个家庭年平均要接25次推销电话，目前更有翻番的势头。时至今日，电话推销已经成为众多企业在宣传品牌、用户调研、客户关系、传递信息、销售产品等商务活动时，常常选用的重要方法了。

电话推销礼仪，既应注意一般电话礼仪，又应注意推销的特点，具体来说有以下几点：

①选择推销对象。每个行业都有自己相应的顾客群，如果只对着电话号码簿依次拨打，效果肯定不佳，不但浪费时间、增加费用，而且还会因成功率低而丧失信心。因此应当处处留心、时时积累，如报刊上的分类广告、新闻报道中的消息、工商企业名录以及各类信息网络单位刊载的会员名册等都要搜集，尽量找准有购买潜力的顾客。

②把自己介绍给顾客。电话推销员给顾客的第一印象，完全是由声音构成的，因此当电话接通后，应首先问候一句“您好”，再作自我介绍。考虑时间关系，自我介绍应简单明了、准确无误，同时注意使用的语调、语速、音色应恰到好处，以此来形成自己的“电话形象”，给顾客一个亲切可信的印象。

③开展商品推销。摸清顾客的需要，有针对性地突出某一商品的规格型号、特征特性、功能用途、价格优惠等众多要素中的某些要素，言简意赅，一语中的地介绍给顾客，同时，诚恳地回答对方在电话里提出的问题，并及时运用提问技巧，直截了当而又不失委婉地向顾客询问。

④巩固战果，跟进推销。推销员不能满足于“一锤子”买卖，要争取高效益，就要争取回头客，和顾客保持良好的联系。跟进电话的目的，就是要留住老客户，使生意由点带面、一轮接一轮地做下去。通过跟进电话作推销时，不能因和顾客已不陌生，就忽视应有的礼仪，让顾客重新审视与你的信任关系。另外，作电话推销时，要做好推销记录，并注意不断更新、充实和保存。

4.1.3 商务洽谈礼仪

商务洽谈贸易的双方或多方为实现互利的交易而进行的磋商协调过程，是商务活动的重要内容。商务关系网络越是密布、宽广的公司，对外的贸易交往也越频繁，经济效益增长就越快，洽谈活动也就越显得重要。因此在学习运用商务洽谈技术和技巧的同时，应注重洽谈礼仪，以促进洽谈成功。

1）商务洽谈的基本原则

商务洽谈，是交易双方或多方在维护各自经济利益的前提下进行双边或多边信息沟通，经过协调争议达成交易的行为。它既是一门科学，又是一门艺术。商务洽谈礼仪，它不是附着在商务洽谈之上的一种形式，而是商务洽谈本身的重要组成部分。所以，商务洽谈礼仪只有符合商务洽谈的基本原则（见表4-2），才具有实际价值，才不至于徒有其表。

表4-2 商务洽谈的基本原则

互惠互利原则	商务洽谈，无论是讨论正在协商的合作项目，还是处理已经发生的商务纠纷，都应体现互惠互利原则。真正成功的商务洽谈，是指利益共享、风险共担，彼此各得其所，使双方都满意，即国外所称的“双赢（win-win）”原则。应当懂得，洽谈中不愿做出必要的让步，一味苛求，试图将对方完全击垮，最终往往只能使洽谈破裂，使公司原本可以得到的合理利益也随之丧失，而且这种霸道的失礼做法，也会影响双方今后的业务往来
平等协商原则	从商场如同战场的意义上讲，洽谈也是一场战斗。但洽谈双方是贸易伙伴关系，彼此是对手，也是朋友。因此，谈判桌前，公司无论大小、实力无论强弱，在身份上、地位上，都是平等的，都有同等的权利和义务。在商务洽谈的过程中，必然会出现一些分歧和争论，但双方都只能以平等的态度、协商的方式去妥善处理，不能以高压、逼迫的方式，把自己一方的观点和条件强加于对方
求同存异原则	求同存异，是商务洽谈的重要原则。正因为双方有“同”有“异”，才需要通过商务洽谈来解决，商谈的过程就是共同寻求双方的共识，发现“异”之所在的过程。只要彼此肯定在总体上、原则上的“同”，就不应为局部上、枝节上的“异”再耗时费力。存异，就是在原则范围内，对与自己不同的见解作适当让步，或暂时搁置一旁，以后再去寻求解决的办法，以保证双方的基本要求得以实现
依法办事原则	市场经济是法制经济。商务洽谈，必须依法办事，违背法律规定的洽谈，其结果既得不到法律的承认和保护，又往往无法确保签订的合同或协议如期执行。所以，商务洽谈人员应当努力学习与业务相关的法律法规，在发言、争论和签约等过程中，做到件件符合法律要求、规范操作。凡是法律已明确禁止的行为，不能因为有利可图，或碍于对方请求的面子去违法洽谈、违法实施

2）商务洽谈的准备工作

富有经验的商务洽谈者，都知道“九备一说”的道理。这说的是在洽谈中，能用口语表达的内容，往往已经简练到只需要花一分精力，但为此洽谈者却已经在事前花了九分的力气准备。洽谈之前，准备工作做得是否充分，对洽谈结果有着直接的影响。毫无准备的洽谈，不只是对工作、对公司的不负责任，也是对洽谈伙伴不礼貌的表现。商务洽谈的准备，大体要做好以下几项工作：

（1）确定目标

商务洽谈的目标，是洽谈过程的核心和导向，一般都由公司的决策层提出主导意向，再经各有关部门和业务专门人员进行可行性研究，多次反复推敲而成，最后报公司决策层审核通过，形成洽谈目标。按照目标的可实现程度，分为必须达到的目标、希望达到的目标和乐于达到的目标三种。这种分法便于谈判者在谈判过程中自主掌握、留有余地、进退自如，既可适度让步，做到礼貌谦让，又可保证公司利益，收到双方都满意的效果。

（2）选择人员

首先，根据对方的谈判阵容，选出公司在洽谈时的主谈人首席代表。双方的主谈人应当在职务、身份上大体相当，充分显示平等相待的原则，这是最起码的礼貌。其次，要考虑洽谈人员的知识结构、谈判经验、个人性格、应变能力、气质类型、表达水平等因素，组成合理的洽谈班子。最后，确定参加洽谈人员数量，这可视洽谈规模大小，或对方的要求而定，总的原则是洽谈人员要精干得力，人数在五人以下为宜。

（3）收集资料

对方基本情况。如该公司的发展历史、主导产品、市场信誉、产品的性能、市场占有率、市场竞争情况、规模、管理能力、经营水平和财务实力等。

谈判对手的基本情况。尤其是主谈人的资历、地位、风格、心理、习惯，以及他个人对我公司的态度、业务往来史等，甚至其兴趣爱好、籍贯、家庭等能多了解一些，也不是多余的。当然，对其他助手及整个班子搭配，也应有一定的了解和分析。

对手的背景材料。如他们所在地的民俗习惯、文化背景等，在洽谈中或许能产生意想不到的微妙作用，所以，不能以为这些材料与洽谈似乎无关而忽视掉。

(4) 细节安排

洽谈双方既已正式确定了洽谈的时间和地点，就不应单方面变动（如对方有变动要求，应予考虑）。

在安排洽谈时，还要注意诸如会场布置、交通、通信工具的落实，代表食宿和会外活动等服务工作，也应尽量使对方满意。

3）商务洽谈中的礼仪

洽谈的准备工作就绪，商务洽谈就应如期举行。在商务洽谈过程中，除要坚持洽谈原则和掌握洽谈技巧外，还应注意洽谈礼仪的运用。这不但有利于实现公司的预期目标，而且可给对方留下难忘的良好印象。

(1) 洽谈人员的着装礼仪

代表公司与客户进行商务洽谈，要注重出席洽谈场合的着装，要让对方因此看出你对洽谈抱有信心。据心理学家分析，黑色西装最具有说服力，深蓝色和铁灰色次之。穿黑色西装要配以白衬衫，场合越正规，衬衫的条纹应该越细。领带最好选用有规律排列的图案，这能给人一种实在、公正的感觉。领带的颜色深意味成熟、浅意味有活力，可根据需要选择。另外，袖扣也不可忽视，因为在洽谈中，你的袖口常常展露于对手的视线里。因此无论男女，都应注意着装的整体和谐、庄重大方，不应花哨惊艳。此外皮包、笔记本、手表等细节也不要忽视，这些东西都会反映你的风格，形成对手对你的印象。

(2) 洽谈人员的迎见礼仪

公司作为东道主，应在洽谈前就到达约好的洽谈地点，迎接洽谈对手。迎接时既可以在大楼门口，也可以在洽谈厅（室）门口。进入洽谈厅（室），主人应与客户方的洽谈代表一一握手，请客人首先入座，或双方人员一起落座，但主人不能自已抢先坐下。如果是因等待客人已久事先坐下了，当客户到来时，应马上起身致意邀坐。宾主双方人员到齐并均已入座，非谈判人员应退出洽谈场所，并不能随意出入，以免影响商务洽谈的进行。

(3) 洽谈人员的举止礼仪

洽谈中，人们不可能总是正襟危坐，洽谈人员应随着洽谈过程的进展，或坐或站，或做些必要的手势等，以帮助思想的表达、观点的阐述。同时，洽谈人员也应通过对方的举止动作，来理解其自觉不自觉发出的诸多信息。比如，双手放在桌上，挺腰近台而坐，是正确的积极的洽谈态度；一只手撑着头，另一只手摆弄着笔、本子、钥匙等小东西，则表明对对方的讲话不感兴趣，精力已不集中；站立时双脚并拢，双手自然前合，目光友善，面带微笑，是谦恭、礼貌、诚意的表现；稍息式的站姿，双手垂直或放在背后，目光散视，不随话题的变化而变化，则表明洽谈者已倦怠分神。手势在洽谈中常被用来传递丰富的信息。比如，洽谈者谈话时掌心向上，表示谦虚、诚实，愿意合作；掌心向下，则有控制、压抑、强制感；十指端相触撑起，呈塔尖状，并伴以身体后仰，则有高傲之嫌；若洽谈者双臂紧紧交叉于胸前，即流露出防御和敌意，是不利于洽谈的。

（4）洽谈人员的谈吐礼仪

商务洽谈当然离不开谈。在洽谈中注意谈吐的礼仪，会使洽谈内容更富人情味，更易被对方理解和接受。因此，洽谈时应注意下面几点：第一，谈话的距离。在洽谈中，谈话应保持相对固定的距离。如站着距离应在半米左右，坐着以桌宽为准，双方各自在陈述观点和态度时，位置基本不变，但如果双方有了争执，则易发生距离的突破。逼近对方发表己见，不自觉地缩短双方的空间距离会使对方受到压抑；同样，双方洽谈各持己见，无法趋同，其中的一方会扩大谈话距离，仰靠朝后，表示对谈话内容不满意或不感兴趣。富有经验的洽谈者应避免这两种情况的出现，给对手一个理智、儒雅的良好印象。第二，谈话的语气。在洽谈中，准确把握语气，既是促成洽谈的需要，也是洽谈中应遵循的礼仪。比如“你们给予A公司的折扣是多少”这句话，用了解情况的询问性语气说出来，与用审问式的威胁性语气说出来，效果是大不一样的。第三，谈话的语速。洽谈中说话的速度要平稳，以中速为宜。过快对方听不清、记不住，会给人以性情急躁、难以把握轻重之感。而语速过慢，又会给人以吞吞吐吐、欲言又止、不干练果断之感，被认为做事拖拉，没有时间观念，甚至被疑为故意让人难分主次，有欺诈之意。所以，洽谈者语速应当是快而不失节奏、慢而不失流畅，并适时观察对方的反应加以调整。第四，谈话的声调。洽谈中的声调可以流露谈话者的感情或情绪变化，在阐述自己立场时，应让对方从你的声调中感受到你坚定而有信心。一般来说，升调表示惊讶与不满，降调表示遗憾与懊丧，平调显示信心和力量。声调波动也可反映谈判者正在思考和犹豫。洽谈中，应尽量控制自己的声调，避免过于尖厉、高亢、粗鲁、刺耳的音色，以消除对方误解，使洽谈顺利进行。最后，洽谈中的寒暄用语、开场用语、交谈用语、结束用语等，都应注意谈吐的礼貌文明，既充满自信，又不显得自傲；既热情友好，又不低三下四；既据实争辩，又适度退让，达到双赢。

4.2 商场服务礼仪

商场，是商业零售企业进行商品买卖的场所，是商品流转过程的最后环节。消费者在这里购买商品，不但物质生活需要可以得到满足，还能体验到新型人际关系和人格得到应有尊重的精神愉悦。因此，注重对工作人员服务礼仪的培养与加强业务技能训练，同样重要。**商场服务礼仪**是指商场工作人员在接待顾客、满足顾客选购商品的过程中，对自己的言行加以约束，以达到尊重顾客、礼貌交易的一系列礼仪规范。它是文明经商、优质服务的主要内涵，也是商业重要竞争手段的一部分。

4.2.1 商场营业员规范

营业员是商场的一线工作者，不仅要熟悉商品的知识和销售的技能，而且要直接同顾客接触交往，为他们购物服务。商场服务礼仪，主要通过营业员的服务活动体现出来。因此，作为商场服务活动主体的营业员，自觉学习和遵守礼仪规范，显得格外重要。

1）营业员仪容仪表规范

规范营业员的仪容仪表，是商场工作的客观要求，也是对顾客的礼貌与尊重。营业员的仪容仪表如何，既影响商场的整体精神风貌，又影响营业员个人形象。一般来说，要注意做到：

（1）着装统一

从礼仪上讲，统一着装是商场形象建设的需要，同时也表明了营业员自己的身份，反映商场随时准备为顾客服务的姿态。

（2）穿着得体

虽有统一制服，但穿着也要注意保持卫生、整洁、合体，否则，即使是再漂亮的制服，如不严格按要求穿戴，也不会产生好的效果。

（3）适当修饰

营业员应保持面部清洁，头发梳理齐整。男士不留胡须和大鬓角，女士不留长指甲，上班前略施淡妆。

（4）岗前检查

营业员应在商场开门前到达，做好上岗准备，检查自己的服装、修饰和卫生，检查是否佩戴了工作证或胸卡。然后以饱满的精神、良好的心态、规范的仪容去迎接第一位顾客。

2）营业员服务用语规范

商场的顾客有本地常客，也有外地过路客，来自四面八方，语言南腔北调，稍不留意，就可能造成彼此的误会，使顾客因误听产生误解，带来购物的麻烦，所以营业员在工作中应规范自己的语言。

（1）使用普通话

我国地域辽阔、民族众多、方言繁杂。随着改革开放的深入，人员流动日渐增多，有外来打工的农民，有异地经营的商人，有旅游观光的游客，还有开会出差的职员。营业员不会讲普通话，就难以胜任接待工作。另外，在使用普通话的基础上，如能再学点有代表性的地方方言、常用哑语手势和简单的外语会话那就更好了，这样能清楚地知道不同顾客的要求，满足他们购物的需要。

（2）讲究文明用语

营业员要重视语言修养，做到“六不讲”，即低级庸俗的话不讲，生硬唐突的话不讲，讽刺挖苦的话不讲，有损顾客人格的话不讲，伤害顾客自尊心的话不讲，欺瞒哄骗顾客的话不讲。对顾客说话，语气应和蔼委婉，表达简洁明了，还要注意用语得体、中听，不生歧义。如代客包扎商品，不能说成“我帮您捆起来”；对胖、瘦、秃顶等顾客，要避开忌讳的词句。若商场订有文明用语或服务禁语等公约，应模范地执行。

3）营业员行为举止规范

营业员的岗位，是相对固定的，其行为举止全都展现在顾客的眼前，直接关系到商场形象和服务质量。营业员可以从站、行、拿、递方面来规范自己的行为举止。工作时间，要站立服务、身姿端正、精神饱满、面带微笑。若顾客对商品有感兴趣的表示，应步履轻快稳重迎上前去接待、答话。为顾客取货挑选时，要轻取轻放、百拿不厌、百问不烦。同时，当顾客在选购商品时，还要多多介绍商品的性能和特点，提出参考意见。收款时，应唱收唱付，将找的零钱递到顾客手上。如顾客使用信用卡付款，结算后应把账单和信用卡一并递还顾客。

营业员当班时，除站、行、拿、递的规范行为外，还应做到：不在工作时间吃东西或看书报；不在顾客面前做挠头、补妆、抠鼻子、掏耳朵、伸懒腰等小动作；对有生理缺陷的顾客，要主动关心，不应模仿、议论他们。利用短暂的营业空隙整理货架、补足货源时，遇有顾客购物，应立即放下手中的活去为顾客服务，不能让顾客等自己忙完再去接待。临近下班时间，不能催赶现场顾客，要耐心接好最后一笔业务，送走最后一位顾客。

【小知识 4-1】

营业员行为举止规范中指出，在营业时间内，下列举止是有损营业员形象的不良行为：坐着、趴着、倚靠着、双手托腮；懒散、冷漠、邋遢、萎靡不振；站立时双腿不停地抖动，或劈叉，或交叉，或歪歪趔趔；营业员互相谈笑风生，置顾客于一旁而不顾；接待顾客时心不在焉、到处张望、表情麻木；递物找钱随意扔摔；对极少数难缠的顾客，自己得理不饶人、以牙还牙等。

4.2.2 柜台服务礼仪

商场的柜台，是营业员的工作岗位。搞好柜台服务，是营业员日常工作的主要内容，它体现了商场售货管理和服务质量的水准。柜台服务礼仪，又是营业员做好工作的必要条件之一。

1）营业前的准备

营业之前，准备工作做得充分，开门营业后，柜台服务就能有条不紊、从容不迫地进行。这对提高工作效率是至关重要的。营业前的准备工作包括：

搞好柜台内外的环境卫生，检查自身的衣着修饰，给顾客一个整洁、干净的良好印象。

补足货架，摆齐商品。对已售缺的商品，及时提货、拆包、分装、陈列，做到错落有致、层次分明、相互衬托、整齐美观。

检查、填写或更换价格牌签，明码标价。这样做可使营业时减少差错。备好售货的各种用具，如尺、秤、算盘（或计算器）、剪刀，包装用纸、袋、绳，以及复写纸、找零的小额钱币。如有刷卡机，要检查一下它能否正常工作。

2）迎接顾客

迎接顾客，是商场营业员为顾客服务的第一步。营业员要在柜台内端庄站立，亲切微笑，用目光欢迎顾客的到来。当有顾客走近柜台前停留时，应主动迎客，问候“您好”或“我能为您做点什么吗”等礼貌用语，拉近与顾客的心理距离。有些商场在清晨开门之时，设队礼仪迎宾，由商场领导带领部分工作人员，列队站立商场门口的一侧，迎接首批顾客。礼仪人员迎宾时，都应着装整齐、站姿规范、自然大方、诚恳热情。柜台内的营业员宜呼应配合，避免出现门口热忱迎宾，柜台内无动于衷，指点、说笑，毫无诚意。如果这样，无异于戏弄顾客，很难挽回影响。迎接顾客是一项常规的长期工作，要持之以恒，不能虎头蛇尾。

3）服务顾客

广义讲，顾客进入商场，就意味着服务开始，但具体服务，是从顾客挑选商品时开始的。营业员应礼貌、热情、周到和耐心接待每一位顾客、服务每一位顾客，优质地完成商品的销售工作。

（1）接待有序

顾客来到柜台前有先有后，营业员应按先后依次接待服务，在营业高峰时更应如此，做到“接一、顾二、照看三”，即手上接待第一位顾客，眼睛照顾第二位顾客，嘴里招呼第三位顾客。对其他顾客则微微点头示意。每当换一位顾客时，礼貌地致歉：“对不起，让您久等了。”

（2）介绍商品

向顾客介绍、宣传商品，要实事求是，目的是让顾客了解商品，促其购买。如果介绍的情况不真实，误导顾客，从长远看，既失败又失礼。

（3）有问必答

无论顾客提问的商品是不是营业员推介的，都必须礼貌作答，不能因为顾客对你介绍的商品不感兴趣，对于他的提问就充耳不闻，装作不会回答，也不能因为你介绍得已经很详细，顾客还在不断提问，就嫌烦、缺乏耐心。有问必答，是优质服务的内容之一。

（4）百拿不厌

顾客购物总爱挑选，这是人之常情。营业员向顾客拿递商品时，动作要轻快，不能扔掉，以免引起误会。顾客反复挑拣，反映买意坚定，所以营业员不能嫌烦，应说“没关系，如不满意我再给您拿一只供您比较”，以示服务耐心、诚恳。

（5）为客参谋

商场营业员对经营的商品特点、性能及市场行情、走势等知识，都要多懂得一些，应尽己所能，主动为顾客当好参谋：一要以顾客自己的喜好为前提，不能勉为其难，更不要强加于人；二要恰到好处，点到为止；三要帮助导购，从顾客的角度去引导消费。

（6）计价收款

营业员计价收款要坚持唱收、唱付，避免现金交接差错。如是“收银台”统一收款，售货员应先开好小票，报明价款，由顾客前去交钱，然后顾客再凭交款收讫后的提货联到柜台提货。提货时，营业员还应认真、准确、规范地开好商场售货发票，如是“三包”商品，再代客填写保修卡和保险单，连同商品一并交给顾客。如找顾客零钱换不开时，要本着“困难留给自己，方便让给顾客”的原则去处理，设法解决，切不可说句“找不开”，就把难题推向顾客不闻不问了。收款时偶尔发现假币，可向顾客提出，并讲清道理，按国家有关规定和正常手续处理，不要斥责、难为顾客，引起争吵。

（7）递交商品

售货完毕，营业员应按照不同的商品，采用不同的包扎方法给顾客包扎好商品。对购买数量少的小商品需要包装的，可用方便小塑料袋；对购货数较多且过于零碎的，可用商场较大的包装专用袋装盛。对于玻璃器皿等易碎商品，必要时需用大小合适的包装盒（或箱），并加以捆扎。捆扎动作要熟练，形式要美观，确保扎牢后递给顾客，并提示小心提拿。同时，还要留意认清买主，避免张冠李戴，造成损失。

服务顾客的全过程，营业员始终应保持情绪饱满、热情周到、话语亲切。顾客选购商品过程，可能因某种原因，在计价收款后还临时反悔。营业员要一如初始，尊重顾客的意愿，在不违背商场规章的前提下，尽量方便和满足顾客要求，不能因此对顾客厌烦，更不能加以讥讽、侮辱。

4）告别顾客

顾客购货完毕，营业员要点头目送，礼貌道别：“欢迎您下次再来。”这句用语也适用于结束一天工作，临近下班时间的告别服务。

只要是在下班钟响之前进入商场的顾客，都应耐心地接待，直到送走最后一位顾客才能开始清理款、货，搞好“四防”等收尾事务，切不可提前关灯、挂帘、理货、对账、催撵顾客。

【小思考 4-2】

“您要什么？”“您买什么？”“您想看什么？”哪种提法好？

答：这三种问话的句式相同，含义相近，但效果却大不相同。“您要什么？”语义不清，且有居高临下之感；“您买什么？”有强制确定买卖关系之嫌；“您想看什么？”既表达了对顾客的尊重，又让顾客有一定的灵活处理之便。

4.2.3 超市售货礼仪

超市，是超级市场的简称，又叫自选商场，是1930年始于美国的一种新型售货方式。起初超市只经营食品，后来逐渐发展到经营化妆品、家用器具、针纺织品等非食品商品。超市的特点在于只有货架，不设柜台，顾客自由选择商品。营业员的主要工作，是向顾客介绍商品、指导选购、添补货架商品、给出售的商品打贴价码，以及在出口处为顾客结账收款，并把顾客选购时用过的小推车、篮、筐归位等。超市由于采用“顾客自我服务”，售货成本大为下降，又因销量大、毛利低、周转快，所以售价比传统的商店要低。超市售货，由于不设柜台，营业员和顾客接触更为直接，距离更为接近，在服务礼仪方面也有了新的要求。

1）姿态规范，要求严格

营业员应站立端庄，或适当地走动于货架之间。站姿、走姿以及介绍商品时的手势、动作，都应经过严格训练，比柜台售货员有更高要求。站立候客时，不能叉腰、抱肩或手插口袋，双手应自然交于腹前，或自然背于身后。不能因站立时间稍长，就倚靠货架斜立，更不能直接坐在货架或大件货物上，也不能走动频繁，使顾客误认为被监视。介绍商品时，对顾客不要指指点点、拍拍打打，引领顾客，不要拉拉拽拽。对异性顾客，更应保持一定距离。

2）商品摆设，方便美观

上架商品，要讲究货真价实，还要讲究摆放美观、取拿方便。货真，即要保证商品质量，如经营食品应注意其真实性和保质期，切不可以次充好，以保证商品质量。价实，是指同类商品的销售价要略低于柜台销售价。摆放美观，是指陈列在货架上的商品整齐不乱、错落有致，具有立体感，色彩搭配和谐自然。顾客弄乱了的商品，待顾客走后，及时调整还原。取拿方便，是指商品的包装大小适中，货位高低合理，同类商品摆放集中，让顾客自取方便。超市入口处，要准备小推车或货篮，供顾客选购商品时使用。如果摆好的商品只能看、不准动，就不能称其为“超市”了。

3）信任顾客，尊重顾客

顾客在超市购物，无须通过营业员可直接拿取商品，体现出超市特点。不能因极少数人的偷窃行为，就在超市广而告之“偷一罚十”“不寄存包者，不准入内”等，这是对众多顾客的不信任和不尊重。营业员有看管商品的职责，但这要靠自己全神贯注、细心谨慎来实现，警惕和防范只宜内紧外松，并微笑热情注视顾客购买，搞好服务。发现有人企图贪小便宜，应机智妥当地提醒，如已既成偷窃事实，在重视证据的前提下，轻者可按超市的管理规章处理，重者送交公安部门。绝不可自作主张，做出违反法律的事来，更不能捕风捉影，对顾客无端猜疑。

观念应用4-2

李丽来超市工作已经三年了，平时工作认真并且很注重服务礼仪，经常对客人说“先生，请您把包存放在这里，我们为您安排专人保管”“小姐，请您小心，别让商品给碰着，谢谢”，委婉地提醒客人自重自律。有一天，她看到有人把洗发膏塞到了孕妇衫里，她怎样做才能处理好这一问题呢？

分析提示

李丽没有用人们常见的方式：迎上去，指出客人的不当行为，再找出商品，按章照罚了事，而是很礼貌地走到她的身边，微笑地说：“小姐，您要的商品还没包好，当心弄脏了您的衣服，我替您装进袋里，洗发膏价格是×元×角，请到出口处交款，谢谢！”这样在“客人是大意而不是为别的”的指导思想下，顾客很体面又很乐意地配合顺利解决了问题，同时对李丽给予的礼貌和尊重报以感谢的目光。

4）清点结账，快速准确

顾客挑选好物品到出口处结账付款，营业员点货结账要准确快捷。清点结账应尽量简化手续，逐一清点货物，迅速报价收款、开具票据，并询问顾客是否购买方便袋，提醒顾客带齐所购物品，礼貌道别。出口处清点结账，营业员不可按购物多少来决定服务态度的好坏，顾客在超市买与未买、买多买少，营业员都应同样热情对待，欢迎客人再次光顾。

4.3 宾馆服务礼仪

宾馆，是指为宾客提供住宿、餐饮、娱乐、商谈、会议和其他一系列服务的综合场所。宾馆一般都讲究设施豪华、富丽堂皇，也更重视服务人员的形象，讲求高水准的服务质量。仅有良好的“硬件”设备，而无配套的“软件”服务，宾馆则徒有虚名。反之，即使条件差一点，但服务过硬、礼仪到位，仍可宾客盈门。

4.3.1 前厅服务礼仪

前厅，是宾馆接待宾客，安排客房，提供咨询、信函、电讯联络服务、收款等多项服务的部门，也是宾馆任务繁忙、工作时间最长的部门。前厅服务人员的礼仪修养如何，直接影响宾馆的业务和宾馆形象，应当引起员工的高度重视。

1）迎宾员礼仪

迎宾员是宾馆的脸面，要着淡妆，精神抖擞，穿好制服，突出身份。当顾客乘车抵达时，迎宾员应主动上前帮客人打开车门，同时微笑地用敬语同客人打招呼，并引领客人进店。对步行而至的客人，也要表示尊敬和欢迎。客人离店时，仍然以规范的礼节送别客人。

2）总台服务员礼仪

总台是整个宾馆的中枢，起着对内协调、对外联络的重要作用。客人从进入宾馆到离开宾馆的这段时间内，总少不了要同总台打交道，因此，总台服务人员的服务将会对宾客产生极深影响，从而决定客人对宾馆的满意程度。为此，总台人员在工作中应做到的要求见表4-3。

表4-3 **总台工作人员工作中的要求**

热情招呼，主动介绍	总台服务人员看到宾客到来，应主动招呼、热情询问，并向宾客介绍宾馆的基本情况、住宿条件和基本房价。若客人表现出不乐意在这里居住的表情时，服务员也应积极地为客人介绍其他宾馆，并礼貌道别
办理手续，认真快捷	办理住宿登记时，应礼貌地请宾客出示有关证件，核对无误后，应快速办理入住手续，以免宾客久等。手续办理完毕，招呼行李员把宾客送至房间
问询服务，耐心准确	由于宾客初来乍到，不清楚的问题往往较多，服务员应及时、礼貌地回答宾客的问题，不厌其烦、耐心作答。对一时无法回答或自己也不清楚的问题，不能用“大概”“也许”之类的含混不清的用语，更不能简单地说“不知道”，而应先向客人解释，待查询或请教别人后，再给宾客一个明确的答复
行李服务，及时安全	当宾客办理好入住手续、咨询完有关问题后，行李员要主动接过客人的行李，挂上写有宾客房号的行李牌，及时送到指定的房间。接、拿、递、送行李时，要轻拿轻放，不得摔、碰。行李进房后，要请客人清点确认，以免出现差错，待客人确认无误后，方可礼貌告退。若客人提出亲自携带某件行李，行李员应遵从客人意见
迎送服务，始终如一	总台服务人员既是最先接待客人入住，又是最后为客人办理离店手续的工作人员，是给客人留下第一印象和最后印象的关键性人物。客人到来，热情欢迎；客人离别，礼貌相送。绝不能出现：客人到来，笑脸相迎，热情有余；客人离店，不理不睬，甚至横眉冷对。热情、礼貌、始终如一地为客人服务，才能真正反映出服务人员的职业道德和礼仪修养

【小知识4-2】

希尔顿旅馆总公司的董事长唐纳·希尔顿不断地到他设在世界各地的希尔顿旅馆视察业务，他向各级人员问得最多的一句话就是：“你今天对客人微笑了没有?”50多年来，希尔顿旅馆生意如此之好，财富增加得如此之快，其成功的秘诀之一，就在于服务人员“微笑”的影响力。

3）电话服务员礼仪

宾馆电话服务员是不见面的服务人员，但客人每天都在享受着他们的服务，直到离店，只闻其声、不识其人。尽管如此，话务员也不能忽视礼仪问题。其实话务员正是通过自己的柔美音调、礼貌措辞和亲切话语，在为宾客提供及时、准确的通信信息的同时，也在为宾客提供优质的服务。

（1）用语文明，说话礼貌

话务员接到打进的电话，应主动先报出自己的电话号码和宾馆全称，然后倾听来电内容，再分别处理。例如，“这里是31157088，艾狄宾馆。您好，有什么吩咐，请讲。”不论对方来电时是什么态度，话务员都应始终做到用语文明、态度诚恳，绝不可与通话者顶撞、争执。话务员应使用标准的普通话，一接来电，敬语当先，且语调亲切、音色柔美、发音准确。语速要适中，保证对方能听清楚，但对有急事要通话的人要灵活掌握，不能仍然不动声色，给人一种慢条斯理、故意拖延的感觉。否则，极易引起通话人的反感和愤怒。

（2）接转电话，准确无误

宾馆大多使用内线电话。话务员接转电话时要做到精力集中、准确无误。接转中不得监听通话内容，如因操作原因偶尔听了，要遵守制度，不得外传，更不能以此去和客人开玩笑。宾客托挂的长途电话，在其通话后，应准确记录下通话的房间号、姓名和通话时间，记账留存，做到不漏不错。如宾客在中途调换房间，应及时更改转记，以便继续为之接转电话和离店收费。对于电话查询，在不影响正常接转电话的情况下，应尽力相助，如因工作繁忙，可先请来电者稍候再查。

（3）代客留言，主动及时

如果来电是找已入住的宾客通话，而此人此时又不在宾馆内，无论是市话还是长途，话务员都可以主动请来电一方留下姓名、地址和回电号码，以便给予转告。待宾客归来，话务员要及时转告，促其回电。如果来电一方要求直接留言，话务员应详细做好记录，并与对方复述核对后挂断电话，然后及时转告给住店宾客。在客人没有或忘带移动电话的情况下，代客留言既方便了宾客，又给他们宾至如归的感受。

（4）叫醒服务，认真负责

宾客因熬夜迟睡，次日又要早起办事或启程，叫醒服务可以满足他们的要求。在接受宾客请求后，话务员要立即做好记录，准确核对房间号码和叫醒的确切时间，并登记在“客人唤醒时间表”上，便于交接班后值班同事不致误事。叫醒时可电话通知楼层服务员去办理。如果是单人房间住客，也可直接去电话叫醒：“早晨好，现在的时间是早上×点钟。”如果没人接听，则应间隔三分钟再打一次，三次仍没人接，应通知值班服务员去敲门叫醒，以免耽误了宾客的安排。

4.3.2 客房服务礼仪

客房就是宾客的“家”，要尽全力让宾客感受到和在家一样方便、舒适和亲切。宾客在宾馆住宿期间与客房服务员接触时间最多，印象也最深。服务员的礼貌水准与优良的服务设施和周到的服务项目相比，显得格外重要。

观念应用4-3

一天，海山宾馆来了一位中国香港旅游者，他在游山玩水时，不慎遗失了财物，孑然一人，兜里只剩下了16元钱。暮色重重，天色将晚，港客连跑了福州的几家宾馆，都因无钱而被婉言谢绝。最后，他抱着一线希望跨进了海山的大门。在总台，他说明了情况，服务员立即请他到餐厅用餐，随即为他开了一间房，绝口不提房费饭钱，只请他好好休息。第二天，港客告辞时，发现遗失了的财物已被宾馆报案找回，激动得千恩万谢。海山的服务员，只亲切地说了一句：“这里是您的家，欢迎以后再来。”回港后，他写来了热情洋溢的感谢信，称“海山”是天底下最好的宾馆。

分析提示

出门在外，难免遇上困难事。福州海山宾馆的员工把客人当家人，不但热情接待，而且给予客人以充分的信任和尊重。如果不是特殊情况，无钱者是不能接待的，但总台服务员了解到港客的困难后，立即为他作了安排，同时代他报案找回失物，充分体现了“海山”人的有礼有情：没有因他无钱而不接待；没有因接待而催提费用；没有因萍水相逢而施舍应付，而是主动帮其找寻财物；没有因热心相助而居功得意，而是亲切地说：“这里是您的家……”

1）仪表整洁，仪态端庄

客房服务员，应对自身的卫生、仪表、仪态有足够的重视。在某种意义上说，一个宾馆的形象，往往和服务员的仪表、仪态相关联。这就要求服务员在上班时间，应穿着宾馆统一的工作装，佩戴胸卡，并保持服装的干净整洁。个人卫生方面要做到勤洗澡、勤理发。男服务员，每天修面、不留胡须、不蓄长发。女服务员，不留长指甲、化妆不过艳。遇到客人，应主动打招呼问候，除非客人先伸手，否则不必主动与客人握手。在过道行走时，应轻快无声，不要忽快忽慢，不做无谓的其他动作，否则影响客人休息。

2）清扫客房，规范有礼

客房是宾馆的主体，客房干净和整洁，是礼宾的基本要求。清扫客房之前，应礼貌轻敲房门，客人允许后，再推门进入，然后将门敞开着清理客房、打扫卫生。清扫过程中，不要翻动客人物品。对已离店客人遗留的东西，应完整地送交宾馆相关部门处理。对门上挂有“请勿打扰”字牌的房间，不能以搞卫生为由贸然开门进去。对门上挂有“请即打扫”字牌的房间，则应马上去打扫，而不能强调搞卫生时间已过，产生反感或厌烦心理，以怨言顶撞宾客。撤换床上用品时，操作宜轻快熟练，不能当客人还在房内就大幅度抖叠，这既不卫生，又不礼貌。撤下的床单等物品拿出客房时，应留意检查是否夹带有顾客的东西。清理客房完毕，应对宾客说声“对不起，打扰了”，再轻轻带门离去。

3）严于律己，遵守制度

宾馆的管理，基于为宾客提供优质服务的观念，制定了对服务员的服务态度、服务技术、服务程序、服务礼仪等方面的制度，服务员应自觉执行。与客人说话的声音以对方听得清楚为限，尽力保持客房区的宁静，不可因自己的情绪不佳影响工作或冲撞客人，不要窥视客人的行动或窃听客人的谈话。为客人服务热情大方，但不宜过分亲切，未经客人同意绝不搂抱宾客的孩子，也不随便给其食品。应客人招呼进入客房时，应开着门，对客人的邀坐，应谢而不坐，在客房逗留时间不要长，回答客人询问，不可随便答“不知道”，也不要与客人议论别的客人，不打探客人的年龄、职业及收入等。服务员严于律己、遵守制度，就能让宾客感受到宾馆的舒适感、如归感和安全感，赢得他们的满意和惠顾。

4.3.3 餐厅服务礼仪

宾馆的餐厅是宾客就餐的场所，也是宾馆的重要组成部分。餐厅有精美的膳食，再辅以礼貌、周到的服务，必然能够吸引更多的宾客就餐。

1）仪表卫生，礼貌待客

仪表清洁卫生，是宾馆各个岗位的服务人员都应做到的基本要求，对餐厅服务员来说，要求则更严格。不可想象，一个头发蓬乱、遍身油渍、面容枯槁的人端送来的饭菜能让宾客胃口大开。餐厅服务员的礼貌，可以从动作、言语、表情、态度诸方面来体现，即动作要轻快稳当，不可拖沓轻浮；言语要得体准确，不可答非所问；表情要自然亲切，不可冷漠生硬；态度要和蔼可亲，不可麻木倦怠。身着工作服在岗位上，一举一动都受到客人的注视和监督，都影响着宾馆的名声。忙时，不要疯疯癫癫；闲时，不能松松垮垮，更不要聚在一起议论叽咕。

2）宾客就餐，全程服务

迎客。迎接客人时，服务员横排对称站立餐厅门口的两侧热情问候，并将客人引领到预订的桌位前，对没有订座的客人，应代为安排餐桌。客人落座后，进行斟茶、送上香巾等一系列的服务。

点菜。客人基本到齐，服务员可请客人点菜。顺序是把菜单先双手递给长者（也可递给女士），然后，按顺时针移行，做好点菜记录，并对所点菜肴、酒水复述一遍，让客人核对。

上菜与撤盘。服务员端菜上台，要介绍菜名和特色。端菜时手指不能触及盘碟上口或浸入菜（或汤）内。菜汤切忌溅在客人衣服上。撤换菜盘通常遵守右上右撤、新菜向主宾和女士为尊等习俗。撤盘前，先征求客人意见，不可自以为是。

斟酒。部分菜上台后，按照主人意思开席。服务员应先给主宾斟酒，然后依次进行。席间，服务员站立一旁，随时按客人的要求提供斟酒服务，斟酒时，量不宜太多，一般以八分满为宜，酒水不许滴洒在桌面上。斟酒服务应及时、细心、操作规范而又符合卫生要求。

结账送客。客人用餐完毕，服务员应用托盘把账单正面朝下地送到第一主人面前，并礼貌地说："先生，请您结账。"客人如愿意去账台结账，应指明账台位置。客人撤席，应为离座客人拉开坐椅，提醒他们别忘带自己的物品，且送客人到餐厅门口，待客人离去，再清理餐桌，不可在客人还没起身时就来收拾。

【小思考 4-3】

就餐后，服务员可以向客人报价收账吗？

答："唱收唱付"是在商店购物时为避免结账收款中出现差错而通用的结账方式。但在宾馆、酒楼结账是悄然进行的。一般是服务员凭借经验和观察力，发现付账者，然后将账单正面朝下，放在托盘里送给付账者，这又叫"埋单"。这样礼貌的处理，可使宾主双方免去许多不便和尴尬。大声乱喊报价，是不文明、没礼貌的表现。

3）主动助人，互相合作

餐厅服务属系列性服务，靠某个人是不能完成的。实际上，每次接待用餐客人，都体现了餐厅迎宾、值台、账台、厨房等各环节通力协作的整体效果。因此，服务员要重视同事间各环节的相互合作，如及时地把顾客的口味特点传达给厨房，以便饭菜做得更可口，同事待客时遇到了困难或麻烦，要主动上前帮助解围，使之不致造成更大的影响。相互合作也是建立在为顾客服务的基础之上的，在服务过程中，对顾客哪怕有瞬间的不礼貌，都会影响到整个服务质量，这是不能允许的。

本章小结

商业实务礼仪既有公司业务礼仪，也有商业服务礼仪，大体上概括了商业实务礼仪的基本内容，为大家在不同的商业单位和工作岗位从事商务活动，提供了必须掌握和运用的礼仪知识。

写字间，是公司工作人员集中办公、从事内部管理和联系业务的场所，也是接待宾朋、会见来客的地方。写字间应搞好装潢布置，突出公司特点，豪华而不俗气。写字间工作人员，应服饰整洁大方、遵守公司制度、保持环境安静、礼貌待人、相互尊重。客人来访，要做好接待，引领客人，注意礼仪。遇上级召见，应带齐资料，马上去见，如实汇报。使用电话要注意塑造公司的“电话形象”。接完电话后，及时将通话内容向公司报告，以便衔接下一步工作。

商品推销中，礼仪同样十分重要，因此商品推销人员应当具有爱岗敬业、热忱服务、知识丰富、业务精通、言谈文雅、举止大方、百折不挠、坚毅顽强的优良素质。在外出登门推销时，注重自己的良好形象，尽量与顾客预约，并懂得推销全过程的礼节、礼貌。公司来客推销时，应与来客建立和谐的关系，热情推介商品，灵活运用FABE说明术。电话推销要注意选择推销对象，把自己和自己的商品介绍给顾客，并做好跟进推销，巩固战果。在商务洽谈中，坚持洽谈的四项基本原则，做好洽谈前的准备工作。注意洽谈进行中的着装、迎见、举止和谈吐礼仪，以促进洽谈，达到双赢。

商场服务礼仪主要是通过营业员的工作体现出来的。因此，对营业员要进行教育培训，使之仪表仪容、服务用语和行为举止都符合规范的要求。柜台服务，要做好营业前的准备，礼貌、热情、周到、耐心地为顾客服务。下班时，要与最后一位顾客礼别后才能开始清理款、货，搞好收尾事务。超市，由于不设柜台，营业员与顾客接触更为直接，所以更要留意自己体态的规范，向顾客介绍商品，动作要自然得体，营业时间内，宜“内紧外松”，细心谨慎，照管好商品，要信任大多数顾客，特别注意尊重顾客的人格尊严。超市商品，要明码标价、排列合理，为顾客自选商品提供尽可能多的便利。

宾馆服务既要有良好的“硬件”设备，又要有优质的“软件”服务。前厅迎宾员、总台服务员、电话服务员以及行李员、清洁员等都应各司其职，相互配合，搞好工作。客房服务员与宾客接触最多，应保持良好的仪表、仪态，清洁客房要注意和客人的配合，严于律己，遵守制度，创一流服务。餐厅服务员要注意环境卫生和个人整洁，为就餐客人创造良好的就餐环境，提供优质的就餐服务。

主要概念

商业实务礼仪　商品推销　商场服务礼仪

知识练习

▲ 简答题

1）简述写字间工作人员礼仪修养的基本内容。

2）商务洽谈中的礼仪有哪些？

▲ 填空题

1）商业实务礼仪是指商业企业在从事________、________、________ 等商务活动的过程中，长期形成的________。

2）推销有两种理解，即________和________。

3）超市售货，营业员和顾客接触________，距离________，在________也有了新的要求。

4）客房服务员应客人招呼进入客房，应当________，对客人的邀坐，应__________，在客房逗留时间不要________，对客人的询问，不可随便答________。

▲ 单项选择题

1）推介商品常用FABE说明术，其中B是指（ ）。

A. 商品特征　　B. 商品优点

C. 客户利益　　D. 证据

2）一般认为洽谈人员在谈判中，说话时掌心向上，有表达（ ）之意。

A. 谦虚、诚实、愿意合作　　B. 高傲自负

C. 控制、压抑　　D. 精力分散、倦怠走神

3）餐厅服务，撤换菜盘时的礼仪应当是（ ）。

A. 左上右撤　　B. 右上右撤

C. 右上左撤　　D. 左上左撤

▲ 多项选择题

1）商品推销的方式大体可归纳为（ ）等几类。

A. 外出登门推销　　B. 公司来客推销

C. 电话推销　　D. 业务员推销

2）办公时间，如上级召见，应当（ ）。

A. 立即停止手中的工作　　B. 叫别人去应付

C. 将文件报表等资料安放好　　D. 说自己忙，等会儿再去

3）主动为顾客当参谋，就是（ ）做好服务。

A. 以顾客的爱好为前提　　B. 恰到好处

C. 以自己经营知识为主导　　D. 帮助导购

技能训练

1）接拨电话应注意哪些礼仪？

2）登门推销，如何约见顾客？

观念应用

▲ 案例题

绝不让一名乘客抱憾而归

在埃及的开罗机场，一位身材巨胖的女顾客要搭机赴意大利，她胖得几乎连走路都很困难了，她是被亲人用轮椅推进候机大厅的。当机场方面为她办海关、安检等手续时，猛然发现所有的门对她来说都太窄了，她的身体超出了机场服务设施的设计范围。工作人员只得向上报告和请示。机场领导层马上做出了一个令大家惊讶的决定，立即拆门！并迅速抽调工程人员组织一个“拆门小队”，为这位顾客拆开一扇扇门，让她顺利登机。因为机场的服务宗旨是：不能滞留一名乘客，不能让乘客抱憾而归。就这样，这位肥胖的女乘客，一路过关，准时来到了飞机跟前。但是新的问题又出现了，因为她连登机都无法一步步顺着扶梯上去；于是机场方面再次决定，用机场行李升降机把她送到舱口。还好，这位女乘客的身体还能进入舱门。机组人员全部行动，将她安顿在了整整三个座位上。最后，通过大家的齐心协力，这位满怀感激的女乘客终于到达了她的目的地——意大利米兰。

问题：分析机场工作人员在超出服务范围时，为何还要为这位乘客服务。

▲ 实训题

运用柜台服务礼仪知识，针对当地具有一定规模和影响的商场，组织学生进行调研分析。方式可以多样，但要求学生不要影响商场正常业务工作的开展。

第5章

商业仪式与专题活动礼仪

学习目标

知识目标：了解常见商业仪式及专题活动中的基本礼仪知识，掌握开业典礼、剪彩仪式、签字仪式、新闻发布会、展览会等方面的礼仪专业知识。

技能目标：能够按照礼仪规范参加、策划、组织各种商业仪式和专题活动。

能力目标：能够根据不同商业仪式及专题活动的特点，运用所学礼仪知识，分析研究解决各种礼仪现象与问题。

【引例】

塑造完美庆典

李奥贝纳广告公司1935年成立于美国芝加哥，成立之初只有1家客户，营业额是20万美元，但是公司没有气馁。它们精心设计了一场别开生面的开业典礼，全力调动前来参加庆典宾客的注意力，一点一点的惊喜、一层一层的意外，让宾客赞叹声不断。真诚、自然、温情是李奥贝纳广告公司开业庆典的主要特点，也是李奥贝纳的人生信条——“我们力求更为坦诚而不武断，我们力求热情而不感情用事”。李奥贝纳说，我不认为一定做得像所谓“不合常规”才有趣味。一个真正有趣味的典礼是因为它本身的非常珍罕、难得一见以及不落俗套。

经过3年的艰苦创业，他终于把李奥贝纳广告公司发展成一家大公司。目前在全球84个国家设有97家分公司，共有8 000多名员工。每年8月5日公司生日这天，全世界的李奥贝纳人都会在同一个主题下共同庆祝。

商业仪式是企业或组织为了庆祝或纪念某个重要日子、重大事件而举行的气氛热烈而隆重的仪式，如开业典礼、剪彩仪式、签字仪式、奠基仪式、交接仪式等。专题活动是企业或组织为了达到某种目的，有计划、有针对性地组织的一种公关活动，如商品展览会、新闻发布会、业务洽谈会、宴会等。举办商业仪式与专题活动，既可表明企业对此项活动庄重、严肃的态度，又可借此扩大企业的社会影响，树立企业良好形象。本章将系统地阐述主要商业仪式和专题活动礼仪知识。

5.1 开业典礼

开业典礼是现代商业活动中，各类企业、商场、酒店等在成立或开张时，为达到宣传自己、扩大传播范围、塑造企业良好形象的目的，经过精心策划，按照一定的程序专门举行的一种庆祝仪式。一个成功的开业典礼可以更好地体现企业的组织能力、社交水平及文化素质，是企业起步、发展的良好开端，是企业发展的第一块里程碑。

5.1.1 开业典礼的准备工作

开业典礼的准备工作是开业仪式的基础工作。凡事预则立，不预则废。准备工作充分与否直接影响开业典礼能否成功。开业典礼要从以下几个方面做好准备：

1）做好舆论宣传工作

企业可运用传播媒介在报纸、电台、电视台和互联网等广泛发布广告，或在告示栏中张贴开业告示，以引起公众的关注。这些广告或告示的内容一般包括开业典礼举行的日期、地点，企业的经营范围及特色，开业的优惠情况等。开业广告或告示一般宜在开业前的3~5天内发布。另外，企业还可以邀请一些记者在开业仪式举行之时，到现场进行采访、报道，对企业成立、企业的规模、经营及服务项目进行及时宣传，以增加公众对新创立企业的了解。

2）确定出席人员

一般来讲，参加开业典礼的人士包括：

（1）上级领导

邀请上级领导参加，主要是希望他们对企业的发展的给予大力的支持，他们的出席也能使企业的开业典礼增加社会影响力。

（2）社会名流

邀请社会名流参加，可以通过“名人效应”，有利于提高企业的社会知名度。

（3）新闻界人士

邀请新闻界人士参加，通过他们公正的报道，加深社会对企业的了解和认同，进一步扩大企业的社会影响。

（4）同行业代表

邀请同行业代表，表明企业力求彼此合作、促进本行业共同发展的愿望。

（5）社区负责人

邀请社区负责人，通过他们加强企业与本地区的联系，希望更多的人关心、支持企业的发展。

（6）企业员工

员工是本单位的主人。成功的庆典活动能增加员工的信心和工作热情。所以在组织庆典时，是不能把他们完全“置之度外”的。

【小思考5-1】

典礼出席人员是否多多益善？

答：否。确定开业典礼出席人员应以适度为宜。要依据本企业的性质、规模、预期宣传效果而定。一般邀请上级领导、新闻界人士、同行业代表、社区负责人、社会名流等主要关系单位人员以及本单位员工代表参加即可。

3）发放请柬

出席开业典礼的人员一旦确定，应提前一周发出请柬，便于被邀者及早安排和准备。请柬的印制要精美，内容要完整，文字要简洁，措辞要热情。被邀者的姓名要书写整齐，不能潦草马虎。一般的请柬可派员送达，也可以通过邮局邮寄。给有名望的人士或主要领导的请柬应派专人送达，以表示诚意与尊重。

4）安排接待工作

在举行开业典礼的现场一定要有专人负责来宾的接待工作。接待工作交由专门培训过的礼仪小姐及接待专员负责。他们分工负责来宾的迎送、引导、陪同、招待等。在接待贵宾时，须由本企业的主要负责人亲自出面。高质量的接待服务，可以使人感受到企业的热情、真诚与敬意，给来宾留下深刻的印象。

因此，开业仪式前要认真安排，并对接待人员进行系统培训。

5）布置环境

开业典礼一般在商场、单位的门口举行。为了烘托热烈、隆重、喜庆的气氛，可在现场悬挂“×××商场开业典礼”“×××公司隆重开业”的横幅，两侧布置一些来宾送的贺匾、花篮，会场四周还可以张灯结彩，悬挂彩灯、气球等，以烘托热烈、隆重、喜庆的气氛。此外，来宾签到簿、本单位的宣传材料、待客的饮料等应提前备好。对于仪式要用的音响、照相设备也要事先认真检查、调试，以确保开业典礼的顺利进行。值得一提的是，开业典礼的场地选择不能妨碍交通，音响设备的调试以不制造噪音为宜，不能为了烘托气氛而热闹过了头，否则会影响开业典礼的效果，甚至破坏企业的社会形象。

【小知识5-1】

准备开业典礼要遵循“热烈”“节俭”“缜密”三原则。

5.1.2 开业典礼的程序及礼仪要求

开业典礼活动所用的时间不长，但事关重大，所以对典礼活动的程序安排及人员要求都很严格。

1）开业典礼的程序

典礼程序是指典礼活动的进程。典礼的效果如何，主要由程序决定。因此，典礼的程序要完整、协调、周全并符合礼仪要求。一般情况下典礼程序由以下几项组成：

(1) 迎宾

礼仪小姐就位在会场门口迎接来宾，待来宾签到后，引导来宾就座。

(2) 典礼开始

主持人宣布开业典礼正式开始。全体起立，奏国歌，宣读重要嘉宾名单。

(3) 致贺词

由上级领导和来宾代表致祝贺词，主要表达对开业企业的祝贺及期望。贺词由谁来讲事先要定好，以免当众推来推去。对外来的贺电、贺信等不必一一宣读，但对其署名的单位或个人应予以公布。

(4) 致答谢词

由本单位负责人致答谢词。其主要内容是向来宾及祝贺单位表示感谢，并简要介绍本单位的经营特色和经营目标等。

(5) 揭幕

由本企业负责人和一位上级领导或嘉宾代表揭去盖在牌匾上的红布，宣告企业的正式成立。参加典礼的全体人员鼓掌贺之，在非限制燃放鞭炮地区还可放鞭炮庆贺，以增加喜庆气氛。

（6）参观

如有必要，可引导来宾参观，介绍本企业的主要设施、特色商品及经营策略等。

（7）迎接首批顾客

可以采取让利销售或赠送纪念品的方式吸引顾客，也可以选择一些有代表性的消费者参加座谈，虚心听取消费者的意见，拉近与消费者的距离。

以上程序可视具体情况有所增减，无须照抄硬搬。总之，开业典礼的流程要力求紧凑、简洁、高效，避免时间过长、内容杂乱，使来宾产生不快。

2）参加开业典礼的礼仪要求

（1）企业方礼仪

对于开业典礼的组织者来说，整个仪式过程都是礼待宾客的过程，每个人的仪容仪表、言谈举止都关系到企业的形象。假如员工在仪式中精神风貌不佳，穿着随便，行为举止不当，很容易给本企业的形象带来负面影响。因此，作为开业典礼的出席者，在参加开业典礼时应注意以下几点：

①仪容要整洁。所有出席本单位典礼的人员，事前要充分准备，对不同级别的人员作不同的要求。全体员工力求干净利落或恰当修饰，主要领导可以佩戴鲜花以示喜庆与热情，良好的仪容、仪表是企业的面子，是塑造企业形象的重要开端。

②服饰要规范。有条件的企业最好着统一样式的服装，没有条件的，应要求每个人穿着礼仪性服装，即男士穿深色西装、女士穿深色西装套裙或套装，绝不能在服饰方面任其自然，给人很凌乱的感觉。

③准备要充分、周到。请柬的发放应按时，不得有遗漏；席位的安排要讲究，一般按身份与职务高低确定主席台座次及贵宾席位；还要为来宾准备好迎送车辆等。

④要遵守时间。出席本企业开业典礼的每一位人员都应严格遵守

时间，不得迟到、无故缺席或中途退场。如果仪式的起止时间已经公布，主办企业应准时开始、准时结束，向社会证明本单位是言而有信的。

⑤态度要友好。遇到来宾要主动热情地问好，对来宾提出的问题应予以友善的答复。当来宾发表贺词后，应主动鼓掌表示感谢，不能起哄、鼓倒掌，不能随意打断来宾的讲话或向其提出挑衅性质疑，更不能对来宾进行人身攻击。

⑥行为要自律。主办方人员得体的举止，可以充分展示本企业文明礼貌、礼尚往来的良好风范。典礼过程中，主办方人员不得嬉笑打闹，不得做与典礼无关的事，如看报纸、织毛衣、打瞌睡等。不要东张西望，一再看时间，表现得心不在焉。

（2）宾客礼仪

参加开业典礼的宾客也要注意自己的礼貌礼节，尽量做到以下几方面：

①要准时参加开业典礼，为主办方捧场。如有特殊情况不能到场，应尽早通知主办方，不要辜负主人的一番好意。

②宾客在开业典礼前或开业典礼时，可送些贺礼，如花篮、镜匾、楹联等以表示对开业方的祝贺，并在贺礼上写明庆贺对象、庆贺缘由、贺词及祝贺单位。

③见到主人应向其表示祝贺，并说一些祝顺利、发财、兴旺的吉利话。入座后应礼貌地与邻座打招呼，可通过自我介绍、互换名片等方式结识更多的朋友。

④在典礼上致贺词时，要简短精练，不能随意发挥、拖延时间，而且要表现得沉着冷静、心平气和，注意文明用语，忌用含义不明的手势。

⑤在典礼过程中，宾客要根据典礼的进展情况，做一些礼节性的配合，如鼓掌、跟随参观、写留言等。

⑥典礼结束后，宾客离开时应与主办企业领导、主持人、服务人员等握手告别，并致谢意。

观念应用 5-1

吉祥商场开业，在店门口举行盛大的开业典礼。主持人刚讲话，话筒便突然掉到地上摔坏了。换好话筒后，典礼刚重新开始天又下起了大雨，只好将活动移到店内举行。总经理致辞未毕，又突然停电了，整个商场一片昏黑混乱。一场隆重的盛典变成了“闹剧”。

分析提示

主办方在本次庆典活动中准备不周到、组织不缜密。组织庆典要充分预计到可能发生的各种情况，并做好预案。在组织过程中要有专人负责应付意外情况，及时采取补救措施。这样才能避免“盛典”变“闹剧”。

5.2 剪彩仪式

剪彩仪式是企业或社会组织为了庆贺成立、开业，大型建筑物落成，道路、桥梁首次通车，大型展销会、博览会开幕等而举行的一种庆典活动。它可以在开业典礼中进行，也可以单独举行，最终目的是树立良好的形象，引起社会各界的关注。

【小知识 5-2】

1912年，美国圣安东尼奥市的华狄密镇上有一家大百货公司要开张，老板威尔斯严格地按照当地的风俗办事，在早早开着的店门前横系着一条布带，万事俱备，只等开张。这时，威尔斯10岁的女儿，牵着一只哈巴狗从店里匆匆跑出来，无意中碰断了这条布带。这时在门外等候的顾客及行人以为正式开张营业了，蜂拥而入，争先恐后地购买货物，真是生意兴隆。不久，当老板的另一个分公司又要开张时，想起第一次开张时的盛况，又如法炮制。这次是有意让小女孩把布带碰断，果然财运又不错。于是，人们认为让女孩碰断布带的做法是一个极好的兆头，因而争相效仿，广为推行。此后，凡是新开张的商店都要邀请年轻的姑娘来撕断布带。后来，人们又用彩带取代色彩单调的布带，并用剪刀剪带代替撕带，有讲究的还用金剪刀。这样一来，人们就给这种做法正式取了个名——“剪彩”。

资料来源　何浩然. 实用礼仪［M］. 合肥：合肥工业大学出版社，2004.

5.2.1 剪彩的筹备工作

剪彩仪式的筹备工作与开业典礼的准备工作有相同之处，如舆论宣传、发送请柬、场地布置、灯光与音响的准备、人员的培训等。这些工作必须认真细致、精益求精。除此之外，还应做好以下准备工作：

1）剪彩用具的准备

剪彩仪式上需要一些特殊的用具，如红色缎带、新剪刀、白色薄纱手套、托盘以及红色地毯等。对这些用具要做到恰当地选择、仔细地准备。

红色缎带。它即剪彩中的“彩”，是非常重要的物品。按传统做法，它应由一整匹未使用过的红色绸缎，在中间扎上几朵大而醒目的红花而成。从节约或简约方面考虑，一般使用两米左右长的红缎带、红布条作为变通。

新剪刀。它是专供剪彩者剪彩时使用的，必须是剪彩者人手一把，而且是崭新、锋利的，以免因剪刀不好用，让剪彩者尴尬。

白色薄纱手套。它是供剪彩者剪彩时专用，以示郑重，但一般情况下可以不准备。如果准备，就要确保手套洁白无瑕、人手一副、大小适度。

托盘。它是供盛放剪刀、手套时专用的，最好是崭新、洁净的，通常首选银色的不锈钢制品。为了显示正规，还可在使用时铺上红色绒布或绸布。在剪彩时，礼仪小姐可以用一只托盘依次向各位剪彩者提供剪刀和手套，也可以为每一位剪彩者均提供一只托盘。

红色地毯。它主要铺设在剪彩者正式剪彩时的站立之处，其长度可视剪彩者人数的多少而定，宽度则不应在一米以下。在剪彩现场铺设红色地毯，主要是为了提高仪式档次，营造一种喜庆的气氛。通常，也可不铺设地毯。

2）剪彩人员的选定

在剪彩仪式中，参加剪彩的人员除主持人以外，还要选定剪彩者和礼仪小姐。

（1）剪彩者的选定

剪彩者是在剪彩仪式上持剪刀剪彩之人，其身份地位与剪彩仪式的档次高低有着密切的关系，因此，剪彩仪式前要慎重选好剪彩者。通常情况下，可从上级领导、单位负责人、社会名流、合作伙伴、员工代表中选定。剪彩者的人数可以是一人，也可以是多人，但一般不超过五人。

剪彩者名单一经选定，应尽早告知对方，并征得对方的同意。如果是由多人同时担任剪彩者时，还应分别告知是何人与他同担此任，这样做，是对剪彩者的一种尊重。

（2）礼仪小姐的选定

为了增加剪彩仪式热烈而隆重的喜庆气氛，往往可以邀请几位专业礼仪小姐，或由东道主一方的女职员担任礼仪小姐，她们主要负责引导宾客、拉彩带、捧花、递剪刀等工作。礼仪小姐一般要求文雅、大方、庄重，穿着打扮尽量整齐划一，化淡妆，盘起头发，统一穿着红色旗袍或西式套装。

【小思考5-2】

挑选礼仪小姐的重要要求是什么？

答：仪容、仪表姣好当然重要，但并不是唯一条件；更重要的是综合素质、气质和教养，必要的礼仪知识和灵活的应变能力，要有使命感和责任心。

5.2.2 剪彩程序

独立举行的剪彩仪式，通常包括以下五项基本程序：

1）请来宾就座

一般情况下，剪彩者应就座于前排。若数人剪彩时，应按剪彩时的顺序就座，即主剪者居于中间，距主剪者越远，位次越低，且右侧位次高于左侧。

2）宣布仪式开始

在主持人宣布剪彩仪式开始后，全场起立，奏国歌。此后，介绍到场的重要嘉宾，并对他们表示谢意。

3）简短发言

发言者依次为东道主单位的代表、上级主管部门的代表、合作单位的代表等。发言内容要言简意赅，并富有鼓动性，使场面隆重而热烈。

4）进行剪彩

当主持人宣布进行剪彩后，礼仪小姐率先登场。拉彩者将红色缎带拉直，托盘者站在拉彩者身后一米左右，然后剪彩者上台进行剪彩。此时，全体人员热烈鼓掌，必要时还可奏乐或燃放鞭炮。

5）陪同参观

剪彩后，主人应陪同来宾参观被剪彩之物。随后，还可向来宾赠送纪念性礼品，或设宴款待来宾。

5.2.3 剪彩者的礼仪要求

剪彩者是剪彩仪式的主角，其举止直接关系到剪彩仪式的效果和企业形象。因此，作为剪彩者既要有荣誉感，又要有责任感。剪彩者应注意以下几点礼仪要求：

1）注意仪容仪表

剪彩者的着装要正规、严肃，一般着西装、中山装或职业制服。头发要梳理好，颜面要洁净，不可戴墨镜，给人的感觉应是容光焕发、精干而有修养。

2）举止要大方文雅

剪彩过程中，剪彩者要使自己保持一种稳重的姿态，做到快而不慌、忙而不乱。当主持人宣布开始剪彩时，剪彩者要面带微笑，步履稳健地走上主席台，走近彩带。当礼仪小姐用托盘呈上剪刀，剪彩口令发出后，剪彩者要稳健地剪断彩带。剪彩时要聚精会神、严肃认真地一刀剪断。如果同时几位剪彩者共同剪彩时，应共同协作同时剪断彩带。剪刀放回托盘后，应转身向四周的人们鼓掌致意，并与主持人和其他主人一一握手，以示祝贺。

3）谈笑要有节制

当主持人宣布剪彩仪式开始后，剪彩者应立即中断与其他人的交谈，全神贯注地听主持人讲话。其间，可与临座低声耳语一两句，表达自己的感受。剪彩完毕，剪彩者向四周的人们鼓掌致意后，可与主人进行礼节性的交谈，或与其他剪彩者进行赞赏性的交谈，但时间不宜过长。在仪式过程中，剪彩者不能因为自己地位高，对什么事都妄加评论，无休止地高谈阔论或放声谈笑。否则，都是很失礼的。

观念应用 5-2

某大型商场开业，剪彩者既不是领导人，也不是社会名流，而是几位商业劳模。特殊身份的剪彩者，引起了省内外媒体的广泛报道，一时传为佳话。

分析提示

这是一次高水平的剪彩策划。剪彩者的选定既要遵循一般规律，又要敢于创新。创新才能引起社会各界的关注，提高知名度。

5.3 签字仪式

签字仪式是商务活动中合作双方或多方经过协商或谈判，就彼此之间进行商务活动、商品交易或某种争端达成协议或订立合同后，并由各方代表正式在有关的协议或合同上签字的一种庄严而又隆重的仪式。签字仪式的举行可以表示各方共同遵守协议的诚心，同时也可以扩大各方的社会影响力。

5.3.1 签字仪式的准备工作

1）准备好待签文本

举行签字仪式时，文本一旦签字就具有法律效力。因此，对文本的准备一定要郑重、符合要求。

依照商界的习惯，待签文本的准备由举行签字仪式的主方与有关各方指定的专人共同负责，主要完成待签文本的定稿、翻译、校对、印刷、装订和盖火漆印等工作。准备文本的过程中，除要核对谈判协议条款与文本的一致性以外，还要核对各种批件、证明等是否齐备，是否与合同相符等。按常规，应为在文本上签字的有关各方均提供一份待签文本，必要时，还应为各方提供一份副本。审核中如发现问题要及时通报，通过再谈判，达成谅解和一致，并且应调整签约时间。

签署涉外合同时，依照国际惯例，待签文本同时使用有关各方的母语，或使用国际上通用的英文和法文。在撰写外文合同文本时，应字斟句酌、反复推敲，不要望文生义而乱用词汇。

待签文本应用高档、精美的纸张印刷，按大八开的规格装订成册，并用真皮、仿皮、软本等高档质料作为封面，以示庄重。

2）确定好签字人员

举行签字仪式之前，有关各方应事先确定好参加签字仪式的人员，并向有关方面通报。尤其是客方，要将出席签字仪式的人数提前通报给主方，以便主方做好安排。主签人员的确定随文件性质的不同而变化，有的是由国家领导人主签，有的是由政府有关部门领导人主签，还有的由具体部门负责人（负责人通常是法人代表）主签，不管怎样，双方主签人的身份应大体相当。参加签字的各方，事先还要安排一名熟悉仪式程序的助签人员，协助签字时给文本翻页，并指明签字处，防止漏签。其他出席签字仪式的陪同人员，主要是参加谈判的全体人员，人数以相等为宜。为了表示对所签合同、协议的重视，双方常对等邀请更高一级的领导人出席签字仪式。

3）布置好签字现场

我国在布置签字现场时，一般在厅内设一长方桌作为签字桌，桌面覆以深绿色的台呢布（但要注意各方的颜色禁忌），桌后放两把椅子，作为双方签字人员的座位，其座位安排是以面对正门的方向为准，右为客人，左为主人。座前摆列各自保存的文本，上端分别放置签字笔、吸墨器等签字文具。如与外商签署涉外合同时，需在桌子中间摆一旗架，悬挂双方国旗。双方参加仪式的其他人员，排列于各自主签人的座位后面，助签人员站立于各自主签人的外侧（如图5-1所示）。

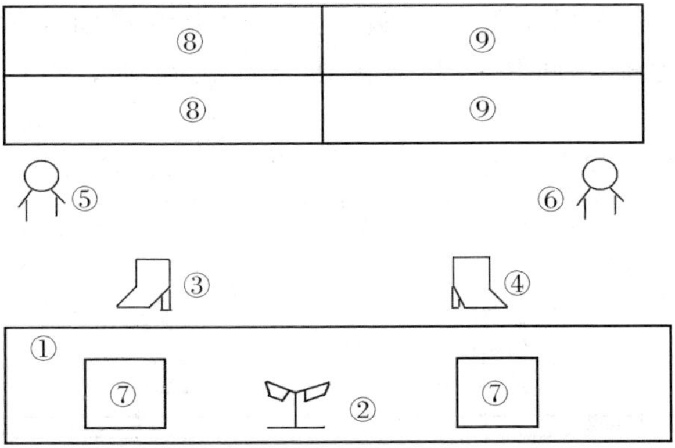

①签字桌　②双方国旗　③客方主签人
④主方主签人　⑤客方助签人　⑥主方助签人
⑦双方文本　⑧客方陪签人　⑨主方陪签人

图 5-1　我国签字现场的布置

有的国家在举行签字仪式时，现场布置与我国略有不同。有的设置两张签字桌，双方主签人各占一桌，双方的国旗分别悬挂在各自的签字桌上（如图 5-2 所示）。

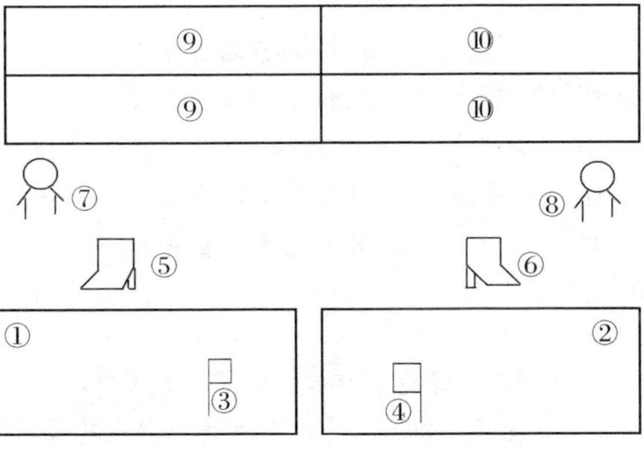

①客方签字桌　②主方签字桌　③客方国旗
④主方国旗　⑤客方主签人　⑥主方主签人
⑦客方助签人　⑧主方助签人　⑨客方陪签人
⑩主方陪签人

图 5-2　有的国家签字现场的布置

有的签字现场虽用一张签字桌，但双方参加仪式的人员坐在签字桌的前方两侧，双方国旗悬挂在签字桌的后面（如图5-3所示）。

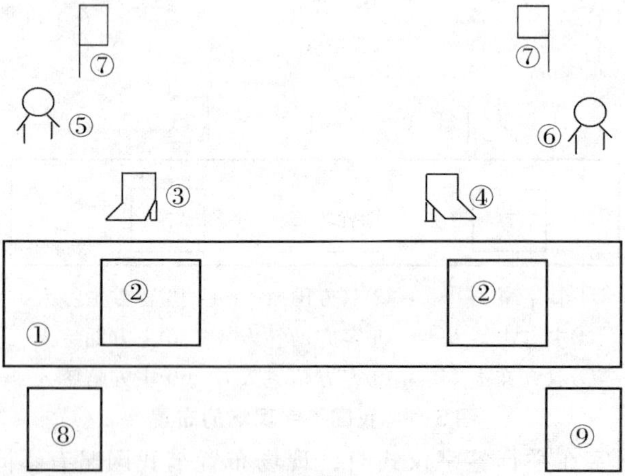

①签字桌　②双方文本　③客方主签人
④主方主签人　⑤客方助签人　⑥主方助签人
⑦双方国旗　⑧客方陪签人　⑨主方陪签人

图5-3　有的签字现场的布置

无论签字现场怎样布置，总的原则应是庄重、整洁、清净。地上可铺设地毯，签字桌的后上方可悬挂横幅，写有“××××（项目）签字仪式”的字样。签字桌上的台呢布不许有破洞，不能使用破旧的桌椅，室内空气要保持新鲜，厅内光线要保证明亮。

【小思考5-3】

主签人是否都应是最高领导？

答：不一定。主签人选要视签订文件的性质来确定，可由组织中的最高负责人签，也可以由具体部门负责人签。其基本原则是双方签字人的身份对等。

5.3.2　签字程序

1）就座

参加签字仪式的有关人员进入签字厅后，主签人按主左客右的位置入座。助签人站在主签人的外侧，其他人员以职位、身份高低为序，客方自左向右，主方自右向左，分别站立于各主签人的后面。当一行站不下时，可遵照“前高后低”的原则排成两行以上。

2）正式签字

签字时，应按国际惯例，遵守“轮换制”，即主签人首先签署己方保存的合同文本，而且签在左边首位处，这样使各方都有机会居于首位一次，以显示各方平等、机会均等。然后由助签人员互相交换文本，再签署他方保存的文本。

3）交换文本

签字完毕，由双方主签人起立交换文本，并相互握手，其他陪同人员鼓掌祝贺，仪式达到高潮。随后，由礼宾人员端上香槟酒，供双方出席签字仪式的人员举杯庆贺。

4）退场

签字仪式完毕后，应先请双方最高领导者退场，然后请客方退场，东道主最后退场。整个仪式以半小时为宜。

一般情况下，商务合同在正式签署后，还应提交有关部门进行公证才正式生效。

【小知识5-3】

经过长期洽谈之后，南方某市的一家公司终于同美国的一家跨国公司谈妥了一笔大生意。双方在达成合约之后，决定正式为此举行一次签字仪式。因为当时双方的洽谈地点在我国，因此签字仪式便由中方负责。在仪式正式举行的那天，让中方出乎意料的是，美方差点要在正式签字之前“临场变卦”。

原来，中方的工作人员在签字桌上摆放中美两国国旗时，误用中国的传统做法“以左为上”代替了目前所通行的国际惯例“以右为上”，将中方国旗摆到了签字桌的右侧，而将美方国旗摆到签字桌的左侧，结果让美方人员恼火不已，他们甚至因此而拒绝进入签字厅。这场风波经过调解虽然平息了，但它给了人们一个教训：在商务交往中，对签约的礼仪不可忽视。

资料来源　杨丹妮. 行礼如仪［M］. 北京：人民教育出版社，2011.

5.4 新闻发布会

新闻发布会是特定的社会组织为了宣布某项重要消息，把有关新闻机构的记者召集在一起，进行信息发布的一种特殊形式的会议。它可以及时、公正地把企业或组织的重要信息传播给社会公众，扩大信息的传播范围，是社会组织与新闻媒介之间联络感情、协调关系的一种重要手段。

5.4.1 会前准备

新闻发布会的准备工作比较繁琐，主要包括主题的确定，时间、地点的选择，记者的邀请，人员的确定，材料的准备等具体工作。做好新闻发布会的前期准备，可以保障会议的顺利进行，最大限度地减少意外的发生。

1）确定新闻发布会的主题

新闻发布会的主题是会议的中心议题。主题的确定是否得当，往往直接关系到企业或组织的预期目标能否实现。一般来讲，新闻发布会的主题大致有两种类型。

（1）说明性主题

如企业推出新产品、企业的经营方针有所改变等，此时，新闻发布会主要是对外宣布决定。

（2）解释性主题

如企业产品质量出现了问题，企业出现了重大事故等，此时，新闻发布会主要是对所发生的事件进行解释。主办单位可根据具体情况，确定好新闻发布会的主题。

2）选定新闻发布会举行的时间

时间选择是否理想，对新闻发布会的效果有着重要影响。选定时间时要注意：

（1）避开节日与假日。

（2）避免与重大社会活动相冲突。

（3）防止与新闻界的宣传报道重点撞车。

有些事件发生后，时效性极强，拖延时间可能会使新闻发布会失去意义，此时，应马上组织召开新闻发布会。

3）确定新闻发布会举行的地点

新闻发布会举行的地点，可以考虑企业或组织所在地，事件发生地，当地较有名气的宾馆、会议厅等。发布会的现场还应考虑交通是否方便，采访条件是否优越，扩音、录音、录像设备是否完好，座位是否够用等。

4）确定邀请记者的范围

新闻发布会主要是面向新闻记者发布消息，所以记者是主宾。邀请哪些记者参加应根据发布会的性质而定。如果是为扩大影响和知名度，可以多种类、多层次地广邀记者参加，如果只在一定范围内进行宣传、解释，则邀请面可小些。邀请的记者名单确定后，应提前3~4天将请柬或邀请信送到新闻单位或记者本人手中，并及时利用电话联系，落实记者的出席情况。

5）选定新闻发布会的主持人和发言人

与其他会议有所不同，新闻发布会的主持人、发言人的选择非常重要，选择是否得当，往往直接关系到会议的成败。因此，新闻发布会的主持人大都由主办单位的公关部部长、办公室主任或秘书长担任，而且主持人应该是仪表堂堂、反应灵敏、语言流畅、善于把握大局、长于引导提问、对主持会议具有丰富经验。而发言人通常由本单位的领导人担任，因为领导人对企业或组织的方针、政策及各方面情况比较了解，由他们回答记者提问更具有权威性。对发言人的基本要求还应包括思想修养好、学识渊博、思维敏捷、能言善辩等。

【小知识5-4】

高水平的新闻发布会是发言人与记者的智力竞赛。

6）准备会议材料

新闻发布会前，主办单位通常安排专人准备好如下四个方面的主要材料：

（1）发言人的发言稿

它既要紧扣主题，又要全面、准确、真实、生动。

（2）回答提纲

为了使发言人在现场回答问题时表现自如，可事先预测一下记者将要问到的问题，并准备好答案，以确保发言人心中有数，必要时予以参考。

（3）报道提纲

企业或组织召开新闻发布会都有各自的宣传目的。因此，可以事先将报道重点，有关的数据、资料编印出来，作为记者采访报道的参考资料。

（4）其他辅助材料

这些材料包括图片、实物、模型、录像、光碟等，其目的是增强发言人的讲话效果，加深与会者对会议主题的认识和理解。

7）其他准备工作

新闻发布会前除做好以上准备工作外，还应做好会场的布置、音响设备的调试、礼品的准备、座次的安排、工作人员胸卡的制作以及与会人员的仪态举止训练等工作。

5.4.2 会议程序及礼仪要求

会议程序要安排得详细、紧凑，避免出现冷场和混乱局面。同时，与会者还应注意各种礼节、礼仪。

1）会议签到

新闻发布会的入口处要设立签到处，安排专人负责签到、分发材料、引入会场等接待工作。接待人员要热情、大方、举止文雅。

2）会议开始

主持人将召开新闻发布会的目的、将要发布的消息或要公布的事件经过、真相作简要介绍。主持人应根据会议主题调节好会议气氛：当记者的提问离会议主题太远时，要善于巧妙地将话题引向主题；当会议出现紧张气氛时，能够及时调节、缓和气氛。切实把握好会议的进程和时间。

3）领导人发言

领导人在会上发言时，要突出重点，具体而恰到好处，语言要生动、自然，表达要清晰，切忌啰唆冗长。

4）回答记者提问

领导人在回答记者提问时，要准确、自如，不要随便打断记者的提问。对于不愿透露或不好回答的问题，不要吞吞吐吐，要婉转、幽默地向记者做出解释。遇到不友好的提问，应该保持冷静，礼貌地阐明自己的看法，不能激动发怒，避免产生负面影响。

【小知识5-5】

4份有敌意的报纸比1 000把刺刀更可怕。

——拿破仑·波拿巴

5）会议结束

新闻发布会结束后，主办人员要向参加者一一道别，并感谢他们的光临。对于个别记者有特殊要求时，有关人员还应耐心地予以答复。

新闻发布会后，主办单位还应及时收集到会记者做出的报道，检查是否达到了举办新闻发布会的预期效果，是否有不利于本单位的报道，并予以更正、说明。

观念应用5-3

某公司新品上市召开新闻发布会。一记者在提问时就该公司曾发生的质量问题要求发言人解释。发言人先称“无可奉告”，被数次质问后竟恼羞成怒地宣布该记者为不受欢迎的人。其他记者见状纷纷离席。

分析提示

发言人做出了非常失礼的行为。新闻发言人遇到不友好的提问，应保持冷静和克制，礼貌而客观地阐明自己的看法。激动发火只会带来负面报道，与新闻发布会的目的背道而驰。

5.5 展览会

展览会指企业或组织为了介绍本单位的业绩，展示本单位的成果，推销本单位的产品、技术，采用集中陈列实物、文字、图表、影像资料等方式而组织的商务宣传活动。组织展览会是为了通过这种活动达到供人参观、了解的目的。展览会具有很强的说服力和感染力，主办单位可通过实物、图片、现场讲解加深参观者的印象，强化宣传效果。主办单位还可以通过与参观者面对面的接触，听取公众的意见，达到和目标公众进行双向沟通、交流的目的。另外，主办单位还可以借助多种媒介的宣传，提高自己的知名度，扩大影响。因此，很多商界单位都很看好展览会，对展览会的组织工作以及参加展览会应遵循的礼仪规范倍加重视。

5.5.1 展览会的组织工作

一般的展览会，既可以由参展单位自行组织，也可以由专门机构出面组织。不论哪种组织方式，组织者都必须认真、细致地做好各项具体工作，使展览会取得满意的效果。展览会的组织工作一般包括以下几个环节：

1）明确展览会的主题

任何一个展览会都应有一个鲜明的主题，如此，才能明确展览会的对象、展览会的规模、展览会的形式等问题，并以此来进行展览会的策划、准备和实施，使展览会的宗旨和意图更加突出。

2）确定时间、地点

在选择展览会举办的时间、地点时，要针对展览会的目的、对象、形式以及效果等多种因素综合考虑。地点的选择可根据参展单位的地理区域不同，确定在本埠或国外。另外，还应注意交通、住宿是否方便，辅助设施是否齐全等问题。时间的选择要于己有利、于参展者有利，并与商品的淡、旺季相适宜。

3）展览内容的宣传

展览会前，主办单位应设计好展览会的会徽、会标及相关的宣传标语，并就此对展览会的主题、内容、时间、地点作广泛的宣传，吸引各界人士的注意和兴趣。除此之外，主办单位还应成立一个专门的新闻发布组织，负责与新闻界的联系，提供有价值的新闻资料，以扩大影响范围，增强展览会的效果。

4）展览会的布展制作

对展览会的组织者来讲，展览会现场的规划与布置是非常重要的。该项工作具体包括展位的合理分配，文字、图表、模型与实物的拼接组装，灯光、音响、饰件的安装，展版、展台、展厅的设计与装潢等。布展的效果应达到展出的物品合理搭配、互相衬托、相得益彰，以烘托展览会的主题，给人一种浑然一体、井然有序的感觉。

【小思考5-4】

企业参加展览会主要展示什么？

答：企业参加展览会具体展示的是企业的产品、技术、成果和业绩，整体展示的是企业的实力、员工精神风貌和企业良好形象。

5.5.2 展览会的礼仪要求

展览会上，不管是主办单位的人员、参展单位的人员，还是参观者，都应遵守大会程序，时刻用礼仪规范来约束自己的言行，使展览会在友好、热烈的气氛中进行。具体来讲，有关人士应注意以下几个方面：

1）主办单位人员的礼仪

主办单位的工作人员要注意自己的形象，穿着要庄重，颜面要修饰，举止要文雅。除此之外，还应搞好与各参展单位的关系，做好各项服务工作，对既定的展期、展位、收费标准等，不能作随意的改动。总之，主办单位人员应与参展单位同心同德、齐心协力、共同把展览会办好。其中，主持人的形象尤为重要，因为主持人是一个展览会的操纵者，他的形象就是组织实力的一种体现。因此，主持人应表现得庄重、诚恳、气派，使公众由此对其主持的展览会和产品产生兴趣及信任感。

2）参展单位人员的礼仪

参展单位的工作人员除具备与产品有关的专业素质外，还要掌握展览知识和技能，礼貌地对待每一位参观者，达到公众满意的效果。

首先，参展单位的工作人员要统一着装，胸前佩戴标明本人单位、姓名、职务的胸卡，礼仪小姐应身穿色彩鲜艳的单色旗袍，胸披写有参展单位或其展品名称的红色绶带。

其次，用热情、诚恳、公平的原则接待每一位参观者。当参观者进入展位时，要主动与之打招呼，以示欢迎。对于观众提出的问题要做到百问不烦、认真回答，不允许对观众的提问置之不理，甚至讥讽嘲笑。当观众离开时，工作人员应主动与其道别。

再次，展览会期间参展单位的工作人员要各尽其责，不得东游西逛、无故脱岗，更不允许在参观者到来时，坐、卧不起，怠慢对方。对于个别不遵守展览会规则，乱摸乱动展品的观众，要以理相劝，必要时可请保安人员协助，避免与参观者直接发生冲突。

最后，作为参展单位的讲解员，在讲解时要注意语言流畅、语调清晰、声音洪亮。对于介绍的内容要实事求是，并突出自己展品的特色，必要时，还可作一些现场示范。讲解完毕，应对听众表示谢意。

3）参观者的礼仪

作为展览会的参观者，要服从大会的管理，遵守大会的程序，不嬉笑打闹，不乱摸乱拿展品，与组织者共同维护展览会的程序和声誉，做一个文明、守法的参观者。

观念应用5-4

某市文化节期间举办了为期三天的本地名优土特产品展览会。第三天上午，由于参观者较少，百无聊赖的某参展单位人员竟脚搭展台，头枕椅背进入梦乡，阵阵鼾声引得不少参观者摇头叹息。

分析提示

这是一个极不称职的参展工作人员。企业派出的参展工作人员的行为表现直接影响着企业形象，一定要高度重视。展会组织者发现参展商有失礼行为，也应及时提醒制止。

本章小结

开业典礼是现代商业活动中，各类企业（公司、商场、酒店等）在成立或开业时，为达到宣传自己、扩大传播范围、塑造企业良好形象的目的，经过精心策划，按照一定的程序专门举行的一种庆祝仪式。仪式的组织者应从开业宣传、确定出席人员、发送请柬、安排接待工作、布置环境等几个方面做好准备工作。在开业典礼的过程中，一般要经过迎宾、宣布典礼正式开始、全体起立奏国歌、宣读重要嘉宾名单、上级领导和嘉宾代表致贺词、单位负责人致答谢词、揭幕、参观、迎接首批顾客等步骤。作为仪式的组织者，要注意自己的仪容仪表、举止，对宾客要热情友好，作为开业典礼的宾客要注意准时出席，并主动向主人表示祝贺。

剪彩仪式是企业或社会组织为了庆贺成立、开业，大型建筑物落成，道路、桥梁首次通车，大型展销会、博览会开幕等而举行的一种庆贺活动。剪彩仪式的筹备工作包括广泛宣传、发送请柬、布置现场、准备剪彩用具、剪彩人员的选定等。在剪彩过程中，剪彩者的形象直接关系到仪式的效果和企业形象，因此，作为剪彩者应注意仪容仪表整洁大方、言谈举止庄重文雅，谈笑要有节制，给人留下有礼貌、有修养的良好印象。

签字仪式是商务活动中合作双方或多方经过协商或谈判，就彼此之间进行商务活动、商品交易或某种争端达成协议订立合同后，由双方代表正式在有关的协议或合同上签字的一种庄严而又隆重的仪式。仪式之前要准备好待签文本、确定好签字人员、布置好签字现场。仪式开始时，主签人、助签人和其他参加仪式的人员，按礼仪要求各就各位，依次完成先在自己保存的文本上签字，再在对方保存的文本上签字，然后互换文本，最后举杯庆贺等程序。

新闻发布会是特定的社会组织为了宣布某项重要消息，把有关新闻机构的记者召集在一起，进行信息发布的一种特殊形式会议。它的准备工作比较烦琐，主要包括主题的确定，时间、地点的选择，记者的邀请，会议人员的确定，材料的准备等具体工作。会议的进程中，特别要求主持人反应灵敏、语言流畅，善于把握大局，要求发言人学识渊博、思维敏捷、能言善辩、善于处理发生的意外事件。

展览会指企业或组织为了介绍本单位的业绩，展示本单位的成果，推销本单位的产品、技术，采用集中陈列实物、文字、图表、影像资料的方式而组织的商务宣传活动，以达到供人参观、了解的目的。展览会的组织工作包括主题、时间、地点的确定，以及展览会的宣传工作和其他服务工作，确保展览会的顺利进行。作为参展单位的工作人员除具备与产品有关的专业素质外，还应掌握展览知识和技能，热情、诚恳地接待每一位参观者。作为参观者，要服从大会的管理，遵守大会的秩序，做一个文明、守法的参观者。

主要概念

商业仪式　专题活动　开业典礼　剪彩仪式　签字仪式　新闻发布会　展览会

知识练习

▲ 简答题

1）选定新闻发布会举行的时间要注意什么？

2）剪彩者应遵循哪些礼仪规范？

▲ 填空题

1）参加开业典礼的来宾席位安排一般按________确定主席台座次及贵宾席位。

2）签字桌一般要覆盖________台呢布。

3）剪彩仪式上的剪彩者的人数可以是________人，也可以是________人，但一般不超过________人。

4）组织展览会的首要工作是确定________。

▲ 单项选择题

1）下列不属于商业仪式的是（　　）。

A.开业典礼　　B.新闻发布会

C.剪彩　　D.奠基

2）剪彩仪式上不一定必须准备的用具为（　　）。

A.红色缎带　　B.剪刀

C.托盘　　D.红色地毯

3）签字完毕，双方出席人员举杯祝贺常用的酒水是（　　）。

A.白酒　　B.啤酒

C.香槟酒　　D.威士忌

4）举行新闻发布会的时间一般要避开（　　）。

A.生产高峰　　B.节假日

C.销售旺季　　D.单位节庆日

▲ 多项选择题

1）常见的专题活动有（　　）。

A.商品展览会　　B.业务洽谈会

C．交接仪式　　D．宴会

2）准备开业典礼要遵循的原则是（　　）。

A．隆重原则　　B．热烈原则

C．节俭原则　　D．缜密原则

3）新闻发布会的主题一般有（　　）。

A．说明性主题　　B．讨论性主题

C．解释性主题　　D．爆炸性主题

4）展览会上的礼仪包括（　　）。

A．主办单位人员礼仪　　B．参展单位人员礼仪

C．政府工作人员礼仪　　D．参观者礼仪

技能训练

1）如果由你筹备开业典礼，你将做好哪些准备工作？

2）拟定一份剪彩仪式程序。

观念应用

▲ 案例题

开业典礼上的“意外”

李强参加某公司的开业典礼，安排他就坐在前排。由于临时有事，他来到该公司开业庆典仪式现场时，已经进行了半个多小时，李强环顾左右寻找自己的座位，并大摇大摆地走向自己的座位，刚刚坐下，手机铃声又响个不停，随后又大声接听电话，无视周围嘉宾的感受和整个开业典礼的热烈气氛。

问题：

（1）本案例中李强的行为是否正确？

（2）李强的哪些方面做得不得体？

资料来源　杜明汉．商务礼仪：理论、实务、案例、实训 [M]．北京：高等教育出版社，2010.

▲ 实训题

签字仪式是一种庄严而又隆重的仪式，请按照签字仪式礼仪要求，准备好待签文本，确定好签字人员，布置好签字现场，并选好主签人、助签人和其他参加仪式的人员，按礼仪要求组织一次签字仪式。

第6章

商务宴请礼仪

学习目标

知识目标：了解宴请的不同种类和要求，基本掌握宴请者和赴宴者应当遵循的礼仪规范。

技能目标：能够针对宴请的不同情况，做好会场的布置、安排宴请的席位，完成宴请的接待，进行赴宴仪表准备，正确运用吃中餐与吃西餐的礼仪。

能力目标：能够根据宴请的具体情况，运用关于宴请者与赴宴者相关礼仪的知识与技能，创造性地分析和解决宴请中的实际礼仪问题，创造商务人员的良好形象。

【引例】

高规格的接待

国外某投资集团十分看好我国某县独特的旅游资源，在我国有关部门的努力下，该投资公司原则上决定斥巨资开发当地独特、优美的旅游资源。为了进一步落实投资具体事宜，该投资公司派出以董事长为团长的高级代表团来到该县进行实地考察。当地县政府对这次接待活动格外重视，接待规格之高是史无前例的。县政府在代表团到达当天举办盛大欢迎宴会，出席宴会的外方代表团成员共8人，中方陪同人员100人。宴会上菜肴极其丰富，不仅有专门从海南空运过来的龙虾、鲍鱼，还专程从北京全聚德请来一级厨师制备地道的北京烤鸭，甚至还有当地特有的山龟、果子狸，其规模和档次甚至超过国宴。

然而，面对主人热情洋溢的祝酒词以及丰盛的山珍海味，外方代表团成员却没有中方陪客那样兴奋，对中方的盛情款待似乎并不领情。第二天，代表团参观了当地尚未开发的旅游资源，外方赞不绝口，但没有按照以前期望的那样签署投资协议。为什么对外如此高规格的接待却没有起到任何效果？县政府领导百思不得其解。

宴请是人们交往中表示欢迎、庆贺、答谢、饯行等以增进友谊和融洽气氛的重要手段，是一种常见的礼仪招待活动。宴请具有社交性、聚餐式和规格化三个特点，是人们结交朋友、联络感情、密切关系的重要方式，也是商务人员工作的一项主要内容。本章从宴请者及赴宴者两个方面，介绍有关宴请方面的礼仪常识，以便做好各项准备，达到宴请的目的。

6.1 宴请的种类与形式

宴请的种类较多，根据宴请的目的可分为迎送宴会、答谢宴会、喜庆宴会、祝寿宴会及商务宴会等，根据餐别的不同可分为中餐宴会和西餐宴会。宴请的形式，根据宴请的目的、出席人员的身份和人数的多少而定。常见的宴请形式有以下几种：

6.1.1 宴会

宴会，是举办者为了表达敬意、谢意，或为了扩大影响等目的而专门举行的招待活动。宴会按规格分有国宴、正式宴会、便宴和家宴（见表6-1），按时间分有早宴、午宴和晚宴。

表6-1 **宴会种类及礼仪要求**

宴会名称	主办者	礼仪要求
国宴	国家元首或政府首脑	宴会厅内必须挂国旗、设乐队、奏国歌。国宴的请柬、席卡、菜单上都印有国徽。宾主严格按身份、地位就座，席间，宾主双方相互致辞、祝酒。菜肴、酒水、使用的餐具要精美有特色，服务则要求周到、细致、规范有礼
正式宴会	官方政府或团体	宾主均按宴会的要求着装，按身份就座，菜肴、酒水、餐具均应讲究质量和特色，服务要求规范
便宴	可以是官方人士，可以是其他社会各界人士	一般规模不大，形式简便，对菜肴的数量、质量、上菜程序、餐具的使用及服务等，没有严格的礼仪要求
家宴	在自己家里设便宴招待客人	宴请的客人有多有少，菜肴的数量没要求，质量的高低没统一标准，不讲究严格的礼仪

6.1.2 冷餐会

冷餐会，又称自助餐，是一种由客人自行挑选、自取自食的就餐形式。通常采用长桌，不设主宾席，也没有固定的座位。开餐前，把菜肴和点心分别摆放在专用的食品桌上，食品桌可以摆在餐厅的四周，也可以摆在中间，还可以拼成几个“小岛”，如主菜岛、甜点岛等，分别放不同种类的食品，既节省空间，又方便客人选取。

冷餐会菜肴品种较多，以冷菜为主，辅以热菜、甜点和水果。客人进餐时，可手持餐碟根据自己的口味和饮食习惯到食品桌前挑选菜点，然后拿回餐桌食用。酒水主要以啤酒、葡萄酒及软饮料为主，一般不用烈性酒，饮用时，客人可以自己取用，也可以由服务人员端送。

冷餐会规模有大有小，形式活泼，客人可随意挑选食品，也可边走、边吃、边交谈，活动自由，不拘于传统的就餐形式，所以被越来越多的人所接受。

6.1.3 酒会

酒会主要是以酒水为主招待客人的一种宴请形式。酒会供应的酒品除一些中外名酒、地方名酒、特色酒外，还有许多用酒和软饮料调制而成的鸡尾酒，所以酒会有时也称鸡尾酒会。

酒会由专门的调酒员来满足客人点酒、调酒之需。酒会上还略备一些小吃，如三明治、面包、热香肠、炸春卷、炸薯片等供客人食用。

酒会通常在下午或晚上举行，时间不限，有长有短，习惯上多为1～2个小时。席间不排座位，客人多为站着进餐，酒和小吃由服务人员用托盘端上，客人自己选取。参加酒会的人可以早来、迟来，早走、迟走，席间可以随意走动，自由交流，互相敬酒，气氛轻松愉快，交友广泛，不拘泥于烦琐礼节，比较适合现代人的生活节奏，因而逐渐被人们所接受。

【小知识6-1】

鸡尾酒一词，由英文“鸡尾（cocktail）”一词直译而来。这种酒为什么有这样一个古怪的名字？相传，从前有位国王的驸马会配制混合酒，因为受宾客欢迎，他应接不暇，忙乱中丢失了调酒的勺子。情急之下，他信手拔下帽饰上的鸡毛来调制，从此这种混合酒便得名鸡尾酒。

6.1.4 茶会

茶会是以茶会友的一种简便的招待形式。茶会多为机关、企业、团体为纪念或庆祝某项活动所采用。茶会通常在较为宽敞的厅堂、会客室、会议室举行。茶会场所虽不追求豪华、气派，但应讲究清洁、卫生、光线良好、环境幽雅，内设沙发、坐椅、茶几，以供与会者就座品茶。

茶会以品茶为主，对茶叶和茶具的选择颇为讲究，茶叶要质量上乘，茶具要美观、卫生。除此之外，茶会还应略备一些水果、各类瓜子或点心、小吃供与会者食用。宾主共聚一堂，饮茶、品点、漫话友谊，席间还可根据茶会内容安排一些短小的文艺节目或轻松愉快的活动，使茶会气氛更加热烈浓厚。

观念应用6-1

茶会是一种比较随意的招待形式，在地点选择上不必要过于正式，在器皿上同样可以随意选择。这种说法妥当吗？

分析提示

茶会顾名思义是请客人品茶。因此，茶叶、茶具的选择要有所讲究，或具有地方特色。一般用陶瓷器皿，不用玻璃杯，也不用热水瓶代替茶壶。外国人一般用红茶，略备点心和地方风味小吃。

6.1.5 工作餐

工作餐是现代交往常用的一种非正式宴请形式，主要是利用进餐时间，围绕工作中的问题，边吃边谈，讨论交流。被宴请的对象一般是与工作有关的人员，不请配偶和陪客参加。在接待来访的团队或个人时，如果活动日程安排紧凑，也可采用这种进餐形式。

工作餐因时间和内容等原因，往往不太讲究排场，不太要求礼仪规范，无须排座、致辞。菜肴以方便、快捷、简单、营养、卫生为好，一般不喝烈性酒。工作餐多在小餐厅或招待所食堂举行，若采用分餐，还可送到会场或工地。工作餐分为工作早餐、午餐和晚餐，忙时还可有工作夜餐。为了便于交谈，多采用长形桌，双方对面而坐。

【小思考6-1】

宴请中采取工作餐形式有何优势？

答：工作餐虽显简朴，但气氛融洽、讨论随和，使宾主之间距离拉近，彼此都无拘无束，犹在家中，往往可收到正式宴会所难以达到的效果。

6.2 宴请者礼仪

宴请者礼仪是指宴请的组织者为成功地举办宴会而做的大量准备

工作和接待过程中的礼节性工作。为达到宴请目的，作为宴请者，应当熟悉和遵循这方面的礼仪要求。

6.2.1 宴请的准备工作

宴请活动的成功与否，在一定程度上取决于宴请准备工作的好坏。宴会的准备工作，从宴会设计到宴会的组织实施，每个环节、每个步骤都要考虑周到，准备充分才能确保宴会的顺利进行。宴会的准备工作包括以下几方面的内容：

1）确定宴请的目的、名义、对象、范围和形式

宴请的目的是多种多样的，可以为某件事，也可以为某个人，比如喜庆节日可举行宴会，为老人祝寿可举行宴会，欢迎宾朋也可举行宴会。

宴请名义，即以谁的名义出面宴请。宴请可以以个人的名义邀请客人，也可以以单位的名义发出邀请，具体可根据主宾双方的身份而定。

宴请对象和范围，是指邀请哪些方面的人士出席，请到哪一层次，请多少人。范围过大，会造成浪费，范围太小则会影响今后的交往。宴请范围大小的确定，应在照顾各方面关系的前提下，尽量控制范围，减少人数。同时，还应考虑被邀请单位之间的关系，防止互有“敌意”的双方出席同一宴会，以免相互尴尬，影响宴会气氛。

宴请的形式，可根据宴请的目的、规格、活动内容、人数多少而定：对于宴请规格较高、内容较正式的活动，一般应选择宴会的形式；对于庆祝性、纪念性的活动，为使气氛轻松、活泼，则可选择酒会；如果宴请规格不高，或虽规格较高，但出席人员身份复杂、人员众多，则可选择冷餐会；如果是以商谈某件具体事宜为目的，而时间又比较紧张，则可选择工作餐。总之，确定宴请的形式，没有教条式的界限，商务人员在工作中可根据实际情况灵活掌握。

2）确定宴请的时间和地点

确定宴请时间，应先征求被邀主宾的意见，选择主宾双方都适

宜的时候，以示尊重。有两种情况例外：一是特定的节日、纪念日的宴请，只能在节日、纪念日之前或当日举行，不能推到节日、纪念日之后。二是临时筹办的宴请，事前不可能有准备，如客人突然造访等。在时间上还应注意：第一，不要选择对方工作繁忙的时间，涉外宴请也应错开对方国内重大节假日。第二，选择宴请日期时应回避禁忌日，如西方国家忌讳“13”，特别禁忌星期五又恰逢13日。伊斯兰教的斋月有白天禁食的习俗，所以，宴会只宜安排在日落以后。第三，给对方宽裕的准备时间，以便安排好其他各方面工作。

宴请地点恰当与否，体现着主人对宴请的重视程度。宴请地点，可依据宴请目的、规模、形式和经费能力来确定，通常应选择环境幽雅、卫生方便、服务优良、管理规范的饭店、宾馆。

落实宴请地点时应注意：第一，视客人多少而定。客人多，可在大宾馆；客人少，则可在小酒楼。第二，视宴请类型而定。宴会可在饭店、宾馆；冷餐会、酒会则可在大厅或花园。第三，视宾主熟悉程度而定。关系深浅也是选择宴会地点的依据。比如家宴显示宾主之间亲密无间的情谊，星级宾馆的正式宴会则表现主人对来宾的敬重。第四，注意来宾的意愿和地方特色，比如在徽菜馆设宴可满足来宾对徽菜特色的了解，品尝徽菜的味道；在清真饭店摆席是尊重信奉伊斯兰教客人的饮食习惯。第五，选择负有盛名的老字号或名酒家，可以为宴会增色和助兴。如全聚德烤鸭店，在这里设宴，能充分体现主人的盛情。第六，尽可能选择举办人熟悉的、有声誉的饭店和宾馆，这有助于店家与主人的默契配合，使气氛更加融洽，即使临场出现问题，也容易得到妥善处理。

3）发出邀请

宴请一般都要用请柬正式发出邀请，这样做一方面出于礼节，一方面也是请客人备忘。

请柬内容应包括活动的主题、形式、时间、地点、主人姓名。请柬书写要清晰美观。请柬样式如图6-1所示。

×××先生：

为××××××，兹定于××××年×月××日（星期×）晚×时在××××大厅举行宴请。

敬请

光临

×××（盖章）××××年×月×日

图6-1　请柬样式

请柬一般应提前3～7天发出。正式宴会，最好还要在请柬发出前安排好席位，并在请柬的信封下角注明席位号。邀请发出后，应及时落实应邀情况，以便于安排、调整和布置。

观念应用6-2

有人说在正式宴请中可以用请柬邀约、书信邀约、传真邀约、电报邀约、便条邀约等多种形式，你认为呢？

分析提示

根据商务礼仪的规定，在比较正规的商务往来之中，必须以正式的邀约作为邀约的主要形式。在正式邀约的诸多形式之中，档次最高也最为商界人士所常用的当属请柬邀约。凡精心安排、精心组织的大型活动或仪式，如宴会、舞会、纪念会、庆祝会、发布会、单位的开业仪式等，只有采用请柬邀请嘉宾，才会被人视之为与其档次相称。

4）拟定菜单

拟定菜单既要注意通行的常规，又要照顾到地方的特色。一桌宴席的菜单，应有冷有热、有荤有素、有主有次。主菜显示宴请的档次高低，还要略备些家常菜，以调剂客人口味。菜单以营养丰富、味道多样为原则。拟定菜单还应注意宴请的种类，宴请的时间和季节，宾主的口味、年龄、健康等状况以及订菜的方式，以更加适应客人的口味和宴会的需要。

5）设计布置宴会厅

设计布置宴会厅主要根据宴请的目的、宴会厅的形状和使用面积，以及传统的礼仪习俗进行，其目的是为与会者创造一个优美和谐的就餐环境。

（1）环境布置

主办者应根据宴请活动的目的和性质，在宴会厅的正面上方拉一条横幅。横幅一般用红布做底，红布上面印上或用白纸剪出体现宴会目的的字样，如“庆祝××公司成立”“欢迎××代表团”等。在宴会厅堂的一侧，可摆放花草盆景。为了突出宴会的气氛和效果，可摆放大型立式花篮，用花草或花篮装饰成一个“焦点”，再加上指向性很强的照明灯光，以吸引来宾的注意力。在装饰面前方右侧还应设置临时致辞台，安装宾主致辞用的麦克风。在宴会厅堂的四周，可适当摆放一些鲜花、插花或绿草、花卉，以增加整体气氛。

（2）桌次和席位的安排

宴请活动中的桌次及每一桌的席位安排有严格的礼仪规范，特别是宴会，有中式和西式两种截然不同的排法。商务人员对两种桌次和席位的安排礼仪应了如指掌，以便随时应用。

①正式宴会的桌次安排。正式宴会的桌次安排最为讲究。安排桌次，视参加人数多少可设一桌或多桌。一桌时，可使用圆桌或长桌；多桌时，中餐宴会应采用圆桌，西餐宴会应采用长桌，并分为主桌和辅桌。

A.中餐宴会桌次安排。中餐宴会习惯使用圆桌，桌次的安排可根据宴会厅的形状来确定。以下是几种不同桌次的常规排列方法（如图6-2~图6-13所示）。

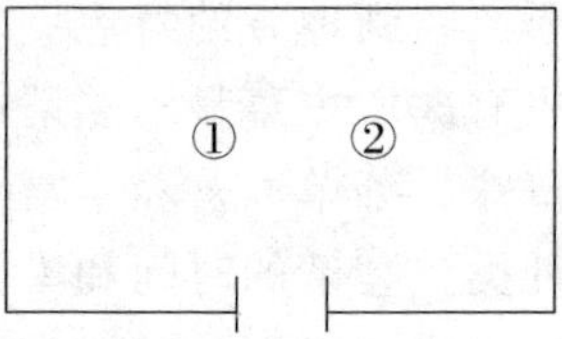

图6-2　左右形

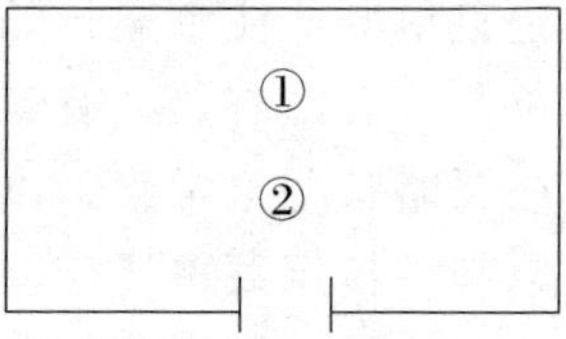

图6-3　上下形

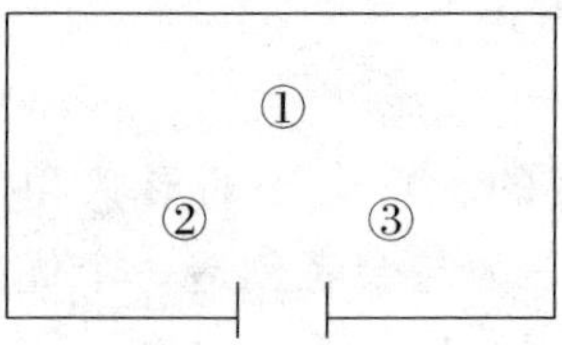

图6-4　品字形

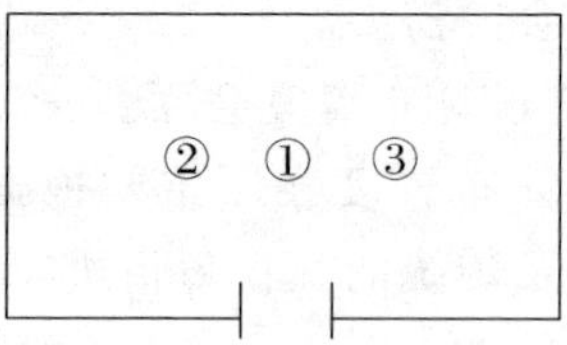

图6-5　一字形

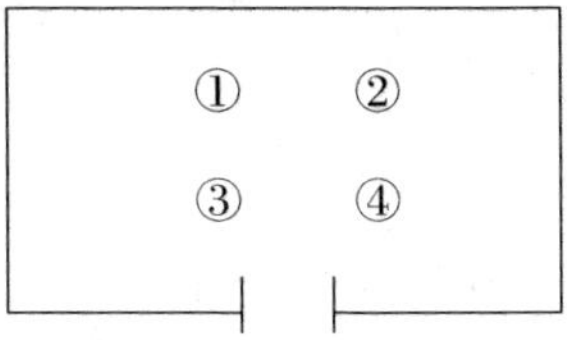

图 6-6　正方形

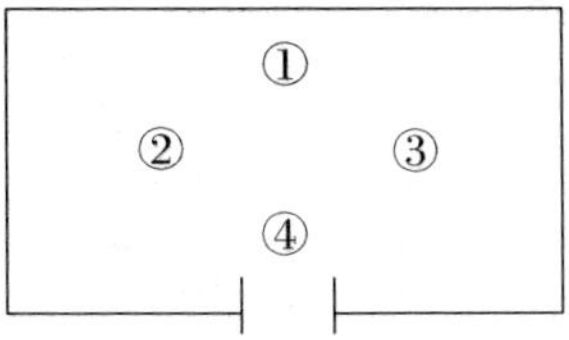

图 6-7　十字形

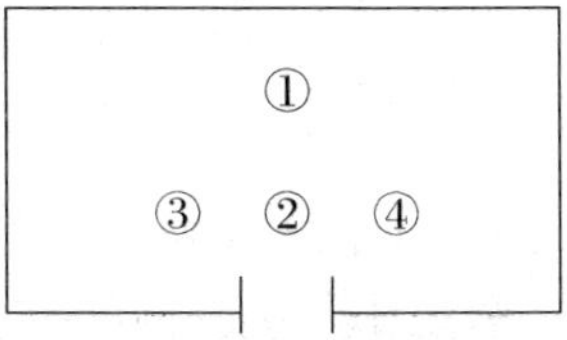

图 6-8　独立形

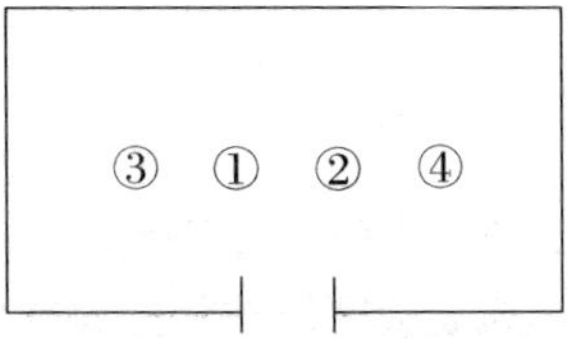

图 6-9　一字形

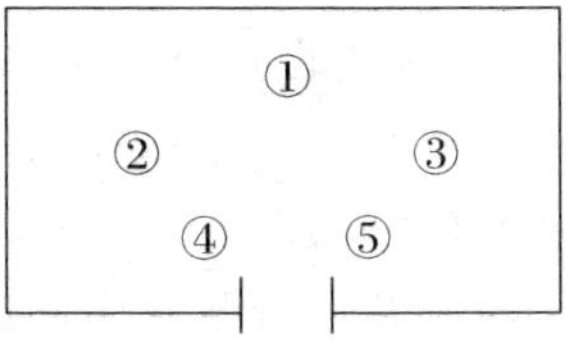

图 6-10　梅花形

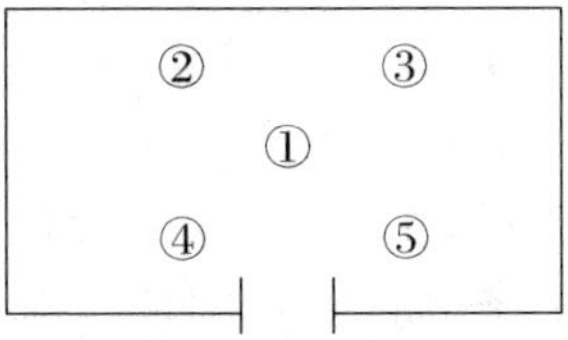

图 6-11　轴心形

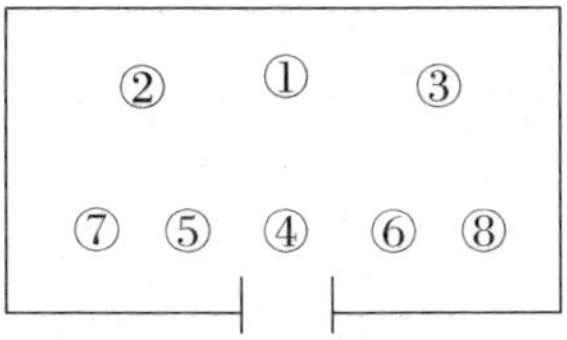

图 6-12　8 桌排列形

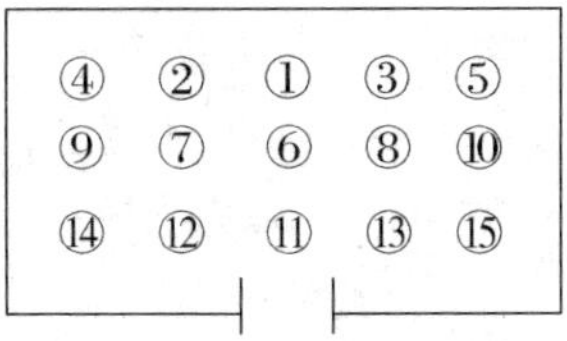

图 6-13　15 桌排列形

总之，中餐宴会桌次的安排，不论是两桌，还是十桌、百桌，其排列原则大致相同，即主桌排定后，其余桌次的高低以离主桌的远近而定，离主桌越近的桌次越高，离主桌越远的桌次越低，平行桌以右为高，左为低。桌数较多时，应摆设桌次牌，以便客人辨认入座。

B. 西餐宴会桌次安排。西餐宴会一般采用长桌，餐桌的大小和台型的设计应根据参加宴会的人数、宴会厅的形状和大小来布置，一般有一字形、T 字形、口字形和 U 字形（如图 6-14 ~ 图 6-17 所示）等。总的要求是左右对称、出入方便。

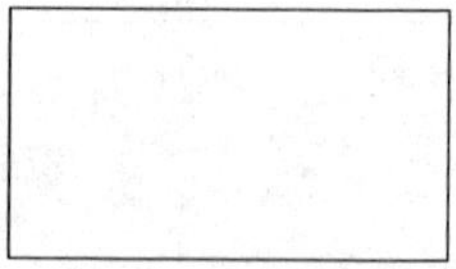

图6-14　一字形

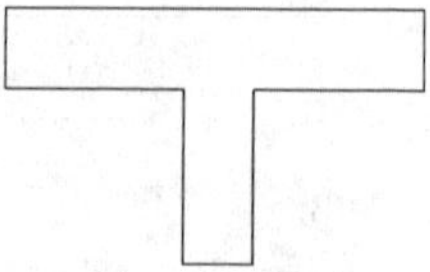

图6-15　T字形

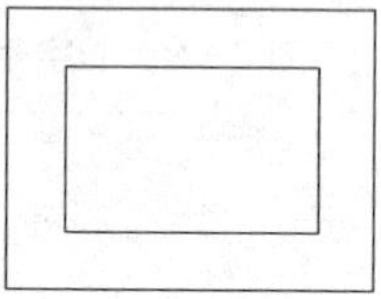

图6-16　口字形

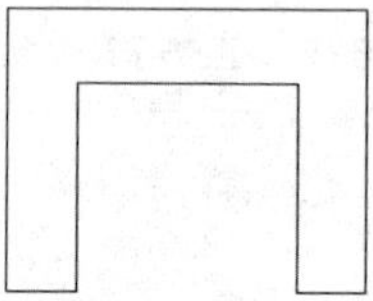

图6-17　U字形

②正式宴会席位的安排。桌次排定以后，紧接着就是安排每一桌出席人员的席位。这项工作十分复杂，礼仪要求又很严格，安排时一定要非常细心。

A. 中餐宴会席位安排。席位的高低与桌次的高低原理基本相同，即右高左低，先右后左。按国际惯例，坐席安排应男女穿插，以女主人为准，主宾在女主人右方，主宾夫人在男主人右方。我国习惯按个人职务高低安排席位，以便于交谈。如果夫人出席，通常把女方安排在一起，即主宾坐在男主人右方，主宾夫人坐在女主人右方。两桌以上的宴会，其他各桌中第一主宾的位置可以与主桌主人位置同向，也可以面向主桌的位置为主位，如遇到一些特殊情况时可灵活掌握。图6-18~图6-20是几种席位安排示意图。

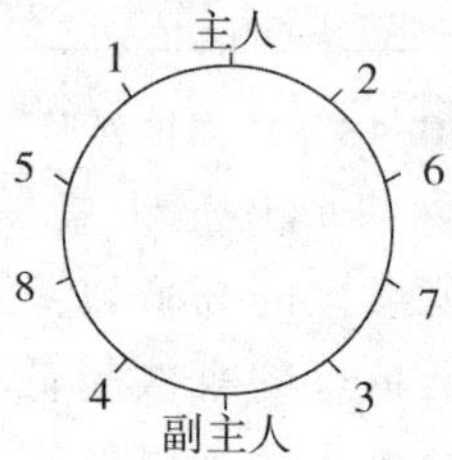

图6-18　中餐宴会席位安排（1）

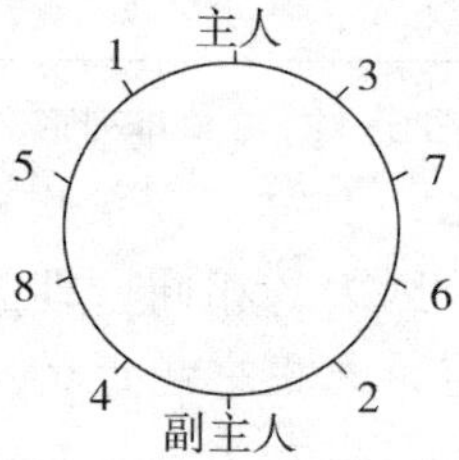

图6-19　中餐宴会席位安排（2）

此外，在安排客人座位时，还应考虑客人之间是否相识，有无共同语言。如果事先已了解到某些人想通过宴会彼此相识，就可以将他们安排在一起就座，最好在宴会开始前，主人将大家作一番介绍，以便相互了解，宴会气氛才显得更融洽。

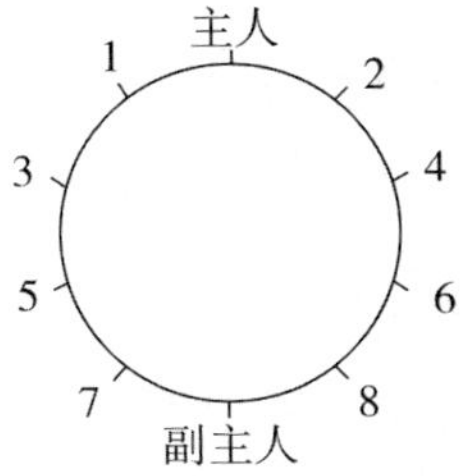

图6-20　中餐宴会席位安排（3）

B.西餐宴会席位安排。在一字形的长台席位安排上，一种是把主人和主宾安排在餐台的横向中间，主人坐在正中上方，第一主宾坐在主人的右侧，第三主宾坐在主人的左侧，副主人坐在主人对面，第二主宾坐在副主人的右侧，第四主宾坐在副主人的左侧（如图6-21所示）。另一种坐法是把主人和副主人安排坐在长台纵向的两端，主人坐在长台的上方，第一主宾坐在主人的右侧，第三主宾坐在主人的左侧，副主人坐在长台对应主人的下方，第二主宾坐在副主人的右侧，第四主宾坐在副主人的左侧（如图6-22所示）。

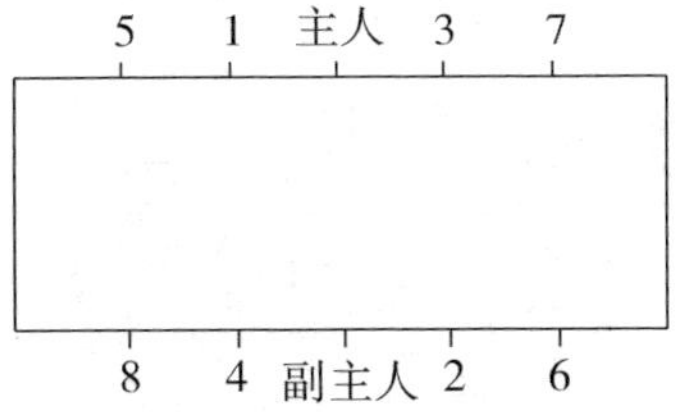

图6-21　西餐宴会席位安排（1）

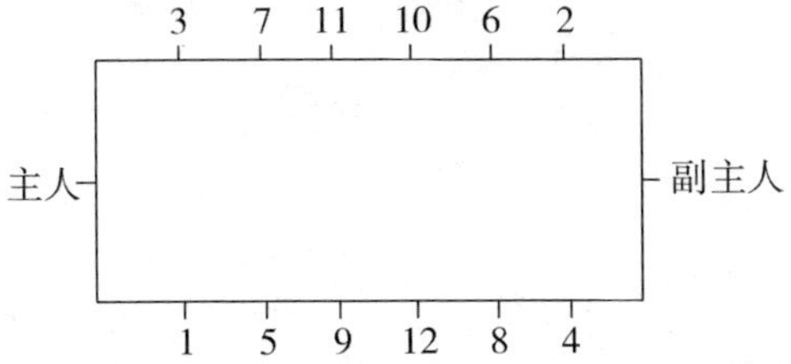

图6-22　西餐宴会席位安排（2）

西餐宴会席位安排中，席位之远近以男女主人为中心。宾客距离男女主人越近，越受尊敬。另外，为尊重女宾，切忌将其排于末座。

【小思考6-2】

为何正式宴会一般都事先安排坐席呢？

答：正式宴会一般都需要安排席位，一示隆重，二避免混乱，三可更好地达到宴请的目的。

（3）餐台美化

餐台的美化，就是宴会主办者根据宴请的目的，利用餐厅内现有的杯、盘、碗、匙、筷及花、草、布、巾等，将技术、艺术融为一体，在餐桌上摆出一个美丽的台面，来渲染宴会气氛，美化宴会环境。

①餐具的摆放。我国的宴会多以中餐为主，但有时也会举办西餐宴会。由于中西餐在菜肴的制作、吃法上存在很大的差别，因而所使用的餐具的种类及餐具的摆放也各不相同。

A.中式餐具的种类和摆放。中式餐具主要有各种规格、形状的盘、碗、杯及匙和筷，除筷子外质地多为瓷器，高档宴会有时用铜器或银器餐具。中式餐具的摆放因餐具简单，变化较少，摆起来相对容易。其具体摆台方式如图6-23所示。

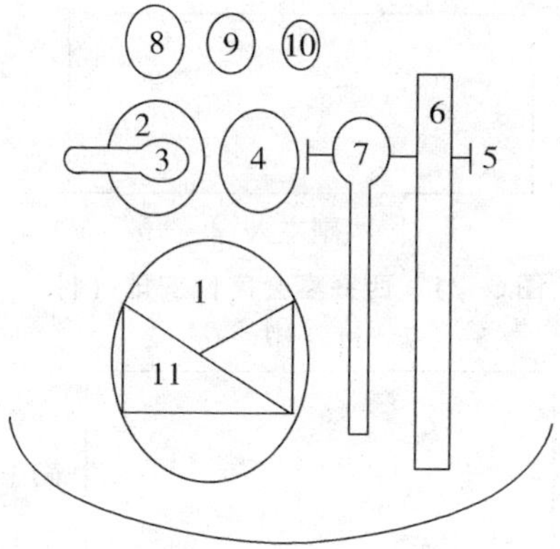

1.餐碟　2.汤碗　3.汤匙　4.调味碟
5.筷架　6.筷子　7.银匙　8.水杯
9.红酒杯　10.白酒杯　11.餐巾

图6-23　中餐宴会摆台

其中每人所用的酒杯数目和种类应与上酒的品种相吻合。餐巾应折叠成花形放在杯子里或餐盘里。

B.西式餐具的种类和摆放。西餐宴会使用的餐具为刀、叉、匙、杯、盘等。仅刀、叉、匙就可谓多种多样，摆放时一定要结合菜单按上菜顺序摆放。其摆台的原则为：垫盘居中，右刀左叉，刀尖向上，刀口向内，叉背向下，叉齿向上。其具体摆放如图6–24所示。

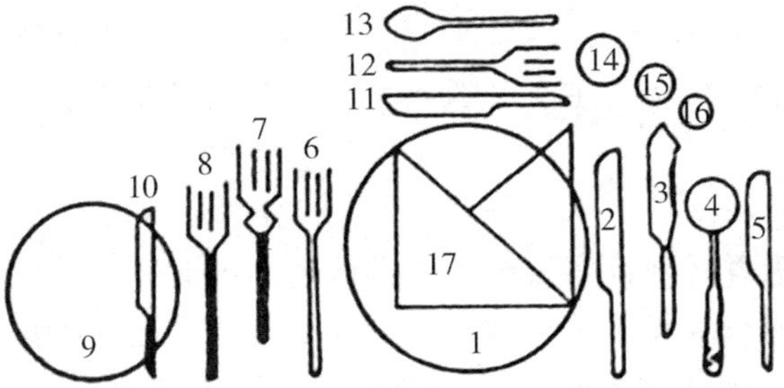

1.装饰盘	2.餐刀	3.鱼刀	4.汤匙
5.头盆刀	6.餐叉	7.鱼叉	8.头盆叉
9.面包盘	10.奶油刀	11.水果刀	12.甜品叉
13.甜品匙	14.水杯	15.红酒杯	16.白酒杯
17.餐巾			

图6–24 西餐宴会摆台

②装饰台面。装饰台面，就是在台面上用花草或雕刻食品摆放成各种不同的造型，以增强台面的美感。装饰台面除用雕刻食品外，还可以摆放花坛，也可以在花盆中插花。摆花坛时，要先用冬青草做一个圆形底衬，圆形底衬要中央高四周低，形成一个坡高，中间的高度以不挡住对方的视线为好。然后用不同种类、不同颜色的鲜花穿插摆放，要有层次，距离要均匀。还可以摆放一个插好鲜花的花盆，现代高档次宴请活动，餐桌上大多摆放这种盆式插花。摆放时，把花盆摆在餐桌中央，在花盆四周，用冬青草将花盆下部围起来，形成一个圆，再在冬青草上点缀各种鲜花，并与餐巾折花呼应，形成一个非常美丽的台面。

综上所述，宴会准备工作复杂细致，除上述准备工作外，还应在细枝末节上再下工夫，只有准备充分，才能有备无患。

6.2.2 宴会接待礼仪

宴会接待程序大致可分为迎宾、开宴、席间敬酒、陪客交谈、宴会结束五个阶段，宴请礼仪贯穿于宴会的全过程。

1）迎宾

宴会开始前，主人及其作陪或随从人员应站在大厅门口迎接客人。当宾客到达时，主人要迎上前去热情问好，并引领客人到休息厅。开宴前主人应陪同主宾一道入席，作陪或随从人员安排其他客人就座。

2）宴会致辞

宴会组织者必须按宴会确定的具体时间准时开宴。宴会开始，主人先致祝酒词。致辞时手持酒杯，可以在主桌旁起立讲话，也可到布置好的讲台上讲话。祝酒词可事先写好，按稿宣读，也可即席讲话。但不论哪种方式，内容一定要简练，时间一定要短，用词明快生动，表明设宴的目的和要求，并表示谦虚和敬意。例如，某商店开业宴会祝酒词如下：

各位来宾：

今天本店举行开业庆典，我代表敝店的全体同仁，对诸位在百忙之中光临本店的开业典礼，表示衷心的感谢！敝店今天能顺利开业，全靠诸位的爱护和帮助。为表达对诸位的感谢，本店借开业典礼之机略备薄酒，望诸位来宾能够尽兴。

现在，我代表我本人及本店全体员工，先敬诸位来宾一杯，敬祝各位来宾身体健康，万事如意！

3）席间敬酒

在宴请场合，主人都有向客人敬酒的习惯，宾客之间往往也互相敬酒。敬酒时，要上身挺直，双脚站稳，以双手举起酒杯，并向对方微微点头示礼，对方饮酒时再跟着饮。敬酒的态度要稳重、热情、大方。在规模较大的宴会上，主人应依次到各桌上敬酒，而每一桌派一位代表到主人餐桌回敬即可。宴会上互相敬酒，其意是互致友谊、活跃气氛，宾主都应量力而行、适可而止，切忌硬性劝酒、逼酒，甚至酗酒。

【小知识6-2】

在社交聚餐时，如果有些人确实不会喝酒，应该事先向主人说明，并致以歉意；酒量小，不能多喝的，就尽量少喝，喝酒碰杯时把酒杯放在口边饮少许，这样才能不失礼，又喝得有节制。

4）热情交谈

主宾双方致辞、敬酒完毕，宴会即进入比较宽松、自由的阶段。大家此时可以毫无拘束地互相交谈，但仍要注意不失礼仪，即在整个宴会上，主办者不要一味同自己熟识的一两个人交谈，或者是只对一侧的邻座无休止交谈而背向另一位邻座，或在整个宴会上坐着一声不吭。如果自己性格内向，确实不善言谈，可事前稍作准备，选备一些话题，以便在他人宴饮交谈之际，见机插话，不时与他人攀谈几句。

宴会上交谈话题很多，在选择时应注意话题的大众性、趣味性和愉悦性。对那些过于专业，晦涩难懂的话题应予回避，宜多选一些赞赏宴会及周围环境和令主人愉悦的话题，调节宴会气氛，避免出现冷场。

【小思考6-3】

席间交谈要注意什么？

答：与人交谈时，不要先用手碰人家一下；最好不要隔着第三者交谈；同身旁人说话时，不要把背朝向另一个人；吃东西时不要交谈，如有人跟你说话，应等嘴里的食物咽下后再开口；不要过分地向旁边的女士劝菜而讲个不停；不要对菜肴评论挑剔，也不要抱怨服务员的工作。若是家宴，可适当赞美主人的烹调艺术；因健康或习俗等原因在吃某道菜时，不要做太多解释，更不要谈自己的疾病；不要打断别人谈话，也不要打听餐桌上别人谈话的内容；与人交谈时声音不要太高，或谈些怪诞离奇、忌讳的话题而引人不悦。

5）适时结束宴会

宴会时间应在1~2小时，不宜过长或过短。宴会程序基本完成时，主人要掌握时机，适时结束宴会。结束过早，宾主双方未能尽兴，会使宾客对主人的诚意产生误解，时间拖延过久，又会导致宾主疲惫，冲淡宴会的气氛。结束宴会的较好时机是：从服务来说，是服务人员端上水果时；从气氛来说，是宴会达到新的高潮时。适时结束，可以给大家留下难忘的记忆。主人宣布宴会到此结束，同时对宾客莅临宴会，表示衷心感谢。如要安排余兴活动，如打牌、卡拉OK或舞会，可挽留有兴趣的来客自由参加，主随客便。对于年长的客人和路远的女士，可考虑护送。主人和副主人及陪客，都应把宾客送到门口，热情握手告别，目送客人离去。对于乘车离去的客人，主人应送客上车，待车开动后，再向客人挥手致意。

6.3 赴宴者礼仪

宴会作为一种社交手段，其效果一方面取决于主办者对宴会安排周密细致的程度，另一方面还取决于参加宴会者的礼节、礼貌、修养。**赴宴者礼仪**是指参加宴会的人员在赴宴过程中所表现的良好形象和规范的行为。

6.3.1 准时出席宴会

宴请是较重要的一种社交活动，所以接到邀请后，对能否出席应尽早答复对方，以便主人及时安排。一经答应对方，不要随意改动，万一身不由己而不能出席，尤其是主宾要尽早向主人郑重解释，深致歉意，以取得主人的谅解。若没有特殊情况或原因，赴宴者应按宴请的时间、地点及其他要求准时出席。

6.3.2 仪表整洁

出席宴会前，赴宴者要注意服装的整洁和个人卫生，最好稍作梳洗打扮，至少要穿上一套合体入时的干净服装。参加宴会要精神饱满、容光焕发，这样能增添宴会的隆重气氛，适应和谐的环境，也是对主人和其他来宾的尊重。若是参加正式宴会，应穿请柬上所规定的服装。

【小知识6-3】

参加室内宴会活动或室外宴会活动时，都不适宜佩戴墨镜。如有特殊情况需佩戴墨镜，比如，赴宴者患有眼病的情况，赴宴者应该向主人或客人说明并致歉意，在与人握手、交流时，应将墨镜摘下，离别时再戴上。

6.3.3 按位落座

到达宴会地点后，先向主人或其他来宾问候、致意，然后按照主人事先安排好的桌次和席位入座。如未设坐席卡，则应听从主人安排，不可随意乱坐。落座时，应从坐椅的左侧入座，若同桌中有领导、长辈、女士，应待其就座后自己再坐下。坐下之后，要注意自己的坐姿，不要紧靠在椅背上，也不要用手托腮或将双臂放在桌上，更不能趴在餐桌上。不可摆弄桌上的酒杯、盘碗、刀叉、筷子等餐具，最好也不要用餐巾或餐纸擦拭餐具，以免使主人因餐具不洁之嫌而尴尬。

【小思考6-4】

使用餐巾应注意哪些问题？

答：（1）餐巾主要防止弄脏衣服，兼做擦嘴及手上的油渍。（2）必须等到大家坐定后，才可使用餐巾。（3）餐巾应摊开后，放在双膝上端的大腿上，切勿系入腰带，或挂在西装领口。（4）切忌用餐巾擦拭餐具。

6.3.4 进餐要求

致辞完毕经主人招呼后，即可开始进餐。餐别不同，礼仪要求也不一样。

1）吃中餐的礼仪要求

有人说，判断一个人的教养只需看他的吃相就行了。吃相对于每位参加宴会的人来说，都是必须注意的。按照国际惯例，在宴会上不论吃东西，还是喝酒水，都不能发出刺耳的声响，这倒不是小题大做、求全责备，而是这种声响会破坏他人的食欲，同时也影响自己的形象。吃中餐的礼仪要求如下：

首先要注意筷子的使用。中式餐饮的主要进餐工具是筷子，标准的握筷手姿如图6-25所示。过高或过低握筷，或者变换指法握筷都是不规范的，在使用筷子夹菜时不要在菜肴上乱挥动，不要用筷子穿刺菜肴，不要将筷子含在口中，不要让菜汤滴下来，不要用筷子去搅菜，不要把筷子当牙签，不要用筷子指点别人。需要使用汤匙时，应先将筷子放下。

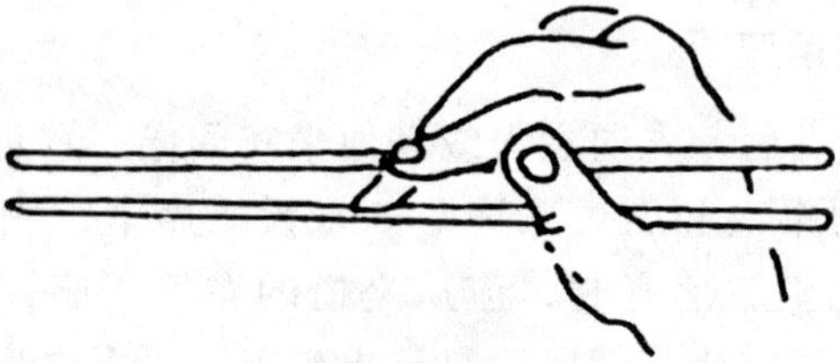

图6-25 握筷手姿

其次要注意自己的吃相。进餐要文雅，不要狼吞虎咽，每次进口的食物不可过大，应小块小口地吃，在品尝已入口的食物与饮料时，要细嚼慢品，最好把嘴巴闭起来，以免发出声响。喝汤时，不要使劲地嘬，如汤太热，可稍候或用汤勺，切勿用嘴去吹。食物或饮料一经入口，除非是骨头、鱼刺、菜渣等，一般不宜再吐出来。需要处理骨刺时，不要直接外吐，可用餐巾掩嘴，用筷子取出放在自己的餐盘或备用盘里，不要放于桌上。口中有食物，勿张口说话，如别人问话，适值自己的口中有食物，可等食物咽下后再回话。整个进餐过程中，要热情与同桌人员交谈，眼睛不要老盯着餐桌，显示出一副贪吃相。

最后要注意牙签的使用。正式宴会中，不宜当众使用牙签，更不可用指甲剔牙缝中的食物，如果感觉有必要时，可以直接到洗手间去除掉。在餐桌上必须用牙签时，最好用手捂住嘴轻轻剔，而边说话边剔牙或边走路边剔牙都不雅观。

2）吃西餐的礼仪要求

西餐是指用西式餐具吃西方国家特色的菜点。由于西方文明在全球的传播以及国际交往日趋频繁，西餐馆已遍及全球。享用西餐，就要懂得吃西餐的规则，否则，可能会出现失礼或尴尬的局面。吃西餐礼仪要求如下：

（1）用餐就座身体要端正，与餐桌的距离以便于使用餐具为准。将餐巾放在膝上，不要随意摆弄已摆好的餐具。

（2）文明进餐。每次送入口中的食物不宜过多，在咀嚼时不要讲话，更不可主动与人谈话，避免食物喷出或掉出。

（3）喝汤时不要嘬，吃东西要闭嘴咀嚼，不要舔嘴唇或咂嘴发出声音。如汤菜过热，可等稍凉后再喝，不要用嘴吹。

（4）吃鱼、肉等带刺或骨的菜肴时，不要直接外吐，可用餐巾捂嘴轻轻吐在叉上放入盘内。如盘内剩余少量菜肴时，不要用叉子刮盘底，更不要用手指相助食用，应以小块面包和叉子相助食用。吃面条时，要用叉子先将面条卷起，然后送入口中。

（5）面包一般要掰成小块送入口中，不要拿着整块面包去咬。抹黄油和果酱时，也要先将面包掰成小块再抹。

（6）吃鸡时，应先用刀将骨去掉，不要用手拿着吃。吃鱼时不要将鱼翻身，要吃完上层后用刀叉将鱼骨剔掉后再吃下层。吃肉时，要切一块吃一块，块不能切得过大或一次将肉都切成块。

（7）不可在餐桌边化妆或用餐巾擦鼻涕。用餐时打嗝是最大的禁忌。别人说话不可搭嘴插话。在餐台取食时不要站立取食，坐着拿不到的食物应请别人传递。

（8）就餐时不可高声谈笑，更不可狼吞虎咽。对自己不愿吃的食物也应要一点放在盘中，以示礼貌。

（9）不可在进餐途中退席。如有重要的事情必须要离开一下，应向左右的客人小声打招呼。饮酒干杯时，即使不喝，也应将杯口在唇上碰一碰，以示敬意。当别人为你斟酒时，如不需要，可简单地说声“谢谢”，同时以手稍盖酒杯，表示谢绝。

（10）在进餐过程中，不可吸烟，直到上咖啡表示用餐结束时方可吸烟，如左右有女客人，应有礼貌地询问一声“您不介意吧”。

（11）喝咖啡时如愿意添加牛奶或糖，添加后要用小勺搅拌均匀，将小勺放在咖啡的垫碟上。喝时应右手拿杯把儿，左手端垫碟，直接用嘴喝，不要用小勺一勺一勺地舀着喝。

（12）吃水果时，不要拿着水果整个去咬，应先用水果刀切成四或六瓣，再用刀去掉皮，用叉子叉着吃。

（13）使用刀、叉时，应右手持刀，左手握叉，先用餐刀把食物切成小块，再用叉送入口中（如图6-26和图6-27所示）。

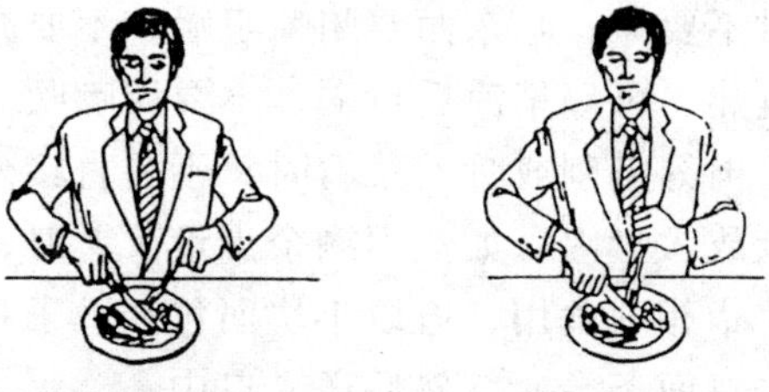

a. 正确使用刀叉的方式　　b. 错误使用刀叉的方式

图 6-26　使用刀叉示意

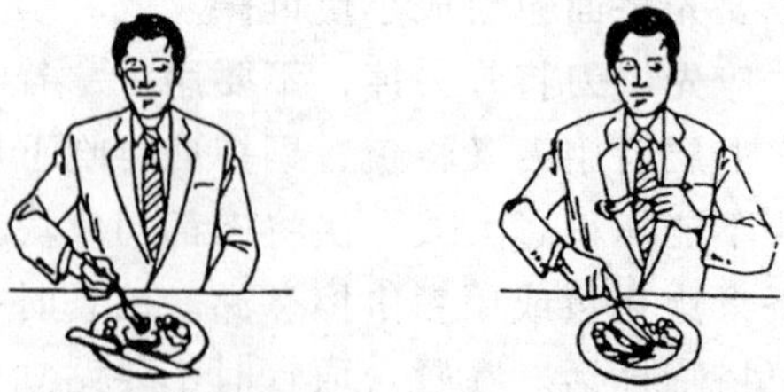

a. 美式吃法　　b. 欧陆式吃法

图 6-27　吃法示意

资料来源　鲍尔德里奇．企业人礼仪手册［M］．陈芬兰，等，译，海口：海南出版社，1997.

吃正餐时，刀叉的数目与上菜的道数是相等的，并按照上菜的顺序自外至内排列。取用刀叉时，应按照由外向内的顺序，吃一道菜换一套刀叉。暂时离开时，刀、叉应交叉摆放或摆成“八”字，以示尚未吃完。若将刀、叉并拢放在盘子上，刀右叉左，叉面向上，就表示不再想吃了（如图 6-28 所示）。

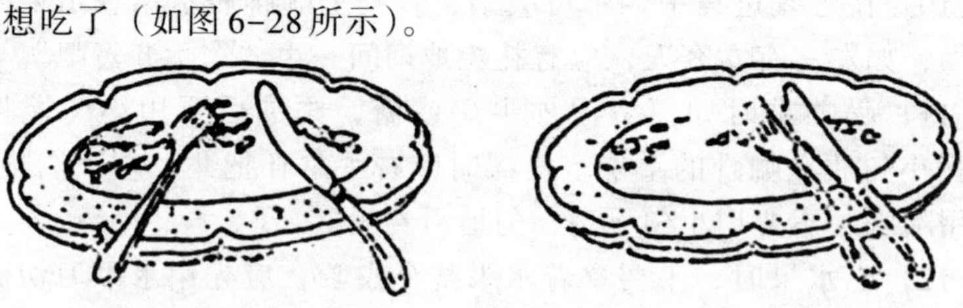

a. 尚未吃完的刀叉摆法　　b. 已吃完的刀叉摆法

图 6-28　刀叉摆放示意

资料来源　鲍尔德里奇．企业人礼仪手册［M］．陈芬兰，等，译，海口：海南出版社，1997.

观念应用 6-3

吃西餐时应特别关注一些细节礼仪，如动作跟着主人做。

分析提示

开席时，当主人从桌上拿起餐巾后大家才开始准备用餐；接近尾声时，若主人把餐巾放置在桌面左手边，就是宣告终席的暗示；每道菜主人未拿起刀叉并邀请大家享用时，请勿自行先用；至于酒，主人尚未敬大家或者邀请大家共饮之前，也不宜自行先饮酒。

3）饮酒礼仪

饮酒是增进感情、加强联络的一种方式，不可将饮酒当作饮酒比赛，尤其在正式的宴会上应有礼貌地品酒、喝酒，千万不可为显示自己的酒量，看也不看酒杯里的酒便一饮而尽，也不可喝得太急，使酒顺着嘴角往下淌，这都是有失人格的行为。对于商务谈判宴请来说，商务人员更应保持头脑的清醒和思维的敏捷，以利工作的开展，切不可贪杯误事。酒既能助兴也能败兴，因此，切忌酒后失言、失态、失礼、失德。作为主人千万要注意自己不能贪杯，同时要关照好客人不要过量，使饮酒真正尽兴。

6.3.5 礼貌告别

宴会结束，赴宴者应起身离座，不可贪杯恋菜拖延撤席，也不能因余兴未尽而说笑不止。男宾应先起身，为年长者或女士移开坐椅。主宾先向主人告辞，随后是一般来客向主人表示谢意。从礼仪角度讲，主要不是感激宴会之丰盛，而是感谢主人让自己度过了愉快的时光。当然，如果宴席上有特别出色的菜肴，不妨也可赞美几句，但不可过溢，更不要探听宴席的价格，以免使主人产生误解。如主人备有小礼品相赠，不论价值轻重，都应欣然收下并表示感谢，切不可借口不便携带而不屑一顾，或一面收下就一面转送他人，这是对主人心意的违拗，也是对宴会的轻视，很不礼貌。对于服务人员亦可表示感谢，感谢他们的辛勤准备和周到服务。

从礼仪角度考虑，宴会后应在合适的时候给主人打个致谢电话，或回封感谢信，除感谢主人盛情款待外，还可重申友谊，加深印象，为今后的进一步合作打好基础。这虽属宴请余音，却也是赴宴者不应忽视的。

本章小结

宴请是人们交往中表示欢迎、庆贺、答谢、饯行等以增进友谊和融洽气氛的重要手段，是一种常见的礼仪招待活动。宴请的种类很多，但就常见的形式而言主要有宴会、冷餐会、酒会、茶会和工作餐，其中宴会中的国宴是最高的宴请形式，不仅规格、礼遇高，而且各方面的要求也最严格。

宴请者礼仪是指宴请的组织者为成功地举办宴会而做的大量准备工作和接待过程中的礼节性工作。准备工作包括确定宴请的目的、名义、对象、范围和形式，确定宴请的时间和地点，发出邀请，拟定菜单，设计布置宴会厅。接待礼仪包括迎宾、宴会致辞、席间敬酒、热情交谈、适时结束宴会。这些大量细致的准备工作和接待中的礼仪要求，对宴会的举办者来说意义非常大，作用也十分明显。

赴宴者礼仪是指参加宴会的人员在赴宴过程中所表现的良好形象和规范的行为。其主要内容有准时出席宴会、仪表整洁、按位落座、注意进餐的礼仪要求、礼貌告别。这些良好的行为反映出赴宴者较高的礼仪修养，必定会给主人和其他参加者留下深刻的印象。

主要概念

宴请　宴请者礼仪　赴宴者礼仪

知识练习

▲ 简答题

1）常见的宴会形式有哪些？并简单进行说明。

2）确定宴请时间应考虑哪些方面的问题？

3）宴会的准备工作通常包括哪些方面的内容？

4）作为一位赴宴者，应当注意遵循哪些礼仪规范？

▲ 填空题

1）宴会按规格分可分为________、________、________和________。

2）冷餐会菜肴品种较多，其中以________为主，辅以________。

3）西餐宴会座位安排中，席位之远近以________为中心。

4）使用刀、叉时，应________持刀，________握叉。

▲ 单项选择题

1）下列不是按照宴请规格分类的宴会为（　　）。

A．国宴　　　　B．答谢宴会

C．便宴　　　　D．家宴

2）请柬一般应提前（　　）天发出。

A．1~2天　　　　B．3~4天

C．3~7天　　　　D．5~6天

3）西餐宴会一般采用（　　）。

A．长桌　　　　B．圆桌

C．方桌

4）吃西餐正餐时暂时离开，刀叉应摆成（　　）字，以示尚未吃完。

A．“人”　　　　B．“一”

C．“八”

▲ 多项选择题

1）根据宴请的规格可以将宴会分为（　　）。

A．国宴　　　　B．正式宴会

C．家宴　　　　D．便宴

2）西餐宴会桌次安排的总要求是（　　）。

A．左右对称　　　　B．右高左低

C．出入方便

3）吃中餐时的礼仪要求有（　　）。

A．筷子的使用　　　　B．刀叉的使用

C．自己的吃相　　　　D．牙签的使用

4）正式宴会注重安排坐席的原因是（　　）。

A．显示宴会的规格　　　　B．便于客人入席

C．主人节省时间　　　　D．更好地达到宴请目的

技能训练

1）为一次宴会拟定一份菜单，注意拟定菜单应遵循的礼仪规范。

2）参加一次宴会，判断这次宴会的种类，并注意遵循赴宴者礼仪。

观念应用

▲ 案例题

小张错在哪

刘小姐和一位姓张的男士在一家西餐厅就餐，男士小张点了海鲜大餐，刘小姐则点了烤羊排，主菜上桌，两人的话匣子也打开了，小张边听刘小姐聊起童年往事，一边吃着海鲜，心情愉快极了，正在陶醉的当口，他发现有根鱼骨头塞在牙缝中，让他不舒服。小张心想，用手去掏太不雅了，所以就用舌头舔，舔也舔不出来，还发出啧啧喳喳的声音，好不容易将它舔吐出来，就随手放在餐巾上。之后他在吃虾时又在餐巾上吐了几口虾壳。刘小姐对这些不太计较，可这时男士想打喷嚏，拉起餐巾遮嘴，用力打了一声喷嚏，餐巾上的鱼刺、虾壳随着风势飞出去，其中的一些正好飞落在刘小姐的烤羊排上，这下刘小姐有些不高兴了。接下来，刘小姐话也少了许多，饭也没怎么吃。

问题：

（1）结合案例，指出姓张的男士有哪些失礼之处。

（2）就餐时的礼仪要求主要体现在哪些方面？

▲ 实训题

宴会是商务往来中重要的环节，通过宴请和赴宴可以达到交流感情、协商事宜的目的，当然这离不开必要礼仪规范的掌握，试用所学的相关知识成功举办一次宴会。

第7章

商务人员旅行礼仪

学习目标

知识目标：了解商务人员旅行礼仪的基本知识、基本内容以及商务人员旅行备品及携带的要求，掌握行走、乘车、驾车、乘机、住宿的一般礼仪规范。

技能目标：能够运用乘车的礼仪知识，安排乘坐轿车时座位的排列次序，以及注意驾车行驶中的礼仪行为。

能力目标：能够运用所学知识，分析商务人员在旅途的吃、住、行过程中不符合礼仪规范的行为表现，并能转变为规范的礼仪行为。

【引例】

中国考察团在巴黎

一天傍晚，巴黎的一家餐厅来了一群中国人，老板安排了一位中国侍者为他们服务，交谈中得知他们是中国某县的一个考察团，今天刚到巴黎；随后侍者向他们介绍了一些法国菜，他们不问贵贱，主菜、配菜一下子点了几十道，侍者担心他们吃不完，何况菜价不菲，但他们并不在乎。

点完菜，他们开始四处拍照，竞相和服务小姐合影，甚至跑到门外一辆凯迪拉克汽车面前频频留影，还不停地大声说笑；用餐时杯盘刀叉的撞击声，乃至嘴巴咀嚼食物的声音，始终不绝于耳，一会儿弄得杯盘狼藉，桌子、地毯上到处是油渍和污秽。坐在附近的一位先生忍无可忍，向店方提出抗议，要求他们马上停止喧闹，否则就要求换座位。侍者将那位先生的抗议转述给他们，于是立刻安静了。看得出来，他们非常尴尬。

市场经济的发展，使得企业的业务、经营活动早已打破了传统的区域界限，跨地区、跨国界的商贸往来已相当普遍，与之相伴随的商务旅行便成了商务人员的一项重要活动内容。但商务人员的这种旅行，又不同于一般的观光旅游，其实质是商务工作的一个组成部分，其仪表、谈吐举止、行为表现均代表着企业乃至国家的形象。因此，对商务人员的旅行礼仪应给予必要的重视。本章系统地介绍商务人员在旅行中的吃、住、行礼仪及旅行备品的携带礼仪。

7.1 交通礼仪

交通礼仪是商务人员步行、驾车或乘坐车、飞机等交通工具时应遵循的行为规则。商务人员的出行与交通有着非常密切的联系。无论是乘坐汽车、火车、飞机，还是步行，均离不开交通工具。商务人员不管以何种方式外出，都必须要有秩序意识、自律意识、互助意识、礼让意识。自觉遵守交通礼仪是商务人员基本的素质。

7.1.1 步行礼仪

商务人员无论外出到什么地方，借助何种交通工具，都离不开步行。即便日程安排再紧张，有些场合也需要步行解决，尤其是行走公共场所，往往更能体现一个人的文明礼貌修养。

1）遵守交通法规

城市的交通法规对行人和各种车辆的行驶均有严格的规定，商务人员应自觉遵守。如果需要穿越公路时，一定要从人行横道处走过去，不可随便穿越，不可低头猛跑，更不可翻越栏杆，要注意避让来往车辆，确保安全。在有信号指示或交通警察指挥的地方，一定要听从指挥。

2）文明行路

走路的姿态要端庄，不要弓腰、低头，不要东张西望，不要摇头晃脑，不要边走路边吃东西，也不要口中小调不断或吹口哨。两人走路时，不要勾肩搭背。多人走路时，应自觉排成单队或双队。男女同行时，通常男士应走在人行道靠公路的一侧，需要调换位置时，男士应从女士身后绕过。

在街上遇到熟人，通常应是点点头走过，或进行些简单的问候，如果遇到的是异性更不要长时间交谈，确想长谈应另选地点或再行相约。

在拥挤或狭窄的路段上行走应自觉礼让，特别对年长者、妇女、儿童、病患体弱者一定要主动让路。

行走时以中速为宜，非紧急情况下不要猛跑。如果不小心碰到了别人或踩了别人的脚，要主动向对方道声“对不起”。别人撞了自己或踩了自己的脚应大度宽容，不可以口出怨言，斥责对方。

对意外跌倒碰伤的行人要尽力相助。如果遇到残疾人不仅要主动让路，必要时还应主动上前搀扶一把，绝不可与其抢道，更不能以强欺弱无视公德。

不可久久注视路上的异性。对年轻漂亮的女士或穿着时髦的女性，男士不可长久注视，也不可掉头追视，更不能有非礼行为。

行路途中除自觉遵守交通规则外，还应积极维护社会公德。遇到别人发生矛盾不要围观起哄、添油加火，而应主持公道、分清是非、排解纠纷。

3）问路要有礼貌

需要问路时，首先应选择合适的对象，最好不要去问正在急行的人或正在与人交谈的人以及正忙碌的人。其次，问路时要礼貌地称呼对方，可根据对方的年龄、性别和当地的习惯来称呼，绝对不能用“喂”“哎”等一些不礼貌的语气呼叫对方。最后，当别人给予解答后，要诚恳地表示感谢，若对方一时答不上你的提问，也应礼貌地说声“谢谢”。

【小知识 7-1】

为人子者，居不主奥，坐不中席，行不中道，立不中门。

《礼记·曲礼》中说：“行不中道，立不中门”，意思是不要在道路正中间行走，那样会妨碍他人行走；也不要在大门正中长久站立，那样既会影响别人进出，又显得狂妄。这与我们现代生活中所提倡的在公共场所乘坐扶梯靠右站立是一样的，也是为了不妨碍他人。

资料来源　由儒学十三经之四《礼记》中的内容整理得来。

7.1.2　乘车礼仪

以车代步讲究效率，是现代商务工作的一个显著特点。由于乘坐车辆类型不同，其要求及一些注意的事项也有差异。

1）乘坐公共汽车礼仪

公共汽车是城乡主要交通工具之一，但由于人多，车内拥挤的现象还相当普遍，所以大家应该相互礼让、文明乘车，共同营造一个良好的乘车环境。

（1）按顺序上车

车到站时，要先下后上，先到先上，自觉排队，不要拥挤。一般情况下，“男女有别，长幼有序”应是一种公众准则。遇有残疾及行动不便者，应主动给予帮助。绝对不可凭自己身强力壮，车尚未停稳，就推开众人往上挤，这样不仅显得十分粗鲁，而且极不道德。

（2）文明乘车

上车后，应尽量往里走，不要堵在车门口。如果里面还有座位，应先让老、弱、病、残及抱小孩或带小孩子的女士坐。如果你已坐在了座位上，如遇上述人员乘车，也应主动将位子让出。如果别人给自己让座，一定要表示感谢。车厢内不要吸烟、不要随地吐痰、不要乱扔废弃物，更不要将废弃物扔向车外，以免砸伤行人。上车后主动买票或刷卡票，车到站之前应提前做好下车准备。

2）乘坐火车礼仪

火车是重要的长途旅行交通工具之一。乘车过程中，要讲文明、懂礼貌，多一分宽容、多一分礼让，如此才能保持愉悦的心情，减轻旅途疲劳。

（1）自觉遵守候车规则

候车室是供旅客候车休息的公共场所，候车时应注意以下几点：

①爱护室内的公共设施。

②不要大声喧哗。

③携带的物品应放在座位下或座位前，不抢占或多占座位，不要躺在座位上使别人无法坐下休息。

④保持候车室卫生。废弃物应主动扔到果皮箱内，不随地乱扔东西，不随地吐痰。

⑤检票时要自觉排队，不乱拥乱挤，要有秩序地上车。

（2）按要求放好行李

所带行李应放在行李架上，不要放在过道上或小桌上。长途旅行一般携带行李较多，乘客间要相互照顾，合理使用行李架，放、取行李时应脱掉鞋子以免踩脏别人的座位。自己的行李要摆放整齐，尽量不压在别人的行李上，如果不得不压也应征得别人的同意。

（3）自觉维护车厢环境

不在车厢内吸烟，不要毫无顾忌地打喷嚏，没有特别原因不要在车厢狭窄的过道上走来走去，车上再热也不得穿背心甚至上身赤裸。坐在座位上不要把脚伸到车厢过道上，也不要一坐下就脱掉鞋子。不要把果皮、残渣及其他废弃物抛向窗外或在车厢内随地乱扔，不要随地吐痰，不要在车厢内大声说话。

（4）邻座之间友好相处

长途旅行与邻座的旅客有较长的共处时间，有兴趣时可以共同探讨一些都乐于交谈的话题。但交谈前应先看清对象，与不喜欢交谈的人谈话是不明智的，和正在思考问题的人谈话也是失礼的。即便与旅伴谈得很投机，也不要没完没了，看到对方有倦意就应立刻停止谈话。注意谈话中不要随便问对方的姓名、住址及家庭情况，这些不是好的交谈话题。

（5）礼貌道别

到达目的地后，拿好自己的物品有礼貌地与邻座旅客道别，有序下车，不要拥挤。

3）乘坐轿车礼仪

对于轿车，一些约定俗成的礼节较多，上车次序、座次安排都比较讲究，因此不可以忽视。

（1）了解座位的尊卑

按照国际惯例，轿车的座次安排常规是：右高左低，后高前低，具体而言，轿车座次的尊卑自高而低如图 7-1 所示。

后排右座——后排左座——后排中座——前排副驾驶座

图 7-1　轿车座次的尊卑自高而低

如果只有一位来宾，座次安排如图 7-2 所示。

司机	文秘
上司	来宾

图 7-2　一位来宾的座次安排

如果有两位来宾，座次安排如图 7-3 所示。

	司机	文秘
来宾 B	上司	来宾 A

图 7-3　两位来宾的座次安排

如果由上司亲自驾车，座次安排如图 7-4 所示。

上司	来宾 A
文秘	来宾 B

图 7-4　上司亲自驾车的座次安排

（2）了解上下车的先后顺序

同女士、长者、上司或嘉宾乘双排座轿车时，应先主动打开车后排右侧门，请女士、长者、上司或嘉宾就座，然后把车门关上，自己再从车后绕到后排左侧打开车门，在左座坐下。到达目的地后，若无专人负责开启车门，则自己应先从左侧门下车后绕至右侧门，把车门打开，请女士、长者、上司或嘉宾下车。由主人亲自驾驶开车时，出于对乘客的尊重，主人可以最后一个上车，最先一个下车。

上、下车的顺序，并非一成不变，可根据具体情况灵活变通，有些时候亦可顺其自然不必过于谦让。

(3) 注意在车内的谈吐举止

在轿车行驶过程中，乘车人之间可适当交谈，但不宜过多与司机交谈，以免司机分神。话题一般不要谈及车祸、劫车、凶杀、死亡等晦气的事，也不要谈论隐私性内容及一些敏感且有争议的话题。举止文明，不要在车内吸烟；不要在车内脱鞋赤脚；女士不要在车内整衣化妆；男女之间不要在车内打闹或表现得过分亲热；不要在车内乱吃东西、喝饮料；不要在车内吐痰或向车外吐痰，不要向车外扔废弃物，这样有损于个人形象和社会公德。

(4) 文明驾车

文明驾车_就是要自觉遵守交通规则，文明礼貌，表现出良好的个人修养和驾驶风度。_商务人员亲自驾车时，要集中精力、谨慎驾驶，注意路上的交通标志。路口的红绿灯信号，是绝对要遵守的，当红灯变绿灯时，不要抢行。不要对着车前的行人猛摁喇叭，如拐弯转道时，应提前开亮转向灯。下雨天开车，要慢行，尽量避开水坑，以免使污水溅到行人身上。道路拥挤或车辆堵塞时，应自觉循序而进或耐心等候，绝不可从车队中脱离出来超越前面的车辆把道路堵死，使对面的车辆也无法通行。在快、慢车道分明的公路上行驶应根据自己的情况合理选择，既不要在快车道上开“蜗牛车”，也不要在慢车道上开“飞车”，还要注意不要来回频繁变换车道，影响后面车辆行驶。夜晚开车时要适时变换远、近灯光，绝不可一直用远光直射对方。需要停车，应到允许停车的地方停放，停车时不要占用两个停车位，不要挡住车道及出入口。车内的废弃物如瓜果皮、塑料袋、空瓶空罐等，均不要往车外乱扔，乱扔垃圾是极不文明的。

7.1.3 乘坐飞机的礼仪

飞机是目前世界上最快捷的交通工具之一，具有速度快、节约时间、乘坐舒适等特点，很适合商务人员旅行。由于空中旅行与地面旅行有许多差异，所以搭乘飞机的礼仪不可不知。

通常飞机起飞前半小时停止办理登机手续，耽误了登机时间不仅会打乱商务活动日程安排，也会给机场工作人员造成一定的不便。

进入机舱后，将登机牌交给乘务人员过目，以便引导你的座位方向。手提行李一定要放在座位上方的行李箱内，也可以放在自己座位下面，不要随处乱放，应保持过道畅通。

飞机起降时，坐椅靠背务必放直，收起小桌板，并将安全带扣紧。当乘务人员在介绍安全设施时，一定要用心听，不可高谈阔论。

使用洗手间时，应尽量少占用时间，使用完毕，要保持其清洁。要求服务人员为你服务时，语气和态度都要客气而有礼貌。

飞机降落后，信号灯未熄灭前，不要站立，也不要随意走动或拿取行礼，应等乘务人员招呼后按秩序下机。

观念应用 7-1

一位年轻的经理，与董事长及其他两名经理，搭乘由公司总裁驾驶的轿车去省城开会，他上车后就坐在副驾驶座上，随行的董事长和其他两名经理，坐在后面的位置上，结果回来后，他被免职了。

资料来源 鲍尔德里奇. 企业人礼仪手册［M］. 陈芬兰，等，译. 海口：海南出版社，1997.

分析提示

乘坐轿车的座次十分讲究。一般情况由专职司机驾车，轿车的座次安排顺序由高到低依次为后排右座、后排左座、后排中座，前排副驾驶座。如果是上司亲自驾车，座次安排由高到低则为副驾驶座、后排右座、后排左座、后排中座。这位年轻的经理根据其身份，应当坐在后排，因为他缺乏这方面的知识，坐错位置而被免职，实在太可惜。

7.2 住宿礼仪

7.2.1 入住客房礼仪

在我国，客人入住宾馆一般须出示居民身份证等有效证件，然后办理住宿登记手续。现在大多数商务人员主要是通过携程网或酒店会员身份提前预订，到达酒店后出示有效身份证办理入住手续。在一些发达国家，大都是先预订房间，到达后只要说出自己的姓名，然后在登记册上签名即可。

1）入住客房的一般礼节

几乎每家宾馆在客房内都备有“客人住宿须知”，入住后应先进行阅读，了解具体的内容，并自觉遵守有关规定。

（1）爱护房内设施

客房内备有供旅客生活使用的各种常用物品，如桌、椅、灯具、电视、空调以及盥洗和卫生洁具、浴具等设施。故意破坏房内物品或损坏了物品不声不响，甚至把房内的不属于自己的东西拿走等都是违背社会公德的不文明行为。

（2）注意内外有别

室内着装，可相对随便。走出房间，则应衣着整齐，不可穿背心、短裤、睡衣、拖鞋等在走廊或宾馆内外的公共场所游逛。不可窥视他人居住的房间。如同室还有其他客人，出入房间应随手关门，不要将房门大开让别人一览无余。休息的时候，可在门外悬挂“请勿打扰”的牌子。到别的房间会客或找人，应提前预约，到达后应摁门铃或敲门，不经允许不可擅自入内。

（3）保持房内卫生

在客房内衣物和鞋袜不要乱扔乱放。废弃物应投入垃圾桶内，也可放到茶几上让服务员来收拾，千万不要扔进马桶里，以免堵塞影响使用。吸烟者不要乱弹烟灰、乱抛烟头，以免烧坏地毯或家具，甚至引起火灾。出门擦鞋应用擦鞋器，用枕头、床单擦鞋是不道德的行为。

（4）不要影响他人休息

到别的房间找人，应轻摁门铃或轻敲房门，不可重击房门或高声喊叫。开、关门时，动作要轻，声音要小。不要在房间内大声喧哗或举行吵闹声较大的聚会。晚间不要在房间里打牌，看电视也应尽可能放小音量，以免影响其他客人。在走廊里说话、走路也应注意不要发出太大的声音，尤其夜深之时更应如此。

（5）尊重服务人员的劳动

宾馆内的服务一般都是比较周到的，服务员会每天按时打扫房间，整理床铺，洗刷脸盆、浴缸等，对服务人员的服务应以礼相待，不应表现出傲慢甚至鄙视。当服务人员来房间送水或打扫卫生时，要起身相让，不可无动于衷。服务人员离去时，应表示感谢。当遇到一些特殊情况，比如有客人来访而服务人员恰好这时来打扫房间，如果你觉得不方便，可以有礼貌地请服务人员稍过一会儿再来打扫。

2）女性在客房进行商务活动时应注意的事项

商务人员所进行的商务活动，并非都得在会议室或大厅里举行，在客房举行商务会议约人洽谈亦无不可，但女性在房间进行商务活动时应注意如下事项：

（1）仪表端庄

穿着整齐、梳妆得体。不许穿睡衣或过短、过透、过露、过紧的衣服；不许穿拖鞋；不许面无妆色、头发凌乱。如果与单身异性洽谈，最好把门打开留个缝隙，万不可将门锁上，以免造成不必要的误会和麻烦。

（2）房间整洁

在客人未到前将房间整理好。个人所用物品最好先收起来，餐盘等物品请服务员收走。如果天气不是太冷，可打开窗户通风，保持房间内空气清新。

（3）预备茶水

作为主人，应为前来的客人适当备些不含酒精的饮料或茶水，也可适当备些水果或瓜子。

(4) 活动内容明确具体

活动内容事先应草拟个明确、具体的计划及预期达到的目的。所有话题应紧紧围绕活动内容进行，不可无事闲聊，这既浪费自己的时间又浪费别人的时间，更不可随便改动活动内容，让别人觉得你办事草率或欠妥。

【小知识7-2】

客房内有些私人小酒吧是采用微电脑感应控制，食品只要一拿起就会自动记在账单上。如果不小心拿了不打算食用的物品，最好马上通知客房部销掉记录，以免将来发生争执。

资料来源　陈玲玲. 现代女性社交礼仪［M］. 上海：上海科学技术文献出版社，2000.

7.2.2　餐厅用餐礼仪

餐厅是就餐的场所，用餐举止得体，历来被认为是衡量一个人文明修养的标准之一。因此注意用餐礼仪，不仅能反映出一个人的教养程度，而且在公共场合也有对他人尊重与否的问题。

1) 餐厅就餐的一般礼仪

来餐厅就餐，可由服务人员引领到餐桌前就座，如无服务人员引领，也可自己找合适的位子坐下，不要在餐厅内乱转，不要来回调换餐桌，不要在餐厅内东张西望，也不要在餐厅的镜子前做梳理头发、查看口红、整理衣服等一些私人的事情。

等待用餐期间可与同桌的人交谈，不可旁若无人，更不可显出迫不及待的样子，也不要摆弄餐具，比如敲碟子、碗等。主人未宣布开宴时，不要先动餐具。

用餐时应注意餐桌礼仪，树立良好的进餐形象。正式宴会用餐都比较讲究，从餐具的使用，夹菜吃菜，到饮酒品茶都应注意自己的姿态形象，特别是吃西餐时，更要注意餐具的使用及菜肴的吃法，不会时可先看后动，千万不可操之过急，想当然为之，以免惹出笑话，令自己尴尬。在餐厅里吸烟是失礼的行为，更不要一边进餐一边吸烟，即使别人这么做，自己也应克制。

饮酒一定要适度，绝不可过量。过量饮酒不仅容易办错事情、耽误工作，而且常会失态很不雅观。如果饮烈性酒更应该节制。饮酒适度，既显得对自己负责，也避免给别人留下嗜酒的印象。

【小思考 7-1】

餐厅就餐时应该如何使用手机？

答：不要在餐厅里大声打电话。随着现代电信事业的发展，绝大多数商务旅行人员都随身携带手机。但在餐厅进餐时，除非有要紧事，一般最好是关闭手机或者设置在静音状态。在必须接打电话时，应走开找个僻静处通话。不可在餐厅里当着众人高声喊叫，这是一种没有礼仪修养的做法，也是对别人就餐的一种干扰。

资料来源　何小娥. 礼仪时尚 [M]. 乌鲁木齐：新疆人民出版社，2001.

2）商务女性单独在外进餐时的礼节

单身女性独自在餐厅就餐，常会给人形单影只的感觉，而商务女性单独在外时难免要一个人就餐，遇到这种情况要自然大方、坦然处之。但在就餐场所的选择上，应尽量不要到酒吧、夜总会等娱乐气氛较浓的地方。进入餐厅应抬头挺胸，脸上带着自信的表情。公文包或文件夹与你相伴，这是你身份的象征，它会告诉人们你是因公务而单独就餐的。在你点过菜后，可不妨拿一两份文件来看，一方面利用餐前时间抓紧工作，另一方面还可免除独坐的冷清。如果有陌生的男士到你桌旁很礼貌地询问“可否与你同桌”时，若你觉得这样并无不便，可以同意，但不妨一开始便向他言明，你用餐后马上就离开，如果这时你发现他并不像原先那样文雅，刚好可以给自己一个退路。假若有人邀你共同进餐时，如果你觉得无碍，不妨也可以接受，但应该明确告诉对方，希望在自己居住的宾馆餐厅内就餐，餐后各付各的账。由于你坚持自己的做法，他就会明白你是一个正派不想占便宜的女士。

7.2.3　当发生不愉快的事情时应谨记的要点

旅行在外，常可能会遇有不顺利或令你不愉快的事情发生。比如，行李迟迟不能送进房间，延误你外出的时间；送洗的衣服未能及时送回，造成你的重要约会没有合适的衣服穿；一份非常重要的资料一直未送到你手上，你非常着急；由于工作人员失职，使定好的会议无法正常举行。这时正是考验你的脾气和修养的时候。当遇到这类不愉快的事情时，应谨记下列要点：

（1）不要怒气冲冲、大发雷霆，因为这样解决不了任何问题，只会给解决问题带来更大的麻烦。

（2）说话不要夹带脏字或有辱服务员自尊心的词语，因为发生此类事情并非服务员成心所致，并且他也在努力弥补。

（3）不要因为他人的过失责备无端受过的人。事情可能发生在某个部门或某人身上，不要认为所有的人都犯了错误，对谁都大发脾气。

（4）要知道并不是每一家宾馆都能提供十分满意的服务，所以绝不要因为某家宾馆的服务不如以前你住过的那家好而责备他们。

（5）发生了不愉快的事情后，不论事情如何解决，都不要喋喋不休、老是抱怨。

（6）如有些事情确实让你不满意，你可以向宾馆方面表达你的意见与批评，或写一封信给总经理，在信中对不好的方面可以批评，也可给他们提些建议，不过对好的方面也别忘了加以称赞与肯定。

观念应用7-2

某公司一位业务经理入住一家三星级宾馆，按照与酒店的协议，要在会议室举行一个新产品上市发布会。开会时才发现会议室没有多媒体投影仪，这位经理带来的电脑资料无法演示。此时客人大都已到，酒店有关人员十分着急。在这种情况下，这位经理没有指责、抱怨，而是与酒店有关人员一起想办法，最后把电脑演示改成产品现场展示，同样收到了较理想的效果。

分析提示

由于酒店员工疏忽，使客户的重要会议无法正常举行，这本是酒店员工的失误，而该公司经理不指责、不抱怨员工，而是与酒店配合，用自己的工作经验和专业知识，及时调整展示产品的方式，弥补因无设备而几乎使会议泡汤所带来的影响。从上述这些方面让人看到该经理具有较强的处理问题的能力和较高的专业素质和礼仪修养，从而让人们产生几分敬意。

7.3 商务人员旅行备品及携带礼仪

由于工作需要，商务人员在旅行中要随时准备携带一些物品，这些物品被称为商务人员的**旅行备品**，包括生活用品和办公用品。这些备品对于一般人来讲是可有可无，但对于他们来讲却是时常离不开的，只有随身携带，才能有备无患，下面介绍的是商务人员办公备品的携带和使用时的礼仪。

7.3.1 业务资料

业务资料是商务人员自我展现的有效装备。在通常情况下，客户是听销售人员对商品的介绍来认识了解商品的，如果销售人员仅是纸上谈兵，而没有直观资料，则难以吸引客户和激起他们的兴趣及好奇心。商务人员在此方面应有充分准备。一般情况下，需携带的业务资料主要有：

1）样品

商品实物，给客户示范、试用，以吸引顾客。

2）产品说明书

商品的文字、图片等说明资料，让客户对商品有更详尽的了解。

3）同类商品厂牌目录

将其他厂商生产经营的同类产品目录尽可能搜集齐全，并印制成册（张），在让客户了解其他厂牌商品品质的基础上，便于介绍自己商品的优点。

4）商品价目表

除印有本公司出售商品的价格外，还应备有其他公司同类产品的价格，以便于客户进行比较。

5）统计资料和图表

专门制作有关产量、销量、质量、出口量、市场占用率、销售服务网点等内容的统计资料或图表，使客户对商品或企业有更进一步的了解。

6）买主名单一览表

有可能的话，应将购买并使用本企业商品的客户名单整理成册（张），可起到加强说服力的作用。

7）企业介绍及公众舆论对本企业和企业产品的评价材料

权威机构的评价、报纸上的宣传、买主提货时兴高采烈情景的照片等。

8）合同

随时准备同客户成交签约。

商务人员如能对上述业务资料准备齐全，对客户提出的一些问题就可以给予比较满意的答复，客户才能放心地订购所售商品。

【小知识7-3】

文字图片资料可以放在专用的文件夹内或公文箱内，资料详尽、整洁、拿取方便；实物样品要包装美观、携带方便。

7.3.2 办公备品

1）办公备品的作用

办公备品指的是商务人员在处理公务的时候，经常需要使用的一些备用品，主要有公文包、名片、钢笔、记事本、计算器等。虽说是备品，但在商务活动中的作用却是不可忽视的。

（1）办公备品在商务活动中发挥一定的实用性作用。离开它就有可能对工作造成一定的影响，甚至会使工作难以为继。

（2）办公备品在商务活动中发挥一定的装饰性作用。办公备品虽然不是饰品，却在一定程度上可以直接或间接地有助于业务形象的美化。

（3）办公备品在商务活动中体现着专业性作用。商务人员在所带的这些备品中，展现的是细致、严谨、认真工作的作风，体现着商务人员的专业素质和可信赖的程度。

2）办公备品的种类

（1）公文包

公文包，顾名思义，即用来盛放办公用品、文件资料等，携带方便的外用包。它不仅具有较强的实用性，而且还是一种明显的职业标志，是商务人员活动中密不可分的良伴。

①公文包的选择

公文包质地的选择。公文包以皮包为宜，牛皮包档次较高，羊皮包次之，猪皮包稍差，尼龙包、布包、塑料包等款式再好也不宜做公文包。

公文包大小的选择。公文包的大小主要依据商务人员工作时所需携带物品的多少而定。携带物品少，可选择体积小的包，反之，可选择体积较大的包。但应注意，一般情况下，避免同时使用两个公文包。

公文包颜色的选择。公文包以黑色或棕色为主，也可参考自己所穿皮鞋的颜色，能同皮鞋的颜色一致，就显得比较协调。

公文包形状的选择。公文包应以长方形为主，避免使用圆形包、椭圆形包、六角形包以及各种异形包。

公文包款式的选择。手提式、夹式、箱式公文包都是商务人员理想的款式用包，可根据需要选择。而挎式、肩背式、腰带式包，只能在社交、旅游等场合使用。

②包内物品的放置

公文包内放置的物品，应都是些有用之物，而且应放置有序，无用之物不要装进包内。要绝对避免在外人面前拿包取物时，让包内乱七八糟的物品一齐往外“蹦”，同时，还应注意取出的物品应保持整洁。

③正确携带公文包

根据公文包款式的不同，可采用夹、提等携带方式，不要随便肩扛、肩背，甚至提在手中乱甩。在街头行走时，注意不要用包撞人。出门做客时，公文包不可乱放，应放在自己身旁，一旦用时，可随时取用。

（2）名片

名片的用途及使用的礼节，参见第3章所述。

名片的携带及保存。需携带的名片应放置在专门的名片盒内，名片盒可放在公文包内，使用时可随时从公文包内取出来。对方赠送的名片，根据自己工作的需要分类后，放入专门的名片夹或名片册进行保存。

（3）书写用笔

在工作中，商务人员往往需要借助于笔具进行书写，若在必须书写时找不到笔具或者赶忙去向他人借用都是失礼的表现。商务人员最好同时携带两支笔，一支是钢笔，另一支则是水性笔或圆珠笔。钢笔主要是为了书写正式条据，钢笔应灌以蓝黑色或黑色的墨水，这两种墨水书写的文本条据才显得最为正规。水性笔或圆珠笔则主要是为了便于自己在工作中，填写正规的各类票据时使用。使用水性笔或圆珠笔复写票据，不仅容易而且字迹清晰。所携带的笔可放在公文包内或放在西装左侧的内袋里。

（4）记事用品

随时携带记事本，在上面可以记录一些重要信息，诸如资料、数字、人名、品名、地址、电话、线索等，以便于日后查找所需资料；否则有时极可能会耽误自己的工作。当代社会，电子、数码产品繁多，更便于记事处理商务信息。商务通、手机、平板电脑等都已经成为传统记事方法的有效补充。

使用记事本特别要注意书写清晰与妥善保存，千万不要乱写、乱画、乱丢。在进行记录时，最好分门别类，并且定期予以归纳整理。

（5）计算器

商务人员对数字一直非常敏感。而在数字的计算上，口算、心算、笔算都难准确无误，若随身携带一个计算器，就相对方便多了。它既省时间，又能提供准确可靠的数据。计算器可放在随身携带的公文包内，体积小的，也可放在衣服的口袋里。

【小思考 7-2】

办公备品在商务活动中有哪些作用？

答：（1）办公备品在商务活动中发挥一定的实用性作用。

（2）办公备品在商务活动中发挥一定的装饰性作用。

（3）办公备品在商务活动中体现着专业性作用。

7.3.3 移动电话

当今社会是一个信息社会，对于商务人员来说，信息往往就是金钱，就是财富。信息能随时随地地快速传递，在许多时候办事就可领先一步。移动电话正是具备了信息传递快捷、方便、使用空间广阔等优点，才备受商务人员的青睐。

移动电话的携带及使用。移动电话的携带，既要考虑方便使用，又应注意形象，一般来说，宜隐蔽置之。个头较大的，可放在公文包里，个头较小的，既可放在公文包里，亦可放在西装上衣左边内侧的口袋里。那种将移动电话整日握在手中的携带方式是不可取的。

对于手机的使用，应以工作必需和不妨碍他人为原则。要努力做到“三不用”：一是不在一些严肃、安静的特定环境中使用，遇有这种场合，应主动关机，以免突然铃响而影响他人或破坏周围的气氛。这种场合主要指洽谈会、会议室、法庭、课堂、阅览室、剧场、音乐厅等。二是不在飞机上使用，以免干扰航行通信，影响飞行安全。三是不在人员较多的场合使用，如确需通话，可找一个僻静场所或将身背过去使用，这样既可以通话清晰，也不会干扰他人。

观念应用 7-3

一位著名的小提琴演奏家在某城市举行专场音乐会，当其倾力演奏、台下的听众如痴如醉之际，一阵极不适时、不协调的电话铃声突然在音乐厅内响起，小提琴家立刻停止演奏，整个乐队也停了下来，没有音乐声的音乐厅里空气如凝固住一般，片刻之后，演奏继续。

资料来源　陈萍. 最新礼仪规范［M］. 北京：线装书局，2004.

分析提示

严肃安静的环境，应主动关闭手机或将手机打到震动挡上，这是使用手机的基本礼貌。在音乐厅内突然响起电话铃声，破坏演奏气氛，这是对乐曲和演奏家的藐视，对广大听众的不尊重，这不仅是个礼貌问题，也反映了一个人的社会公德问题。

本章小结

商务旅行是现代商务人员工作的组成部分，其旅行中的食、住、行礼仪对塑造形象和工作的顺利开展都具有积极意义。

交通礼仪是商务人员步行、驾车或乘坐车、飞机等交通工具时应遵循的行为规则。其包括三个方面的内容：(1) 步行礼仪。步行要遵守交通法规，文明行路，问路要有礼貌。(2) 乘车礼仪。乘公交车要按顺序上下车，做文明乘客。乘火车要自觉遵循候车规则，按顺序上车，放好行李，自觉维护车厢环境，与邻座友好相处。乘轿车要了解座位的尊卑、上下车的先后顺序以及在车内谈吐举止应注意的事项。(3) 乘坐飞机礼仪。乘坐飞机要提前办理乘机手续，妥善处理携带的行李，尊重乘务员的服务，遵守规定，文明乘机。

入住宾馆礼仪，是商务人员在入住的宾馆里对自己言行的约束和要求。其包括三个方面的内容：(1) 入住客房礼仪。其要求商务人员要自觉遵守入住客房的一般规定，特别是商界女性在客房进行商务活动时应注意有关事项。(2) 餐厅用餐礼仪。其要求商务人员在餐厅要注意就餐的一般礼节，女士在外面单独就餐时行为举止更应谨慎。(3) 当发生不愉快的事情时应谨记的要点：①不要怒气冲冲。②说话不要带脏字或有辱服务员自尊心的词语。③不要因为他人的过失而责备无端受过的人。④宾馆的服务存有差别。⑤不要喋喋不休、老是抱怨。⑥向宾馆提出批评要客观、公正。

旅行备品及携带礼仪。业务资料是商务人员外出工作的常用备品，携带时要齐全、完整地放入文件夹或公文包内，取用时要干净、整齐。办公备品是为处理公务而准备的物品，主要有公文包、名片、钢笔或水性笔、记事本、计算器等，这些物品要随身携带。在携带和使用时要符合常规。移动电话是目前比较现代化的通讯工具，具有快速、方便等特点，外出携带时要放在公文包或专用包里，并注意不要在一些安静、严肃的场合和人员较多的场合下使用，使用时必须以不妨碍他人为原则。

主要概念

交通礼仪　文明驾车　旅行备品

知识练习

▲ 简答题

1) 商务人员住宿宾馆时应遵循哪些礼节？

2) 商务人员如何文明驾车？

▲ 填空题

1）当一位男士和两位以上的女士同行时，男士应走在女士的________。

2）按照国际惯例，轿车的座次安排顺序是________、________。

3）同长者、上司或嘉宾同乘双排座轿车时，应先打开________车门请他们上车。

4）商务人员在选择公文包时应以________色或________色为主，同时也可参考自己所穿皮鞋的颜色，达到协调一致。

▲ 单项选择题

1）多人行走时，男士一般应走在女士的（　　）。

A.前面　　B.后面

C.里侧　　D.中间

2）在商务活动乘坐轿车时，最高座次应该请（　　）入座。

A.老人　　B.女士

C.客人　　D.领导

3）由专职司机驾驶的轿车内，最高座位为（　　）。

A.副驾驶座　　B.后排右座

C.后排左座　　D.后排中座

4）商务人员在宾馆住宿时，不应穿（　　）在宾馆内外或公共场所游逛。

A.毛衣　　B.西装

C.运动装　　D.睡衣

▲ 多项选择题

1）办公备品是指（　　）。

A.公文包　　B.名片

C.化妆品　　D.身份证

2）商务人员在开展工作时，一般需要携带的业务资料是（　　）。

A.产品说明书　　B.产品价格表

C.样品　　D.合同

3）商务人员单独在外就餐时的礼节是（　　）。

A.不可以在餐厅内大声打电话　　B.不可以饮酒

C.不可以吸烟　　D.不可以在餐厅内乱转

4）手机的使用，以不妨碍他人为原则，但不要在（　　）。

A.各种场合下都使用　　B.飞机上使用

C.安静的环境下使用　　D.办公室内使用

技能训练

1）假如在酒店内发生了不愉快的事情，你该怎样处理?

2）怎样选择公文包？包内物品怎样放置?

观念应用

▲ 案例题

飞机上的遭遇

2005年2月26日中超某足球队从澳大利亚经香港转机回国，四名队员分别坐在机舱通道两侧打牌，将腿放在通道上，几个人的手臂影响了旅客通过。乘务长出面干预，与队员激烈争吵起来，争执中乘务长摔倒在座椅上，最后两名队员被带到香港警署，耽误了很多时间。那几个队员还觉得自己“比窦娥还冤”。

问题：

(1) 案例反映出中超某足球队队员的哪些问题?

(2) 从案例中你得到的启示有哪些?

资料来源 李兴国. 社交礼仪 [M]. 北京：高等教育出版社，2006.

▲ 实训题

利用假期时间，进行一次旅行活动，体会在旅行中的礼仪要点。

第8章

商务人员出国(出境)礼仪

学习目标

知识目标：了解商务人员出国前的准备工作内容，掌握商务人员在国外生活、工作的礼仪要求，熟悉出国人员常识。

技能目标：能够根据国别的不同，指导出国人员注意相应的礼仪礼节，并能在将来自己出国时遵循有关国家的礼仪规范。

能力目标：能够运用所学的出国礼仪知识，分析所能接触到的商务人员在出国活动中所遇到的礼仪问题，并提出正确的解决方案。

【引例】

一次不成功的出国谈判

做外贸生意的孙达已经和一家阿拉伯公司的总裁进行了非常深入的谈判，他们订好了条款，就等着签合同。孙达在会见的前一天来到利雅得，他穿着舒适的牛仔裤和网球鞋，把正式服装锁在手提箱了。不幸的是，他的行李在旅行过程中全部丢失，而见面的那天正好是一个阿拉伯宗教节日，所有商店都关门，买不到衣服。无奈中，他想已和阿拉伯人建立了关系，如果在会见中解释一下自己遭遇的不幸，他们是不会在意的。但是，在见面中听他解释后，阿拉伯人拿过合同只是扫了一眼，就一撕两半，并说再也不想和孙达做买卖。

原来在阿拉伯国家，男女衣着恰当和恪守礼仪就像遵守民法一样重要。阿拉伯人通常通过观察别人来知道自己，正式而保守的衣着反映出你对对方的尊重。

在国际交往中，礼仪问题是一个非常实际而又敏感的问题。对礼仪知识的了解与运用，不仅影响商务人员社交的质量，而且决定其社交的成败。因此，学习并掌握国际礼仪知识是每一位商务人员的必修课题。商务人员在涉外活动中，不仅要遵守国际交往惯例，而且要了解各国不同的礼节、礼俗，尊重各国的民族习惯和礼仪规则，做到不卑不亢、落落大方，在世人面前展现中华民族的良好风范。本章系统阐述了商务人员在国外生活和谈生意中的主要礼仪及出国人员常识。

8.1 出国前的准备工作

为了使在国外的商务活动顺利进行，促进双方交往，达到合作成功，商务人员应事先对行程、所到国家的文化背景、礼俗等进行详细了解、掌握和周密准备，做到心中有数，避免因准备不充分而带来不必要的麻烦。

8.1.1 了解国内、国外的有关规定和基本情况

1）我国对出国人员的有关规定和要求

涉外工作关系到民族尊严、国家利益，政治性、政策性极强。商务人员出国前必须了解我国的外事纪律，时刻牢记自己是中华人民共

和国的公民，绝不能做出任何有损祖国形象的事情。我国对出国人员的具体要求是：

（1）忠于祖国，忠于人民，坚决维护国家主权和民族尊严，不说不利于祖国的话，不做有损国格、人格的事。

（2）站稳立场，坚持原则，自觉抵制资产阶级腐朽思想和生活方式的侵蚀，做到“富贵不能淫，贫贱不能移，威武不能屈”。

（3）坚决执行党和国家的方针政策，自觉遵守法律法规。如实反映情况，严格执行请示、报告制度。

（4）严格执行保密制度，保守国家机密，坚持内外有别原则，不泄露内部情况。

（5）忠于职守，尽职尽责，提高警惕，防奸、反谍、反策反。

（6）加强组织观念，自觉遵守纪律。在国外服从驻外使馆的领导，遵守驻在国的法律，尊重驻在国的风俗习惯，不搞大国沙文主义，不搞种族歧视。

（7）不与外国机构和外国人私自交往，不利用职权和工作关系营私牟利。严禁索贿受贿，不违反国家规定收受各种名义的回扣归个人所有，严格执行接受礼品的规定。

（8）谦虚谨慎，不卑不亢，讲究文明、礼貌，注意服饰、仪容，严禁酗酒。

（9）顾全大局，发扬风格，协调配合，协同对外。

其中，我国对出国人员的安全保密工作尤为重视，商务人员出国还应注意以下几点：

①出国不得携带内部机密文件、技术资料和报刊，记有内部情况的笔记本，工作证及各种票证等。因工作需要必须携带时，要严格执行报批手续，并指定专人保管，随身携带，严防丢失或被对方秘密搜查。

②加强组织纪律性，严格遵守社交活动日程，不得擅自改变出国路线、增加出访地点或绕道旅行。

③出国期间，参加社交活动，出入公共场所不得携带内部文件、机密文件，必须携带时需两人以上同行，文件资料不得离身。

④对外交谈时，不得涉及内部机密情况，与外国人谈判不要把机密文件摆放在外面。在国外利用电话、电报与国内外有关单位联络时，不得涉及机密情况。

⑤自觉抵制资产阶级腐朽思想的侵蚀，不听淫秽广播、录音，不看淫秽电影、电视和录像，不出入不正当的娱乐场所。

【小知识 8-1】

为提高公民文明素质，塑造中国公民良好的国际形象，中央文明办、国家旅游局联合颁布了《中国公民出境旅游文明行为指南》。外交部领事司谨提醒每位公民出境旅游时要努力践行指南，克服旅游陋习，倡导文明旅游行为。该指南内容如下：

中国公民，出境旅游，注重礼仪，保持尊严。

讲究卫生，爱护环境，衣着得体，请勿喧哗。

尊老爱幼，助人为乐，女士优先，礼貌谦让。

出行办事，遵守时间，排队有序，不越黄线。

文明住宿，不损用品，安静用餐，请勿浪费。

健康娱乐，有益身心，赌博色情，坚决拒绝。

参观游览，遵守规定，习俗禁忌，切勿冒犯。

遇有疑难，咨询领馆，文明出行，一路平安。

资料来源　由新华网相关信息整理得来。

2）了解所到国家的商务情况和生活习俗

商务人员出国前应对所到国家的社会背景、民族性格、待人接物的态度以及在商务活动中的谈判风格作详细的了解，做好充分的思想准备，找出不同的应对办法，做到胸有成竹，在商务活动中争取主动。

国外有很多礼俗是相似的，如在正式场合男士一般都着深色西装，穿黑色皮鞋。另外，在国外常有给小费的习惯，在饭店用餐，在旅馆住宿等，都要给服务员小费。但是，对警察、政府工作人员给你的服务千万不能付小费，只能口头道谢或写信感谢，否则会被视为不恭的行为。各个国家的礼节各不同，例如，在亚洲国家，主人请外宾上汽车时，总是和客人一同坐在汽车后座上，他们认为后座是上座，而在欧美国家恰恰相反，主人通常让客人坐在司机旁边的位子上，他们把这个位子看成是上座，一是因为欧美国家开车的司机往往就是接待主人，二是坐在前边可以更清晰地欣赏车外的景色；伊斯兰教徒不吃猪肉、佛教徒不吃荤、印度教徒不吃牛肉、阿拉伯人不饮酒；一般国家认为“摇头不算点头算”，而在保加利亚、尼泊尔等国家，摇头表示赞赏，点头表示不同意；世界上许多国家的车辆都靠右行驶，而在日本、英国、巴基斯坦等国却规定车辆靠左行驶；意大利人、阿根廷人认为进餐是一种社交活动，就餐场合不宜谈生意，而美国人、瑞士人习惯在就餐场合谈生意，经常是边吃边谈等。了解这些，就不至于在工作中因无意弄错而伤害外国同行的感情。同时，了解了对方的礼俗，亦可在适当的时候表示出对对方的关心，比如开斋节时向穆斯林祝贺，圣诞节时寄给欧美同事一张贺卡等，都能增进友情。

【小知识8-2】

孔布语：“最坏的举止是以为本国的举止皆好，外国的举止皆坏。”各国现存的礼仪，只有形式之别，而无优劣之分。

资料来源　张彦，韩欲和. 涉外礼仪［M］. 南京：译林出版社，1993.

8.1.2　办理出国手续

1）申办护照

护照，英文“passport”，即通过口岸的通行证，是各主权国家发给本国公民出、入（境）和在国（境）外旅行、居住的合法身份证件和国籍证明。我国现行的护照大致有四种：外交护照、公务护照、因公普通护照、因私普通护照。商务人员出国必须持有护照以便有关当局检验时出示，并享受我国的外交保护。商务人员出国应在外交部或省、自治区、直辖市人民政府外事办公室和外交部授权的一些市外事办公室办理因公普通护照。其具体的申办程序是：

（1）持派遣部门的介绍信。

（2）出具有关主管部门下达的同意出国出境的任务批件原件。

（3）出具有关部门下达的同意出境的人员批件原件。

（4）出具出国政审批件原件。

(5）出具前往国家（地区）邀请单位的邀请函电的原件以及邀请人的名片。

(6）交个人的近期小2寸免冠照片3张，背面写上申请人姓名。

(7）填写出国人员卡片。

(8）填写“申请出国护照事项表”。

商务人员领到护照后，要认真核对护照内所列内容是否准确无误，并在持护照人栏内用汉字或持照人本民族文字自己签名，不能使用汉语拼音或英文，也不能由他人代签。出国前，要凭护照办理所去国家和中途经停国家的签证、购买国际航班机票或车船票等，在国外要凭护照住旅馆、办理居留手续等。因此，护照必须妥当保管，不得污损、涂改，谨防遗失。

2）申请签证

签证是指一国政府主管机关依照法律规章为申请人入境、出境或过境的外国人所颁发的一种书面许可证明。各国一般将签证区分为外交签证、公务签证与普通签证三种。我国现行签证有四种，除上述三种外还有礼遇签证。签证和护照同时使用，其形式是在护照或代替护照的证件上加盖印章并签署，这是一个国家维护自己的主权尊严和利益而采取的一项措施。因此，商务人员出国，在办妥护照后还必须申办前往国家的签证（互免签证国家除外）。商务人员的出国签证，由外交部领事司签证处或各省、自治区、直辖市人民政府外事办公室护照签证处到驻华各使、领馆办理。其具体的申办程序是：

(1）提供有效的出国护照。

(2）出具国外邀请函、电的原件或传真件。

(3）出具出国团组和出国人员的任务批件，出具个人政审批件。

(4）提交个人与护照上同样的照片2至4张。

(5）填写“申请出国签证事项表”。

(6）交纳签证费。

当出国人员取得签证后，要仔细检查签证种类和停留时间是否与申请的相符，领事馆是否已签名盖章等，避免入境时出现不必要的麻烦。

近年来，随着国际交往的发展和旅游业的兴旺，许多国家对签证的规定趋于简化，有些国家可互免签证，凭护照就可以通过。我国商务人员出国持用因公普通护照可免办签证的国家有朝鲜、罗马尼亚、圣马力诺、厄瓜多尔、秘鲁、保加利亚、巴基斯坦、古巴、蒙古、老挝、孟加拉国、土耳其、越南、摩尔多瓦、土库曼斯坦、贝宁、格鲁吉亚、阿塞拜疆、亚美尼亚等。

3）订购机票（车、船票）

商务人员出国前，应根据实际情况选择方便、经济、合理的路线，尽可能选择直达航班或过境停留次数较少的航班，以缩短旅行的时间，减少起落次数。

根据民航有关规定，凡乘坐中国民航班机，须凭本人身份证或护照提前到民航售票处或代理点办理订座手续，填写“旅客订座单”，交纳订座费。订座单的内容包括旅客姓名、职称、年龄、性别、国籍、护照号码、航程、航班号、等级、日期、联系电话等项目。确定有座位后，再按民航规定的日期来购票。

购票后，应仔细核对，以免旅途中遇到麻烦，甚至影响旅行。核对的主要内容有：

（1）姓名的汉语拼音是否与护照、签证上的一致。

（2）每张机票联的右上角是否有售票航空公司的印章、开票人的签字及售票日期。

（3）整个行程所需的各段机票是否齐全，票上所载的航班班次、日期、途径城市、到达城市是否与原订座计划一致。

（4）机座是否得到确认，即是否有“OK”字样。只有得到“OK”后，才可搭乘飞机。

（5）如售票处开票时写错，应请其重开，或在涂改处加盖业务章。

在信息发达的现代社会，还有更加便捷的订票方式，你可以通过电话或网络进行机票、车票或船票的预订。

8.1.3 服饰

在国际社交场合，服装的穿着根据各个国家的传统习惯、场合、季节变化及个人爱好而有所不同。一般原则是参加正式、隆重、严肃的活动多着深色、上下同色、同质的礼服或西装。很多国家把民族服装规定为礼服，在国庆、民族节日等重大庆典和最隆重场合穿着，其他正式场合着西装。参加一般活动、参观游览等可以着便装。但在上下飞机前后，有迎送仪式或参观游览活动安排在两场正式活动之间，则应按正式场合要求着装。

商务人员出国一般按国内服装穿着。男士可穿西装或各民族的服装，参观游览时，可穿各式便服。女士根据季节与活动性质不同可穿西装、民族服装、旗袍或连衣裙等。当应邀参加活动的请柬中要求穿礼服时，商务人员应尊重当地习惯和东道主的要求，男士穿深色西装或中山服，女士最好穿旗袍、长裙或礼服。在国外观看文艺演出、听音乐会，应按出席正式活动的要求着装。

商务人员在涉外活动中，服装的选择要注意和自己的年龄、体型及个性相称，所穿服装应朴素、大方、整洁。衣服应熨烫平整，衣领、袖口要干净，皮鞋要上油擦亮。穿长袖衬衣要将下摆塞在裤内，袖口、裤脚不要卷起。在任何情况下，都不能穿短裤、圆领衫等参加涉外活动。女士除军人、学生外，衣着尽量不要千篇一律，样式花色应有所差别。女士穿裙子参加社交活动时，须穿长筒袜，不能裸腿，且袜口不能露在裙外。

商务人员在国外参加各种活动，进入室内场所时，均应摘帽，脱大衣、风雨衣，并送存放处。男士在任何时候不得在室内戴手套和帽子，在室内一般不戴黑色墨镜，在室外遇有隆重仪式或迎送等礼节性场合时，也不应戴墨镜。有眼疾者须戴有色眼镜时，应向主人或客人说明情况，或在握手、说明情况时将眼镜摘下，然后再戴上。

此外，在旅馆房间内接待临时来访的外宾时，如来不及更衣，应请客人稍坐，立即换装。不得光脚或穿拖鞋、睡衣、短裤接待客人。

【小思考8-1】

在国际社交场合，着装是否越有个性越好？

答：不是。在国际社交场合，着装应符合国际通用的TPO原则，即要与时间（Time）、场合（Place）、目的（Objective）相符。

8.2 商务人员在国外的日常生活礼仪

古人云：见微而知著。从人们在日常生活中的所作所为，就可以推知其有无教养。外国人对中国人的评价，往往也来源于他们对凡人琐事的观察和概括。商务人员在国外进行商务活动时，应时刻注意自己的一言一行，遵守日常交往礼仪，促进双方建立起友好融洽的商务关系。

8.2.1 遵守日常交往的一般原则

1）遵时守约

遵守时间，不能失约，是国际交往中极为重要的礼仪。参加各种活动，均应按约定的时间准时到达。有约在先而不按时赴约，极易引起对方的误解，有时甚至会被认为是故意冷落对方，因此不遵守时间是一种很失礼的行为。为了杜绝失约，应当采取一些必要的预防措施，例如在约会时，把日期、钟点、地点等确定清楚，并记在自己的日程表或备忘录上，以免遗忘。交通拥挤是现代大城市的通病，应根据实际情况，计算好路上需要的时间。对于正式的宴会、会谈应准时到达。出席文艺晚会、音乐会等，应提前到达，迟到了要等节目间隙时再入场。去机场送行，应尽早提前，要把客人提前出关、上飞机的时间估计在内。万一迟到或失约，要向对方表示歉意，争取对方谅解。如果发生临时情况不能赴约，要有礼貌地尽早通知对方，解释清楚，并以适当的方式表示歉意。

守时守约，并不等于越早越好，而是要按预定时间，适时到达。如果到得太早，主人也许忙于准备工作或做其他的公务，反而会感到不便。

2）尊重老人和妇女

尊重老人和妇女是一种美德，也是很多国家所遵守的礼节。在互相介绍时，一般是向年长者引见年轻人；遇有年长者入场向大家介绍时，年轻人要起立致意；对年老资深的议员、学者给以特别的敬意、待遇等。这些表现了社会对老年人的尊重。在社交场合对女性的尊重主要体现在“女士优先”的原则上：步行时，男士应走在靠车辆行驶的一侧；进门时，男子应将门打开，让女士先进；入座时应请女士先坐下；在楼梯口、电梯口以及其他狭窄的过道上遇到女士，不管认识与否，均应侧身站立一旁，让女士先行等。只有在下车、上楼、遇到障碍和危险时，男士才走在女士的前面，为其开道，保护女士。

但是，在尊重老人和妇女时，也应考虑到各国不同的观念和习俗。中国人以尊老敬老为美德，以“老”字为尊称，而在许多西方国家，老人讲究独立，不愿别人称自己老，不愿别人对自己做不必要的搀扶、照顾，不喜欢人家恭维自己的年龄等。因此，在同西方老年人打交道时应注意这一点。

3）遵守公共秩序

在公共场合里，高声谈笑是一种极不文明的行为，特别是在庄严肃穆的场合，一定要保持绝对安静，不得在聆听他人讲话时随意交谈或翻阅书刊。

在公共场合吸烟者忌对着别人喷烟雾、弹烟灰。在剧场、博物馆、会议厅等禁止吸烟的场所均不得吸烟。在私人住宅或办公室要询问一下主人是否允许吸烟，如果有女士在场，还应征得女士的同意。主人不吸烟，又未请吸烟，或者同座身份高者不吸烟时，最好不吸。

多人在公共场合行走，应鱼贯而行，切忌几个同行者排成一排阻挡他人，也不要在人来人往的大道上几个人谈个没完，妨碍他人行走。西方人认为，即使是亲密的朋友相处也要保持一定的距离，不要与他人靠得过近或以手触摸他人。因此，路遇熟人，如无重要事情，点头致意就可以了，切勿高呼狂叫、拍肩、抚背。

总之，在公共场合要做到尊重别人，不给别人带来麻烦或不便，不干扰别人，不随意发表议论，不随意指责别人，否则将被认为是没有教养。

【小知识8-3】

不要把自己的规矩带到别人的家中。

——俄罗斯谚语

8.2.2 友好地与国外同行共事

首先，应以相互尊重为基础。对于国家元首、国旗、国徽等国家主权的代表或象征，要表现出应有的尊重。因此，在一切正式场合如果遇到升国旗、奏国歌时，都应肃穆致敬。在商务活动中，不以任何方式强制外国同行接受自己的意志，既不要强加于人，也不要强人所难，应采取相互协商的办法，形成融洽的气氛。在与国外同行交谈时，应认真听对方讲话，并用点头、手势等与对方进行交流，切忌随意打断对方的谈话，或者妄加批评、指责。只有真诚地与国外同行共事，尊重对方、理解对方，才能赢得对方感情上的接近，从而获得对方的尊重和信任。

其次，要注意一些工作中的礼节。例如，斋月期间，阿拉伯人有下午不办公的习惯，这期间不应上门洽谈业务；英国人、加拿大人以及法国人等都有在七、八月份休假的习惯，要避免这期间找他们谈公事；在大多数西方国家，圣诞节和复活节前后两周一般不安排或少安排业务洽谈，我们也要加以注意。与外国同行共事不要指望互相帮助，外国人很讲究工作的独立性，不愿意管别人的事，也不愿意别人干涉自己的事，认为那样就好像在贬低自己的能力。

最后，在与外国同行共事时，不要打探他们的隐私。特别是欧美人把隐私权看得很重，哪怕他正在看书，你悄悄地站在他身后，他也会很不高兴，就更不用说涉及工资、年龄、婚姻这些敏感问题了。对女士穿的衣服、佩戴的首饰，即使看起来很昂贵，也非常忌讳询问其质地与价格。谈话时对外国同行的家具、汽车等的式样、价格也不要触及，它们与个人的喜好和收入有关，也属于个人隐私的范围。

8.2.3 尊重当地人的风俗习惯

俗话说入乡随俗，入境问禁。去一个新的地方，应了解当地的风俗习惯、法律规定，了解新环境的禁忌好恶，尽快建立起新的人际关系。

各个国家、各个民族，因为文化传统和民族习惯各不相同，都有一些特殊的风俗习惯，我们首先应表示理解和尊重，而不能大惊小怪和妄加评论。例如，在中国，人们常用大拇指表示夸奖之意，用小拇指表示蔑视之意；日本人则用大拇指表示“老爷子”，用小拇指表示“情人”；而在英国，竖起大拇指则是要求顺路搭车的意思。欧洲人坐着和人交谈时，常常是双腿交叉在一起，而在泰国会见客人时摆出这个姿势，则是一种冒犯。中国和东南亚一些国家有一条规矩，客人进入主人房间要脱帽，可是到了墨西哥，也照这样办的话，将被认为怀有恶意，因为按当地习惯，只有找仇人时才这样做。美国人常将食指和大拇指搭成圈儿，其他三个指头伸直，表示“OK”，是“好”“同意”的意思，然而法国南部种植葡萄的农工在向客人斟献葡萄酒时，如看到这种手势，则认为是“次等品”的意思。这个手势同样不能用在巴西，因为在当地被认为是不文明的动作，也不能用于德国，因为在德国这个手势通常表示“笨蛋”的意思。而在马耳他、希腊等地，这种手势则被认为是恶毒的骂人话。因此，对于当地的风俗习惯若不注意，常常会使当地人误以为对他们不尊重而招来不快。新到一处，应多观察、多学习，不懂的地方要多问，避免因违忌而使对方不快。

观念应用 8-1

美洲某大国总统约翰到泰国访问。会谈时，他当着泰王的面跷起二郎腿，脚尖向着泰王，而这种姿态在泰国被看作带有污辱性的。更糟糕的是在告别时，他竟然以他本国的拥抱礼紧紧拥抱泰国王后，引起泰国朝野的不满。因为在泰国，除了泰王以外，任何人不得触及王后。

资料来源　张彦，韩欲和. 涉外礼仪 [M]. 南京：译林出版社，1993.

分析提示

约翰总统我行我素，在国外按本国礼仪行事，犯了社交礼仪之大忌。入乡随俗，入境问禁才能取得理想的交际效果。

8.3 商务人员在国外谈生意的礼仪

商务谈判，特别是对外谈判，是有关各方交往的重要活动，谈判双方都希望得到对方的尊重和理解，以达成一项对双方都有利的协议。因此，了解不同国家的社会背景、风俗以及谈判风格，掌握在国外谈生意的必要礼仪和礼节，是商务人员必须具备的基本素质。

8.3.1 与欧美商人谈生意的礼仪

欧美商人在某种程度上有一些共性，如时间观念都很强，谈生意时要准时赴约，喜欢与人保持一定的距离，尽量避免身体上的接触等。但在某些方面也有不同，最明显的是欧洲人比较保守，做事毕恭毕敬，一本正经。美国人比较随意，不过多讲究礼仪，与他们打交道不必束手束脚。下面介绍一下与德国人、意大利人、美国人谈生意的礼仪。

1）与德国人谈生意的礼仪

德国人从事商务活动时，特别注重礼节形式。例如，打招呼时，要称呼他们的头衔，如某博士、某经理等，要不厌其烦地使用这个称呼，切不可随意直呼他们的名字。谈生意时，不要和他们称兄道弟，有什么事情可直接交谈，单刀直入，避免过分地恭维对方。同德国人谈话的内容最好不要涉及其他人或国家政事，特别是不能当着这个人的面说那个人的缺点和不足。另外，德国人见面或离开时，握手是没完没了地握了又握。

德国人诚实、守信，与德国人做生意，合同一旦签订，就不必担心对方不守信用，是可以信赖的合作者。德国人很讲究工作效率，有什么事情可直接交谈，避免浪费时间。德国人还非常遵守时间，同他们约会要事先约定时间并准时赴约，因故改变约会要提前通知对方。如果谈生意时迟到，德国商人对你的不信任和厌恶之情就会溢于言表。宴请德国人时，也要预先选好餐厅及做好其他准备工作，不要等德国商人来了再问：“您看我们到什么地方去吃饭？”

在德国人的宴会上，男士要坐在女士和职位较高的男士的左侧，当女士离开饭桌或回来时，男士要站起来，以示礼貌。宴请结束后的两三天要给主人写个便条，表示感谢。应邀到德国人家做客时，可以送些鲜花，千万不能送葡萄酒，因为这样做显得你对主人选酒的品位产生怀疑，这是不礼貌的。

2）与意大利人谈生意的礼仪

意大利人性格直爽，为人正直，他们十分注重礼节。见面时，常习惯行握手礼。商务活动中，总会毕恭毕敬地以“您”字来称呼对方。同时，他们自己也喜欢别人称呼其头衔。意大利人崇尚时髦，对服饰打扮总是格外认真对待，在商务活动中通常着深色的正式西装，衣冠楚楚。

按照意大利的传统习俗，商务会晤应提前预约，但赴约时总习惯迟到几分钟，他们认为这样具有礼节风度。与意大利商人来往，避免在不认识的情况下贸然打电话，可以先通过发信息或电传的方式使对方知道自己，这样做有利于你在对方心中树立良好的印象。

意大利人热情、开朗、情绪爱激动，谈生意时喜欢直来直去、干脆利落，因此跟意大利商人打交道，必须注意彼此间友好关系的建立。谈判时要沉着冷静，不要把关系搞僵，以免影响继续合作。另外，跟他们做生意，最好少用函电的方式，而应亲自出马进行面谈，否则，他们会认为你没有诚意，对其没有足够的重视。与意大利人交谈时，最好不要与他们谈论国体政事和美国橄榄球等话题，可以涉及意大利的美食佳肴、艺术、足球等话题，特别是意大利人很看重家庭，谈论家庭、朋友是习以为常的事，当然，前提是你与他们有了一定的交情。

商务活动中，有时难免要送礼，意大利人对小动物特别感兴趣，尤其爱养狗、养猫，因此，可以送给意大利人带有动物图案的礼物，另外，还可以送花给意大利人，但一定不能送菊花，因为菊花是葬礼上使用的鲜花。除此之外，意大利人还忌讳别人送手帕、丝织品、亚麻织品等。

观念应用8-2

国内某旅行社，有一次准备在接待来华的意大利游客时送给每人一件小礼品。该旅行社订购了一批杭州名厂制作的纯真丝手帕，每个手帕上绣着不同的花草图案，十分美观大方。手帕装在特制的纸盒内，盒上印有旅行社社徽，显得庄重高档。中国丝织品闻名于世，料想会受到客人的喜欢。旅游接待人员带着这批礼品到机场迎接来自意大利的游客。欢迎词热情、得体，气氛融洽。在车上他随后代表旅行社赠送给每位游客一盒包装甚好的手帕，作为礼品。没想到当游客看清礼品后却一片哗然，议论纷纷，显出很不高兴的样子。特别是一位夫人，大声叫喊，表现极为气愤，还有些伤感。旅游接待人员心慌了，好心好意送人家礼物，不但得不到感谢，还出现这般景象，自己在接待中到底是哪里出现了失误?

资料来源　王连义. 怎样做好导游工作［M］. 北京：中国旅游出版社，1993.

分析提示

在意大利和西方一些国家有这样的习俗：亲朋好友相聚一段时间，告别时才送手帕，取意为“擦掉惜别的眼泪”。在本案例中，意大利游客刚刚兴冲冲地踏上盼望已久的中国大地，准备开始愉快的旅行，就让人家“擦掉离别的眼泪”，人家当然不高兴。那位大声叫喊而又气愤的夫人，则是因为她所得到的手帕上面还绣着菊花图案。菊花在中国是高雅的花卉，但在意大利则是祭奠亡灵的。人家怎能不愤怒呢?本案例告诉我们：在涉外交际场合，必须了解并尊重外国人的风俗习惯，才不失礼节。

3）与美国人谈生意的礼仪

总体上讲，美国人的性格外向随和。在非正式场合的交往是非常随便的，朋友之间见面时，只要招呼一声“hello”即可，即使是两个人第一次见面，也不一定要握手，只要笑一笑，打个招呼就行了。但是在正式场合下，美国人又十分讲究礼节，毫不逊色于其他欧美国家。

大多数美国人一般不喜欢用“先生”、“夫人”或“小姐”之类的称呼，他们认为这类称呼太过于郑重其事了。因此，多数美国人，无论男女老少，一般都比较喜欢别人直呼自己的名字，并认为这是亲切友好的表示。值得注意的是，美国人对于法官、高级政府官员、医生、教授等要用正式头衔，如“哈利法官”“布朗医生”，而从来不用行政职务如局长、经理、校长等称呼别人。按照美国社交礼仪，一个男子去访问一个家庭时，若想送名片，则应分别给男、女主人各一张，但绝不在同一个地方留下三张以上名片。当你给美国人送名片时，如果对方没有把他的名片送给你，你也不要不高兴。

美国商界普遍流行早餐和午餐约会谈判，赴约要准时，恪守信用。每次约会，要提前几天预定。取消约会，要及早通知对方并说明原因和诚恳道歉。

现在，越来越多的美国妇女也跻身商界，这些妇女是不喜欢别人把她们当作装饰品的。因此，和美国女商人打交道的最好办法是完全忘掉她们的性别，只当你在和美国男人打交道。如果你想表示对她们的尊重，你可以替她们开门，给她们让座位，但要做得自然，不要使人感到是有意识表露。如果你和她们一起在餐馆就餐，她们想要付账的话，你尽可以让她们付好了。

在美国，一般每逢节日、生日、婚礼时，都有送礼的习惯。圣诞节时互赠礼品最为盛行，礼品大多是书籍、文具、巧克力糖等不贵重的东西。前往美国人家做客，最好带上一点中国特产作为礼物，如中国的茶叶、书签、剪纸等，他们会感到非常高兴。美国人收到礼物时就会马上打开，当着送礼人的面欣赏礼物，并立即向送礼者道谢。

【小知识8-4】

同英商谈判有三忌：一是不要佩戴条纹领带；二是不要以英国皇家私事作为谈论的话题；三是不要直称其“英国人”，而应称“大不列颠人”。

8.3.2 与亚太地区商人谈生意的礼仪

亚太地区是指亚洲和太平洋地区，包括中国、日本、美国、加拿大、澳大利亚和东南亚各国的广大地区。这一地区的文化既有古代文化的深厚底蕴，又吸取和借鉴了至今仍有强大生命力的欧美-大西洋一带的文化精华，使这一地区国家的礼仪存在着很多差异。下面着重介绍一下与日本人、澳大利亚人谈生意的礼仪。

1）与日本人谈生意的礼仪

日本是一个非常注重礼节的国家，日本人所做的一切，都要受严格的礼仪的约束。日本人相互见面都要行鞠躬礼，见面时最普通的用语是"您早""拜托您了""请多关照"等。进入日本式的房屋里，要先脱鞋，脱下的鞋要整齐地放好，鞋尖向着你进来走过的门的方向，这在日本是尤其重要的。在日本，没有主人给客人敬烟的习俗，客人如果想吸烟，要先征得主人的同意，以示尊重。日本人特别讲究给客人敬茶，敬茶时，要敬温茶，而且以八分满为最恭敬。

日本人很重视人的身份地位，在商务活动中，每个人对身份地位都有明确的认识，都非常清楚自己所处的位置及该行使的职权，知道如何谈话办事才是正确与恰当的言行举止。

观念应用8-3

美驻日商务总代表齐默尔曼先生曾讲过这样一个事例：美国一家医药公司准备与日本人谈一笔生意，他们派出一组认为是"最精明的人"来进行谈判。这个小组由一些头脑敏捷的青年人组成，年龄大都在20至30岁。结果他们访日3次，均遭挫折，甚至未能让与他们合作的日方部门首脑听一听他们的意见，更不用说讨论他们的打算与洽谈的具体内容了。在走投无路的情况下，他们找到了齐默尔曼先生，并听取了他的建议，在谈判小组中增补了一名在公司任职25年以上的有经验的人员，职位是公司的副总经理。结果日方立刻转变了态度，双方开始了积极的会谈。

分析提示

原来在日本公司中的负责人，都是年龄较大、经验丰富的资深企业家，他们不相信美国公司派来的年轻人有什么实权，更主要的是，他们感到和"毛孩子"谈判有损于他们的尊严，是对他们地位的贬低。

与日本人谈生意，交换名片是一项绝不可少的仪式。如果初次相会时忘带或不带名片，不仅失礼，而且会被对方认为你不好交往或拒绝与之交往。一般来说，日本人不愿意在未了解对方的地位之前和陌生人交谈。因此，交换名片，不仅是礼貌的需要，更重要的是达到交流效果和目的所必需的。

在日本谈生意，要想很快缩短同他们之间的距离，形成良好的合作关系，在最初的商务会面时，一定要找个中间人，中间人的存在可以使日本商人尽快产生对你的好感和信任，消除对你的戒心。因为日本人对直截了当、硬性推销的做法感到不自在，所以要想排除初次见面的障碍，就去找一个你和日本公司都熟悉和尊敬的第三者，让他来引见双方认识，这时你们的合作会起到事半功倍的效果。

爱面子是日本人最普遍的心理，无论什么情况下，日本人都非常注意留面子，或者说不让对方失掉面子。这在商务谈判中表现最突出的一点就是日本人从不直截了当地拒绝对方。在同日本人谈生意时，日本人讲最多的就是“哈噫”，尽管这个词的解释是“是”，但实际上绝不是表示同意，它只是意味着“我在听着你说”。他们有不同意见时也不愿意当即表示反对，以避免使提出者陷入尴尬的境地。同样，日本人也不直截了当地提出建议，他们更多的是把你往他们的方向引。因此，商务人员同日本人谈生意时，不要直接指责日本人或直截了当地拒绝日本人。如果你不得不否认某个建议时，要尽量婉转地表达或做出某种暗示，也可以陈述你不能接受的原因，绝对避免使用羞辱、威胁性的语言。

除此之外，与日本商人谈生意时还有一些禁忌。例如，同日本商人合影，一般不要3人，因为日本人认为3人合影，中间的人被左右两人夹着，这是不幸的预兆；还有日本人认为“4”和“9”是不吉利的数字，因为日语“4”和“死”发音相同，“9”和“苦”发音相同。

2）与澳大利亚人谈生意的礼仪

澳大利亚人性格开朗，待人热情，行动上较随便。与宾客相见时，总要热烈地握手一番。熟人之间，比较随便地喊一声“hello”，有时干脆连“hello”也不喊，而只是挤一下左眼，就算是打了招呼。有些土著居民的问候方式则是彼此用中指相互勾拉一下。商务交往中，可直呼对方的名字。

澳大利亚人还有一个特殊的礼貌习惯，即他们乘坐出租汽车时，总习惯与司机并排而坐，即使是夫妇同时乘车，通常也要丈夫与司机坐在前座，妻子则独自坐在后座，他们认为这样才是对司机的尊重，否则会被认为失礼。

赴澳大利亚开展商务活动，宜穿正式西装。若是盛夏季节，可不必穿西装，但最好系上领带。澳大利亚人时间观念非常强，会晤前须提前预约，并准时赴约。周日上午是他们习惯去教堂听道的时间，商务会晤应注意避开。在谈判桌上，不要跟他们绕圈子，最好的方法是单刀直入，迅速亮出底牌，因为澳大利亚商人通常不喜欢在讨价还价上浪费时间。跟澳籍英国移民后裔做生意一起进餐时，注意不要在餐桌上提及有关生意方面的事情，这是他们历来十分反感的做法。但是，如果跟澳籍美国移民后裔做生意，则要充分利用在一起进餐的机会与之协商生意上的事情。

【小思考8-2】

和外国人是否可以在餐桌上谈生意？

答：不一定，要视具体情况而定。美国人喜欢在餐桌上谈生意，商界普遍流行早餐和午餐约会谈判。而在澳大利亚，澳籍英国移民后裔则特别忌讳在餐桌上提及有关生意方面的事情。因此，同不同国家的商人打交道，应预先了解其习惯。

8.3.3 与中东地区商人谈生意的礼仪

中东地区主要是阿拉伯人，大多数国家讲阿拉伯语，除黎巴嫩、以色列和塞浦路斯分别以信奉天主教、犹太教和东正教为主外，其他国家主要信奉伊斯兰教。

阿拉伯人十分好客，对来访者，不管自己当时在干什么都一律停下来热情接待，谈判常常被打断，商务人员必须适应这种习惯，学会忍耐和见机行事。与阿拉伯人谈生意，事前要预约，尽管他们缺乏时间观念，会见松散不守时，但作为一个外国商人也要准时赴约。阿拉伯人不喜欢一见面就谈生意，而是花些时间与你谈谈社会问题。有时甚至第一次、第二次会见都不谈生意上的事。因此，与阿拉伯人打交道，必须先征得他们的好感和信任，建立朋友关系，下一步交易才会进展下去。在中东地区，商人们在办公或社交场合，总要喝茶或咖啡，但每人以不超过三杯为宜。当喝完之后，要将杯子转动一下再递于主人，这种礼节动作表示“够了，谢谢”。

观念应用8-4

一位在中东做生意的美国人即将在一份几百万美元的成交协议上签字了，就在此时，他的客户请他吃当地的一种美食——羊头。这位可怜的生意人该怎么办?

资料来源　张彦，韩欲和. 涉外礼仪［M］. 南京：译林出版社，1993.

分析提示

他必须咧嘴一笑，然后强忍着咽下去。如果拒绝主人殷勤好客的表示，可能会使他丢掉这笔生意。

值得注意的是，无论是同私营企业谈生意，还是同政府部门谈判，都必须通过代理商，如果没有合适的阿拉伯代理商，生意很难有进展。这些代理商有着广泛的社会关系网，熟悉民风国情，特别是同你的谈判对象有着直接或间接的联系。通过中间商从中斡旋，可大大加快谈判进程，而且还可以帮助外商安排劳动力、运输、仓储、膳宿服务等事宜。

另外，由于阿拉伯社会宗教与封建意识的影响，妇女的地位较低，一般不会在公共场合露面，因此，最好不派女性去阿拉伯国家谈生意，交谈时也不要涉及妇女问题。商务人员应邀到阿拉伯人家做客，女人不露面，由男人来招待客人。如若不慎问及“女主人身体好吗?”那将是一个大错误。

中东伊斯兰国家的公民多信奉伊斯兰教，吃清真食品，忌食猪肉、甲鱼、螃蟹等他们认为外形丑陋和不洁之物。阿拉伯国家禁酒，因此不能向主人要含酒精的饮料。每逢伊斯兰历9月是阿拉伯人的斋月，在这期间教徒们每天禁食，午后闭门不办公，只有夜间才吃简单的饭食。所以，商务人员要尊重他们的习惯，不要在这期间约谈工作。此外，伊斯兰教规定每天要作5次祈祷，时间一到，哪怕再重要的事情也要放下。如果这时影响谈判，商务人员不要流露出不耐烦或嘲笑贬损的意思，要理解尊重阿拉伯人的习惯和信仰。

8.4 出国（出境）人员常识

商务人员出国（出境），对在国外（境外）的礼节礼仪、生活琐事，如住宿、打电话、交通等问题也要有所了解。例如，住酒店时，不允许在房内洗大量衣物，取用冰箱内的食品酒水时，一般要自己付费等。对这些方面了解得越多，越能避免在国外生活的不便，越能避免与外国人产生误会。下面介绍在几个国家（地区）的生活常识。

8.4.1 赴中国港澳地区常识

1）赴香港地区常识

根据有关规定，从1997年7月1日起，内地因公人员前往香港要持有“往来香港特别行政区通行证”并签注。通行证是发给因公赴港人员的身份证件，签注是发给内地因公赴港人员前往香港的许可。通行证、签注由国务院港澳事务办公室及其授权的地方外事部门签发。

香港是中文及英文都通用的地区，所以在称呼时既有地方习惯，又夹杂有英语的译音。对陌生人一般称“先生”，女士称“小姐”，对政府机关工作人员、警察等可称“阿sir”，女性称“miss”“madam”，工人、工匠等称“师傅”，男侍、售货员可称“伙计”，女侍应仍称“小姐”。

香港最主要的交通工具是地铁。地铁的售票方式有两种：一种是一次单程车票，另一种是储值车票。一次性单程车票或往返车票只在列车发出的当日有效，由售票机发售，是一张质地坚硬的塑料片，上面附有一条磁条，记录了票值及有效时间。储值车票则由售票处发售，票值分70元、100元、200元等，有效期为6个月，可在车票的磁条上自动扣除车费。除此之外，公共汽车、出租车也是主要的交通工具。

走在香港的街道上，护照、通行证之类的身份证应该随身携带，因为你随时随地可能遇上警察的检查，如果你没有带证件，就有“非法移民”的嫌疑。在香港外出时还应常备零钱，在香港坐巴士和打电话都要使用零散硬币，否则，无从下手就只好多花冤枉钱了。在香港街上还不能随意照相留念，因为按当地法律规定，凡是私人买下或租用的地方如店铺、住宅等都属于主人的“势力范围”，必须先得到主人的同意才可拍照。

香港有“美食天堂”之称，各色餐馆不计其数，绝大多数餐馆都可穿便装，只有少数西餐厅需系领带穿西装用餐。香港大多数饭店都在规定的价格上加收10%的服务费，而服务员还希望得到小费。在中高档餐厅用餐一般给10%左右的小费，客房服务给5至10元港币即可，行李搬提给10至20元港币，洗手间服务员、门侍起码给5元港币。

香港货物售出很少退换，因此一定要认真挑选。

2）赴澳门地区常识

商务人员去澳门同去香港一样，均需办理有关手续。

澳门主要交通工具有出租车、公共汽车，另外还有三轮车和自行车。澳门出租车有黑色和黄色两种，其中黄色出租车为电话租车服务，打个电话告知所处位置、驶往地点，10分钟之内出租车便来接你。澳门大部分出租车司机不会讲英语和中文，最好携带地图指明要去的地方。澳门号称“东方的拉斯维加斯”，即东方赌城。1962年澳门政府颁布了《承办澳门娱乐专营合约》，承认赌博业的合法地位，从此赌博行业成为澳门税收、教育经费的主要来源。澳门赌场一年365天全天营业，入赌场不需检查，除21岁以下未成年人、政府官员、窃贼及醉汉禁止入内外，均出入自由。

8.4.2 赴美国常识

近几年来，美国对我国赴美人员一直控制严格，入境手续繁杂，需要过很多关口，如商务部、移民局和海关等都要求填写调查表，因此，填写表格时一定要认真，避免涂改，否则会有麻烦。

在美国，人们十分讲究“个人空间”。和美国人谈话时，千万不要站得太近，一般应保持在50厘米以外为宜。平时无论到饭馆还是图书馆都要尽量同他人保持一定距离。如果是不得已要与别人同坐一桌或紧挨着别人坐时，则应打个招呼，问一声“我可以坐在这里吗?”得到对方的允许后再坐下。

美国对电话的利用率极高，不论买车票、飞机票、戏票，还是看病挂号、入学报名等都用电话预约。机关办公室更是需要电话。除非有要紧东西需面交，几乎所有的人都采用电话预约上门拜访。到美国人家里做客必须先用电话约定，事先未约好而登门是不礼貌的。

在美国乘出租车很方便，招手即停，车费依路程远近及乘客多少而定。坐出租车应给小费，大约是车费的15%。行人只有在交叉路口才可以穿越马路，还要遵守交通信号灯的指示，否则有被罚款的可能。在美国停车必须在指定地点，并且不得超过停车时间，否则也会被罚款。

美国的社会治安并非到处都好。在商店、旅店甚至电梯里都要看好自己的物品，上街时最好由邀请单位的人陪同，并随身携带复印的护照。

美国人最忌讳“13”“星期五”，忌讳有关私人性质的话题，如年龄、婚姻、个人收入等。

8.4.3 赴韩国常识

商务人员去韩国谈生意必须持有我国签发的护照及韩国驻我国使馆发给的签证。到达机场后，应先到机场大厅出示护照和入境登记卡，接受检疫和证件检查。海关以不同颜色的显示灯，指示旅客接受检查。红色灯处检查本国人通行，绿色灯处检查外国旅行团体，橙色灯处检查外国旅行者。通过海关时，要把携带的物品放到检查台上接受检查。

韩国的饭店按其设备状况共分为5个级别，并在饭店正门以国花的数目加以表示，花的数目越多档次越高，与我国用五角星的数目多少来区分等级一样。另外，还有民族风味的旅店“睡地炕”，收费较便宜，一般冠有“××庄”字样，除非出租车司机帮你提行李或者提供了特殊服务。否则，在韩国就餐、住饭店都不付小费，因为在账单中已加收了10%的服务费。

韩国人深受儒家伦理道德体系的影响，至今仍把孝敬父母、祖先，对配偶忠实，对长官和上级忠心以及尊敬老师等作为几种最重要的美德。与长辈同座时，他们总是保持一定的姿势，绝不敢掉以轻心。若要吸烟，一定要先得到长辈的允许。用餐时切不可比年长者先动筷子。韩国人注重礼仪，也希望别人尊重自己，对韩国男士一般称“先生”，对女性则称“小姐”“夫人”，“氏”字无论对于男性女性都可使用，是对人的敬称。与韩国人见面时，男士一般行握手礼，女性用鞠躬礼。无论在什么场合，韩国人都不大声说笑，妇女笑时用手遮掩住嘴。韩国人不喜欢喧闹的场面，虽然他们直言不讳，但不喜欢太鲁莽，他们珍视一种“内在”的气质。

按韩国法律规定，韩国人必须尊敬国旗、国歌、国花。每天下午5时，电台播放国歌，人人都要向国旗敬礼，行人必须止步，影剧院放映前都要放国歌，观众必须起立。外国人在上述场合如表现过分怠慢，会被认为是对其国家和民族的不敬。

韩国人在工作场合或者出席社交活动，一般都穿西式服装，系领带，皮鞋锃亮，显得很庄重。到了节假日特别是元旦、春节等，韩国人无论在家里，还是外出，都换穿上一身韩国的传统服装。在与韩国人的商务交往中，晚上的宴请是少不了的。韩国人认为，让他们的贸易伙伴在异国他乡孤独地待在饭店里，是失礼的。应邀出席宴请时一般不要带夫人参加，而且要做好喝酒的准备。如果双方谈得投机，他们会有礼貌地频频劝酒，如果客人再三推辞，也会引起主人的不快，甚至不欢而散，唯有奉陪到底，一醉方休。席间递东西或接饮料时，要用左手撑右臂或右腕，表示对对方的尊重。与韩国人交谈时，避免谈论政治，不要把韩国和日本进行比较，不要把韩国称作“朝鲜”，可以谈论些韩国文化、国家的经济成就、足球等话题。接受了韩国商人的宴请后，要设法回请一次，表示礼貌。

给韩国人送礼时，可以送鲜花和一些小礼品，特别是具有中国特色的礼品，不要送食物或贴有韩国制造和日本制造商标的东西。韩国人忌讳数字“4”，因为“4”在朝鲜语中的发音、拼音与“死”字完全相同，是不吉利的数字，所以，韩国楼房没有四号楼、旅馆不设第四层、宴会中没有第四桌等。

【小思考8-3】

国外对数字有哪些喜忌？

答：“3”和“7”在东西方国家普遍受到喜欢；欧美人普遍认为“13”是不吉利的，应尽量避开；日韩对“4”特别忌讳。

8.4.4 赴埃及常识

埃及地处非洲，也是中东地区的国家之一，生活习惯同大多数非洲人一样，同时也受伊斯兰教的影响。埃及素有“金字塔之国”“文明古国”之称，是一个很重视礼仪的国家。人们在相互打招呼时，常称对方为“阿凡提”，阿凡提是阿拉伯文的意译，是“先生”“阁下”的意思。同时，他们还喜欢对方称呼自己的头衔。

受传统文化的影响，埃及人时间观念差，很少依照所定的时间行事。他们口头上常常挂着“请等5分钟”这句话，所谓的5分钟，可能就是30分钟也见不到人。搭乘饭店的小型巴士较方便、便宜。街上的流动计程车可以拼车，不用计程表，付款时要加10%的小费。饭店、夜总会账单内已附加了10%的服务费，通常再付5%的小费。

埃及的社交聚会的时间安排比较晚，晚饭可能10点半后才吃，如应邀去吃饭可以带一些鲜花和巧克力，花的颜色忌讳蓝色、黑色和黄色。到主人家时不要赞美女主人窈窕，应称赞她们体态丰满。进餐中忌讳饮酒，但可饮茶。盘里的食物应吃剩下些，这是对主人款待的极好赞扬。与埃及人交谈时可多赞美埃及古老的文明，避免谈论中东政治问题，忌讳谈论与猪、狗有关的事情。他们在握手、递东西时忌讳用左手，因为他们认为左手是用来拿脏东西的，不洁净。与埃及人交往时还应注意他们的手势：用拇指和食指点敲出“达达”的声音，表示他们对话题很感兴趣，完全同意对方的意见；用手指头迅速地刮自己的耳朵，表示话不投机或完全不同意对方的见解；右手抹左手的手背，表示此事与自己无关；两手的手掌朝上，表示疑问；右手掌拍左手掌，或左手掌拍右手掌，表示惊异和奇怪；用手指指着某人，表示对某人的蔑视或看不起等。

埃及人受伊斯兰教的影响，进入伊斯兰教清真寺时，务必脱鞋。星期五是伊斯兰教的休息日，斋月期间下午不办公，因此，这些日子不宜搞商务活动。在埃及，一到下午3点至5点，人们大都忌讳针，这段时间商人绝不卖针，人们也不买针，即使有人愿出10倍的价格买针，店主也会婉言谢绝，绝不出售。

观念应用8-5

张女士是位商务工作者，由于业务需要，随团到中东地区某国考察。抵达目的地后，受到了东道主的热烈欢迎，并举行宴会进行招待。席间，为表示敬意，主人向每位客人一一递上一杯当地特产饮料。轮到为张女士递饮料时，一向习惯于“左撇子”的张女士不假思索，便伸出左手去接。见此情景，主人脸色骤变，不但没有将饮料递到张女士伸出的手中，反而非常生气地将饮料重重地放在餐桌上，并不再理张女士。张女士非常纳闷，及至别人向她说出原委，她方明白过来。张女士懊悔不已，但后悔已晚。

资料来源　金正昆．涉外礼仪教程［M］．北京：中国人民大学出版社，1999.

分析提示

“入乡随俗，入境问禁”是商务人员出国交往的重要礼仪要求。在中东地区，人们认为左手是用来拿脏东西的，不洁净。握手、接递东西时忌用左手。张女士不了解这一禁忌，用左手接拿主人送来的饮料，自然引起主人的不满。

本章小结

商务人员出国应了解我国对出国人员的有关规定和要求，牢记外事纪律，做好安全保密工作，维护祖国的尊严和利益。还应了解所到国家的商务情况和生活习俗，因为世界各国的社会背景、生活习惯不同，使各个国家的习俗、礼节不尽相同。出国前有了这些了解，做到心中有数，可以促进双方关系融洽，避免因缺乏有关知识，做出不礼貌的事情。

办理出国手续一般要有几个程序：(1) 申办护照。中华人民共和国护照是中国公民出、入国（境）和在国（境）外旅行、居住的合法身份证件和国籍证明。商务人员出国必须持有护照，护照应在外交部或省、自治区、直辖市人民政府外事办公室和外交部授权的一些市外事办公室办理。(2) 申办签证。签证是一个主权国家主管机关同意外国人出入、留居或经过其国境的许可证明，和护照同时使用，其形式是在护照或代替护照的证件上加盖印章并签署。(3) 订购机票。商务人员出国前，应根据实际情况选择方便、经济、合理的路线，提前办理订座手续，然后按照民航售票部门规定的期限购票，购票后应仔细核对票上内容有无错误，以免途中遇到麻烦。

商务人员在国外要注意日常交往礼仪，首先，需要遵守日常交往的一般原则：(1) 遵时守约，参加各种活动应按规定的时间准时到达，既不能迟到也不能到得太早。(2) 尊重老人和妇女。(3) 遵守公共秩序，在公共场合不要高声谈笑，不要随意发表议论，不给别人造成麻烦。其次，要友好地与国外同行共事，尊重同行的办事方法、尊重同行的隐私权，以赢得对方感情上的接近和信任。最后，要尊重当地人们的风俗习惯，不说讳忌的话，不做讳忌的事。

商务人员在国外谈生意时，为了达成一项对双方都有利的协议，就要了解不同国家的文化背景、谈判风格等，遵守各国的谈判礼仪。比如，与美国人谈判不必过分讲究礼节，最好提前预约，避免突然造访。谈判过程中不要兜圈子，要干脆利落。与日本人谈生意要特别注意身份地位，尽量安排同职位的人员进行谈判。要了解日本人不愿说"不"的习惯，采取恰当的方法拒绝对方。与中东地区商人谈生意要通过代理商，要注意伊斯兰教教规，如斋月期间下午不许办公，忌猪肉，不饮酒等。

商务人员出国，对在国外的生活琐事、礼节、礼仪要有所了解，避免因准备不周给在国外的生活带来麻烦。比如，赴香港地区要持有"往来香港特别行政区通行证"并签注，在香港要随身携带证件，避免"移民倾向"。赴美国入境时手续很繁杂，在填写各种入境表格时，要认真填写，避免出现涂改。与美国人接触要保持一定距离，不要挨得太近等。在韩国，每天下午5时，电台播放国歌，人人都要向国旗敬礼，影剧院放映前也要放国歌，观众必须起立。与韩国人交谈时，避免谈论政治，不要把韩国和日本进行比较，不要把韩国称作"朝鲜"等。

主要概念

护照　签证

知识练习

▲ 简答题

1) 商务人员在国外日常交往的一般原则是什么？

2）如何与外国同行友好相处？

▲ 填空题

1）出国要严格遵守社交活动日程，不得擅自改变________、增加________或________。

2）在国外要遵守的日常交往的一般原则主要有________、________、________。

3）了解不同国家的、________、________以及________，掌握在国外谈生意的必要礼仪和礼节，是商务人员必须具备的基本素质。

4）美国人最忌讳“________”“________”，忌讳有关私人性质的话题，如________、________、个人收入等。

▲ 单项选择题

1）（　　）人不饮酒。

A．印度　　B．阿拉伯

C．尼泊尔　　D．非洲

2）（　　）人有在七、八月份休假的习惯。

A．英国　　B．美国

C．巴西　　D．日本

3）（　　）人喜欢别人直呼其名，认为这是友好的表示。

A．法国　　B．德国

C．美国　　D．加拿大

4）日本人最忌讳的数字是（　　）。

A．13和5　　B．4和13

C．4和5　　D．4和9

▲ 多项选择题

1）下列物品出国时一般不得携带（　　）。

A．内部机密文件　　B．技术资料和报刊

C．记有内部情况的笔记本　　D．空白胶片

2）商务人员在国外参加各种活动，进入室内场所时应该（　　）。

A．摘帽　　B．戴墨镜

C．脱大衣　　D．戴手套

3）意大利人忌讳别人赠送的礼物主要有（　　）。

A．陶瓷制品　　B．菊花

C．手帕　　D．亚麻织品

4）在美国接受服务后应当支付给其小费的人员有（　　）。

A．政府人员　　B．警察

C．出租车司机　　D．宾馆服务员

技能训练

1）编制一份申办出国签证的程序。

2）列举与中东地区商人谈生意的礼仪。

观念应用

▲ 案例题

一次不成功的合作

美国新泽西州的一家塑料机械公司，收购了德国的一家同类型公司。为了熟悉双方产品，两公司互派工程师。在双方见面相互握手时，美方工程师的另一只手斜插在衣服的口袋里，德方工程师的手只轻点了一下对方的手，彼此之间都显得好像有些冷淡。

有一天，美方工程师和德方工程师共同在声音轰鸣的机房内调试一台新机器，美方工程师高声说："增强压力。"德方工程师把压力增强，并大声问："怎么样？"美方工程师伸出手掌，把拇指和食指相接成环，做了一个手势（在北美各地这种手势用以表示"OK"的意思）。德国工程师看到此手势却一下子呆住了，脸色变得十分难看，突然放下手中的工具，气呼呼地走了。美方工程师非常纳闷。德方工程师找到公司经理，非常气愤地说："我决不再同美国工程师合作了！"为了解事情的原委，公司经理让德方工程师说一下情况。听完德方工程师的叙述，公司经理一下子明白了。原来美方工程师所做"OK"的手势，对于德国人来说，是表示"笨蛋"的意思。

资料来源　阿克斯特尔. 世界礼仪大观——身势语 [M]. 万明玉，译. 上海：上海译文出版社，1998.

问题：

（1）美国工程师犯了什么错误？

（2）结合本案例，谈谈出国从事商务活动应如何做才能不失礼。

▲ 实训题

模拟赴日本谈生意的准备工作。

第9章

世界宗教及习俗

学习目标

知识目标：运用马克思主义的基本理论，正确理解宗教的含义及现阶段国家的宗教政策，了解中外不同宗教的概况、主要节日和习俗。

技能目标：熟悉中外宗教的基本情况、教职及称谓，能够区分不同宗教各自的传统节日和礼仪要求，尊重宗教礼仪，与不同宗教的信教群众友好相处。

能力目标：能够以辩证唯物主义观点对待宗教事务和宗教问题，具有一定的政策水平、礼仪基础，处理好与各派宗教人士的生活关系、工作交往。

【引例】

奥巴马就职用宗教性字眼

据外电报道：美国总统奥巴马前次宣誓就职典礼，吸引数百万人在寒冬中观礼，全球也有15亿人通过电视转播见证这一历史性时刻。但电视主播脱口而出的朝圣、献祭等宗教性字眼，让媒体观察家傻眼。

历届美国总统就职日当天，一早就有传统礼拜。20日奥巴马和副总统拜登在教堂礼拜后才到白宫。奥巴马宣誓时，他的太太米歇尔手捧林肯总统就职时使用过的《圣经》，让奥巴马左手按在《圣经》上跟着大法官念出誓词。奥巴马显然也在这个全球瞩目的过程中注意到各宗教派别的不同意见。他用全名“贝拉克·侯赛因·奥巴马”让穆斯林感到安慰，念完誓词后他依历届传统，加上一句：愿上帝助我。

或许这样的传统再加上史上第一次这么多人共同见证，一向标榜客观独立的美国媒体也身浸在神性感动之中，哥伦比亚广播公司的皮茨形容奥巴马就职时全场的肃静——“现场宛如全国的布道坛，礼拜仪式连绵数里。”美国广播公司记者麦弗登形容当天舞会炫眼耀目时，她用“majesty”形容白天的就职典礼庄严之美，而事实上，“majesty”源自于上帝的伟大。

在现代商务活动中，为适应市场经济发展的需要，商务人员了解和熟悉一些有关的宗教知识（包括宗教的节日、主要宗教的习俗）是必要的，尤其在改革开放日益深化、交易对象日趋繁杂、国际市场逐渐一体化的今天，这些知识的需要更显得突出。学习本章内容，应当坚持辩证唯物主义和历史唯物主义的观点。宗教在人类社会生活中曾经发挥过并仍在一定程度上发挥着重要影响。唐代的僧一行，既是和尚，又是天文学家。早期来华的利玛窦，既是传教士，也是数学家。古代医巫不分，化学与炼丹混淆。还有《红楼梦》《西游记》等名著，但丁、达·芬奇的诗画，中国的封建史、欧洲的中世纪……总之，试想如果我们完全不知宗教为何物，便很难去理解、消化这些历史内容，当然也就难以做好现代商务工作，也无助于团结众多信教群众，广泛开展国际文化交流以及同各国人民友好往来。

9.1 宗教概述

宗教是一种世界性的社会现象和文化现象。辩证唯物主义揭示了宗教的实质，认为**宗教**是统治人们的自然力量和社会力量在人们头脑中的虚幻的颠倒的反映，是以对超自然实体的崇拜来支配人们命运的一种社会意识形态。信仰和崇拜偶像是一切宗教的共同特点。人类社会出现以后，宗教就一直是人类文化的主要载体之一，世界上各国、各地区和各民族中，信仰各种宗教的人数占世界总人口的60%以上，所以，它不仅是一种社会意识现象，而且是渗透到世界政治、经济、文化生活中的一种有组织的社会力量。

宗教现象，本质上是一种对客观世界歪曲反映，是唯心有神论的世界观。它来自原始人类在自然界力量的压迫下产生的对自然现象的神秘不安感，也来源于阶级社会的阶级压迫和剥削制度所造成的社会苦难，当人们在感到绝望和无法摆脱时，便寄希望于神灵或偶像。可见，宗教是历史发展过程中的产物，它也必将会伴随着人类社会进步、科学昌明的步伐，历史地、必然地消亡。目前社会发展阶段中，产生宗教的原因还未完全消除，有些人的头脑里，宗教意识仍然存在，并且影响着人们的社会生活和经济生活。

我国宪法明确规定“中华人民共和国公民，有宗教信仰的自由”“国家保护正常的宗教活动”。我国宗教信仰自由政策，就是将是否信仰宗教这一问题作为公民个人的私事，作为公民个人自由选择的权利来看待。在我国，信仰各种宗教的群体有一亿多人，因此，在商务活动中，应充分留意了解有宗教信仰的交往对象，并尊重他们的宗教礼仪和习俗，涉外商贸活动，亦应如此，具体来说：

第一，尊重宗教徒的宗教信仰。这就需要商务人员平时对不同宗教的常识、礼节、禁忌以及宗教信仰相关的内容有所了解，以免在不经意中误说误做。**宗教礼仪**，是宗教信徒在长期活动中形成的体现宗教内容的行为规范和习俗，是宗教思想的表现形式。多数宗教徒的宗教观念实际上都是从具体、直观的宗教礼仪及各色宗教习俗中熏陶培养得到的。我们说尊重宗教徒的宗教信仰，直接就表现为对其宗教礼仪的尊重。

第二，不干涉正常的宗教活动。我国是一个多民族的国家，各个民族都有本民族独特的宗教信仰和各不相同的宗教礼仪。宗教徒出于信仰的需要，在合法的宗教活动场所进行正常的宗教活动，比如庆祝宗教传统节日、正常的诵经、布道、弥撒、封斋等，只要坚持宗教同政权、司法、教育分离的原则，都受法律保护，其他人不得干涉。商贸人员对于不同民族和地区的风土人情，包括含宗教色彩的婚丧仪式和群众性活动，可入乡随俗，没有必要"看不习惯"、说三道四，更不能强加干预。

第三，涉外业务中，对于外宾的宗教信仰不加非议。改革开放以来，我国对外贸易活动不断扩大，和外国客商交往的机会增多。在与外商的商务洽谈和日常接触中，最好不要直接打听或议论宗教信仰问题，更不要妄加评点，国外的宗教派系繁多，即使是同一宗教，在表现和礼仪方面，各国也各有差别。同一宗教还存在不同的分支教派，不仅对教义的理解不同，而且可能还存在很大分歧，乃至尖锐矛盾。商务人员对于这些不清楚的，可以索性不谈。

【小思考9-1】

有人说，宗教是错误的世界观，我们为什么还要了解它呢？

答：因为产生宗教的原因还尚未完全消除，依据法律，人们有宗教信仰自由的权利。我们了解宗教及其礼仪知识，不是为了去信仰其宗教具体内容和形式，而是为了与那些有宗教信仰的人士相互尊重，友好交往，做好包括商务活动在内的各项工作。

宗教在世界各国目前仍是一种普遍存在的社会现象，种类繁多，门派各异，但最有影响的主要是三大宗教，即基督教、伊斯兰教和佛教。我们下面，分别介绍这三大宗教的概况和基本习俗及主要节日。

三大宗教简况见表9-1。

表9-1 三大宗教简况

宗教名称	发源地	产生时间	崇拜对象
佛教	古印度	公元前6—5世纪	佛、释迦牟尼等
基督教	巴勒斯坦	公元1世纪	上帝、主、耶稣等
伊斯兰教	阿拉伯半岛	公元7世纪	真主等

9.2 基督教

世界三大宗教之一的基督教，目前在全世界有信徒10亿人左右，分布在150多个国家和地区。基督教起源于公元1世纪，相传创始人耶稣是上帝所差遣的救世主，来人间拯救人类，由于叛徒犹大的出卖，耶稣在耶路撒冷受难，被罗马总督钉死在十字架上。从此，十字架成了基督教的标志，耶路撒冷成了基督教圣地。

9.2.1 基督教概况

基督教以《圣经》为信仰基础。由于基督教内部派系的原因，对基督教的基本教义，存在着理解上的不同。如天主教坚持《圣经》要由罗马教廷解释，而新教则主张《圣经》是它唯一的权威。但各派亦有信奉的一般准则，大体是：第一，创世说，即宇宙是由一个神（或上帝或天主）创造的，因而是天地万物的主宰。第二，原罪与救赎说，即人类始祖亚当和夏娃，违背上帝旨意，偷吃了伊甸园中“知善恶树”上的果子，形成了世代相传的罪过，称为原罪，所以人们必须忍受一切苦难，靠救世主耶稣为人去赎罪。第三，天堂地狱说，即现世是罪恶的渊薮，只有信神赎罪，才能够前往天堂。第四，卑懦说，即号召信徒“要爱你们的仇敌”，颂扬怯懦自卑，宣扬忍辱驯服，接受上帝、掌权者的统治和教化。服从神的安排，死后灵魂才能升入天堂，否则，要受到末日的审判，被打入地狱。

狭义的基督教，实际上就是指新教。它的主要特点是否认罗马教皇的绝对权威，拒绝罗马教廷的统一领导，主张教会制度多样化，要求简化宗教仪式，废除神职人员不得婚娶的规定，同时要求取消圣像和圣物崇拜。

从形式上讲，基督教（新教）和天主教也不一样。比如，基督教《圣经》中的“旧约”有39卷，而天主教则有46卷；基督教称至上的神为上帝或就叫神，而天主教则称之为天主或就叫主；基督教的十字架上没有耶稣受难的形象，而天主教有；基督教不供奉圣母，而天主教则供奉圣母；基督教经常的崇拜活动为礼拜，形式灵活多样，而天主教的主要崇拜活动为弥撒，程式是完全固定的；基督教礼拜的主要内容为讲经，而天主教则每天都做弥撒，除正台弥撒外，平时一般不讲经；基督教称教堂为礼拜堂，且教堂内大多不设圣所、祭台，仅有十字架、烛台、花瓶等简单布置，而天主教称教堂为天主堂，堂内设置圣所、祭台、点长明灯，普通教徒不得入内；基督教徒祷告时，不一定要下跪，忏悔时，不需向神职人员告解，画十字时无须蘸圣水，而天主教堂内则必须备跪凳、告解亭、圣水缸等设备，为教徒使用；基督教神职人员的圣衣，形式不一，比较简单，而天主教神职人员的圣衣，则从形式到色彩都规定严格，总体来说比较华美。

世界各国的东正教在组织上是独立的，但各国东正教不定期地召开最高会议，彼此间仍有松散的联系。按照传统，君士坦丁堡主教拥有东正教普世牧首的称号，但对其他独立教会并无管理权力。由于东正教主要流行在东欧、中东地区，在我国传播不广，所以其影响远不如基督教中的新教和天主教两支。这里不做专门介绍。

基督教传入我国的时间，在公元3世纪前后。到1582年，传教士利玛窦来华，传播基督教（主要是天主教）精神，同时学习中文，先后在澳门、韶州、南昌等地活动，最后定居南京。西方传教士活动在清初受挫，列强的炮舰政策及传教士与殖民者的沆瀣勾结，激起了我国人民的英勇反抗。中华人民共和国成立以后，1954年新中国基督教实行了“自治、自养、自传”的三大原则，和罗马教廷及美国政府的反华反共政策作斗争。党的十一届三中全会和改革开放以来，基督教逐步恢复正常活动，党的宗教政策逐渐落实。中国基督教在鼓励信徒参加为世界和平祷告、开展对外友好往来、促进中西信徒间的了解和友谊、推动完成祖国和平统一大业、为和谐社会的文明建设贡献力量等方面，也在发挥着有益的作用。

【小思考 9-2】

怎样认识和区分基督教的教派？

答：基督教实际上是个统称，它包括天主教（又称公教）、东正教（又称正教）和新教（又称耶稣教，是于16世纪宗教改革运动中脱离天主教而形成的新宗派，或其中不断分化出的派系的统称）。在我国，新教往往被独称为基督教，公教则单指为天主教，东正教人数不多，较集中在东北和新疆一带。

9.2.2　基督教的基本习俗

基督教各派系因为对《圣经》的理解有分歧，加之各派形成的历史背景各异，由此造成了彼此间的制度和习俗也不尽相同。这里主要介绍一些新教和天主教传统的基本习俗。

1）基督教（新教）基本习俗

（1）神职和称谓

基督教设有主教、牧师、长老、执事、传道员等神职人员，其中主教是实行主教制的教派中职位最高的神职人员，有权主持各种宗教活动；牧师是大多数教派都设有的职位，他是主持宗教仪式、管理教务的主要神职人员；长老是教会的负责人和领袖；执事一般不主持宗教活动，只是协助教会牧师、长老管理教会事务；传道员在教会中协助牧师、长老的宗教活动，其具体工作是传道，向信徒和慕道友们讲述、解释《圣经》教义和信条。

基督教内部众多教徒，往往不以年龄、性别、辈分相称，而自称是上帝的罪人，教徒之间互称兄弟姐妹。对教会的神职人员，可以他们所担任的教内职务，再加上其姓氏相称。对传道员，分别男女，称为“先生”“小姐”即可。

（2）祷告

宗教各派都有祷告要求，在基督教徒的信仰生活中，祷告也是一项不可缺少的仪式，表示教徒与“上帝”讲话。其内容为祈求、感谢、悔罪、恳求上帝赐福等。祷告没有固定的形式，单个信徒内心默诵也可，大家聚在一起朗诵也可。每周一次的礼拜，大多数信徒集中于教堂里，祷告是必有的程序之一。从时间上划分，祷告有早祷、晚祷，或遇特定事（如探望病人、婚丧、嫁娶等）祷告；从形式上划分，有公众祷告、个人祷告，还有同声祷告、默祷，甚至还有哭叫祷告的；从祷词内容上划分，有按现成的成文祈祷和随心随口祈祷两类。需要有牧师作为领祷人主持的祈祷，祈祷完毕，参与者应同声表示诚心所愿，齐呼“阿门”。祷告时，要求严肃认真，不要随意走动出入，也不能彼此交谈，保持庄重气氛。非教徒找人，一定要等待祷告结束方可进入。

（3）礼拜

礼拜是基督教的主要宗教活动，通常每星期日一次，在教堂进行。依据《圣经》记载，大多宗教派系，都在耶稣基督星期天复活日进行礼拜，所以又称为主礼拜日。礼拜由牧师主礼，内容包括唱赞美诗、读经、祈祷、讲道、祝颂等。除星期天的常规礼拜外，遇有一些特殊情况时，也可安排专门的礼拜，比如婚礼、葬礼、感恩等，不同的是，专门礼拜比常规礼拜的人数和规模都要小一些。

基督教礼拜时，非信徒群众进入教堂，一般不受阻止。但非教徒入内参观，应保持衣着整洁、谈吐文明，不可在教堂内外嬉笑打闹，更不能对基督教徒的宗教活动评点讥讽，要注意祷告或唱诗时场内的气氛，不要与基督教徒讨论“上帝”的可信与否，更不能以此为玩笑伤害基督教徒的感情。对牧师的讲道，听不听，由各人自便，却不可在教堂里喧哗，更不要以自己的认识（如无神论思想），在教堂内与人辩论。如果觉得实在不合自己的意愿，可安静、礼貌地退场。

（4）洗礼

成为基督教徒，必须领受的第一件圣事，即为洗礼。经过洗礼之后，才可以成为基督教的正式教徒。据说，这是耶稣立定的圣事，可以赦免入教者的原罪等，并据此今后有权领受其他的圣事，接受上帝的恩宠。成人洗礼之前，必须经过基本教义的培训和考试（考信德），合格后，方可接受洗礼。

在西方信教的家庭，通常在孩子出生时就为其施洗。民间的风俗要求，从一开始就得重视洗礼的每个细节，比如孩子的洗礼一般不在新建成的教堂里进行，认为这里缺乏灵气和声誉，尤其是不要让自己孩子成为新教堂的第一个受洗的人。为孩子选择教父、教母，不能是已订婚的一对男女，也不要请孕妇做孩子的教母。他们相信，如能设法请到来自两个不同教区的教父、教母，孩子则会长命百岁。受洗前，不要让孩子戴刻有自己名字的珠宝饰物，受洗时，别叫孩子的名字。牧师注在孩子脸、额上的圣水，千万不能随意抹掉，这样做被认为不吉利。而此时，如果孩子哭了起来（并非有意弄哭他），则被认为是“魔鬼正在被驱逐出去”的好兆头。

【小知识 9-1】

洗礼的方式有三种：一种是注水礼，即主礼者（如牧师）用贝壳或浅碟往受洗者额上倾注少许水，让水从额上往下流，同时，口诵经文。另一种是浸水礼，又称大水洗，即主礼者手扶受洗者，让他全身慢慢浸入水池中片刻，同时，口诵经文。还有一种是点水礼，类似注水礼，即由主礼者口诵经文，用手蘸圣水，点在受洗者的额上或头上。

（5）圣餐

圣餐是基督教的主要仪式之一，起源于《圣经》中耶稣和众门徒共进最后晚餐的故事。据传，当时耶稣拿起饼和酒祝圣时，对大家说“这是我的身体和血，是为众人免罪而舍弃和流出的”，然后，分给众人领食，并要求后世信徒也要经常以这种方式来记住他。由此沿传下来，成了基督教的主要仪式了。具体做法在新教、天主教、东正教中各有差别，但都经过主礼人对面饼和葡萄酒进行祝祷，然后分给正式信徒领食（非正式信徒，一般不领圣餐）的过程。它们差别在于：一是提法上有异。新教称圣餐为“神交圣礼”，天主教称之为“圣诗圣事”或“弥撒”，东正教称之为“圣体血”。二是做法上有异。天主教坚持用无酵饼，东正教主张用有酵饼，而新教则认为有酵无酵的饼都可用。另外，天主教坚持信徒和神职人员要有区别，认为非神职人员不能领受祝圣后的葡萄酒，而新教和东正教则主张教内参加圣餐仪式者，都一样能同时领受面饼和葡萄酒。教徒如违犯了教规，牧师要停止他的圣餐，以示处罚。

2）天主教（公教）基本习俗

（1）神职及称谓

天主教是罗马公教在中国的名称，中心设在罗马城西北的梵蒂冈，是一个具有严密组织的国际宗教团体。教皇是天主教的最高首领，因此他是“基督在世的代表”，所以在信仰和伦理上都是“永无谬误的”。其组织形式，采取封建君主集权制，管理着世界各地的天主教会和教徒。

凡有天主教徒的国家，均被教廷划分为若干个教省、教区，由教廷任命的神职人员管理。神职及称谓主要有枢机主教（又称红衣主教）、首席主教、祝圣总主教、总主教、主教、司铎（又称神父）和修士、修女等。枢机主教由教皇任命，可当选为新教皇，一般都担任着各国教会的重要职务。首席主教为天主教势力较大的国家里天主教会的首领。祝圣总主教有监督各级神职人员行使职权和批准主教会议决定的权力。总主教是负责一个教省的主教。主教则负责一个教区。司铎（即神父）通常在基层教堂，直接管理教徒，进行传教活动。修士、修女是终身为教会服务的传教人员。

（2）祈祷

广义讲，祈祷和基督教的祷告基本上相同，都是和耶稣（天主）交流，或呼求，或感谢，或赞美等，但礼仪要求比基督教祷告要拘谨些。天主教徒祈祷时，基本的仪态为两手合十，两脚相并，端正跪地，将双臂置于跪坐上面，心清意净，口念经文。日常的祈祷中除符合基本的仪态外，有时面向十字架上的耶稣站立，默祷沉思，有时在不影响其他教徒的前提下，伸举双手，痛苦流泪，还有因深深悔过而出声哀求天主等情况。在教堂举行祈祷时，则更讲究仪态，信徒们要心专神注，坐有坐相，站有站样，跪有跪法，仪态端庄。教堂祈祷对教徒衣着好坏，虽不做规定，但一定要整洁干净，不能显露出疲沓懒散的样子。在天主堂内，应做到保持肃静、不喧哗、不吸烟、听从指挥。

祈祷的仪式，可分为行圣号经、行屈膝礼、跪拜和拜圣体几个部分。所谓行圣号经，简言之，就是边画十字边诵经的过程。画十字一般为三次，从额上开始，画到口唇处，最后画到胸口上。所谓行屈膝礼，指进入天主教堂后，先蘸圣水画十字，然后面向祭台上的耶稣弯曲一下右膝，经示敬拜行礼，最后找一个位置或坐或立，在唱诸如《福音经》时，大家随主礼者行屈膝礼。所谓跪拜，是指教徒双膝跪下，礼拜天主，这一礼仪应用的场合较多，有时全台弥撒，除了诵吟《福音经》时站立外，都是一直跪着。所谓拜圣体，又称拜圣堂，指教徒去天主堂叩拜圣体中的耶稣，以表爱戴钦敬，此时，一般应跪着默诵几遍《天主经》《圣母经》等。

（3）弥撒

基督教称此为圣餐，天主教则称此为弥撒，他们认为举行此仪式，是以不流血的方式，追忆耶稣在十字架上对圣父的祭献。神父、主教一般为弥撒的主礼人。主礼人在上祭台前，应先洗手，戴方领（一块正方形白布，依礼仪程度，最后系在颈项上），穿长白衣，系腰带，戴手带（两片连在一起的，绘有十字图形的绸布），佩领带（一根绘有十字图案的宽长带子，挂在颈项上，直垂到膝盖），披好圆领敞开的精美祭服，然后捧起“圣爵”走上祭台，开始举行弥撒。

如果是做大礼弥撒，主教通常要穿红色袜子、白色绣鞋，戴着绣有“十”字的白手套，右手上还戴有宝石戒指（戴在第四指上），胸前挂上十字架，头戴一尺来高的尖角盾形、上绣彩色十字图案、前后两叶相连、后叶两边各垂穗带的主教冠冕，手执身高的金属手杖（称权杖），它象征牧放教友群羊的权威。这些礼仪，有些还需要辅礼者相助完成。这一切完成后，主教起步缓行，举右手，祝福教徒。到达祭台前，须脱冠、释杖，向圣体屈膝敬礼、画十字，随后便开始弥撒。

天主教规定，主教和神父在弥撒时即可领取圣体（无酵饼）与圣杯（葡萄酒），而教徒则只能领取圣体，不能领取圣杯。

（4）圣洗与坚振

圣洗，亦即洗礼。《旧约》中指明，此举是为了教徒的清洁卫生。“施洗者约翰”就曾在约旦河里为耶稣施洗，后来衍变为入教仪式。天主教的圣洗大体分为六步，即考问礼、圣道礼、忏悔礼、注水（浸水）礼、敷油礼及最后的礼成式。

坚振礼，意指坚固信仰，振奋信心，勇于为基督教作见证的仪式，又称坚信礼，一般在圣洗后不久进行。坚振礼的仪式，一般可分为两阶段：第一阶段是覆手礼。过程为主教穿戴齐整，披咖叭、戴高帽、执权杖，走向祭台。然后脱帽、释杖，转身面向跪着迎领坚振的教徒，以双手摁于其头上，口诵经文。礼毕，受礼者齐答“阿门”。第二阶段是敷油礼，即主教以右手的拇指蘸坚振圣油，在受礼者额上画十字，同时念“请借此十字印记，领受圣神”，受众再答“阿门”。然后唱圣歌、祈祷，最终礼成，散去。

（5）婚配、告解与终传

天主教认为，信徒的婚姻是件圣事，一般需在教堂内，由神父主礼，按教会规定的仪式才可结为正式夫妻。这种仪式，一般在弥撒中间举行，也可在弥撒外单独进行。婚礼仪式的主要过程为：由神父分别询问男方、女方是否愿意结为夫妻，得到双方都肯定的回答后，主礼人即诵念规定的经文，宣告“天主所配合的人，不能分开”，接着为双方祝福，新郎、新娘互换戒指，接吻，并发誓。整个过程气氛凝重而热烈，教堂敲钟，亲友撒花，加念经文或欢唱圣歌。基督新教虽也有此礼但不视其为圣事。告解，是指真心悔罪，坚决改过之意。天主教信徒有违反良心、教规及纪律行为时，按天主教要求，应该向神父讲清告明，深刻反省进行忏悔，以求得到天主的赦免，使自己得以解脱。其具体仪礼为：听告的神父端坐于告解亭（木制的搁架）中，教徒在做了自我省察之后，以忏悔的心情，把事情的全过程无保留地讲给神父听完，然后神父训勉其悔过，真诚嘱其不得再犯，指点如何去做补赎的善功，赔偿因罪而使之受害的人和事。最后神父念《赦罪经》，举右手赦罪，祝其安。至此，圣事完成。神父有责任对告解内容保守秘密。

终传，是天主教徒在他临终时，由神父为临终人的额上和手上敷搽圣油的一种圣事。因临终人时间有限，仪式进行都比较简短。其主要过程是：由身穿短白衣、佩丝带的神父，把十字架递给临终人，并用简洁语言施以抚慰，提醒教徒仰望天主。如时间可能，还劝其临终告解，以求灵魂安妥。接着，神父用右手拇指蘸圣油，给教徒敷搽，同时念经文祈祷。最后举起十字架做十字圣号，借此赋恩于斯，赦免罪过，以减轻临终者的神形困苦，赐他内心平定，安心离开这个世界。

9.2.3 基督教的主要节日

宗教节日，由于紧联社会公众，其影响范围已不只在于教派本身，实际上它随历史的长期发展，有着深厚的民俗积淀和群众基础，并广泛渗入社会生活，已衍变成为大众都关注的日子。由于基督教和天主教，还有东正教，属同源一脉，在主要节日上基本是一致的，这里将不再区别介绍。

1）圣诞节

圣诞节是基督教纪念耶稣基督诞生的节日，是基督教重要节庆之一。因《圣经》没有明确记载耶稣生日，教会规定：从公元354年开始，每年的12月25日为圣诞节。这一天正是罗马帝国太阳神的诞生日，意为耶稣的诞生，就是太阳的再生。依据耶稣是诞生在夜里的说法，圣诞节的庆祝活动，是从12月24日午后就开始了。圣诞节是个狂欢夜、欣喜夜，有“报佳单”“唱圣诞颂歌”“扮圣诞老人”等许多活动。据说，圣诞老人名叫圣尼古拉，是一位白胡须、穿红袍、戴大皮帽的胖老人，每逢圣诞夜，他就驾驶着鹿橇，从北方来，从烟囱进入各家各户，把孩子们喜欢的玩具、糖果等礼物，悄悄地装进挂在炉前的新长筒袜内，最受儿童的欢迎。

圣诞夜各家要聚餐一次，点亮圣诞树，聆听教堂洪亮的钟声，餐桌上布满丰盛食品，其中火鸡是圣诞大宴上必不可少的，所以又叫圣诞鸡。此外还有羊羔肉、葡萄干、果饼、布丁等，家家欢喜，户户开怀，欢乐之情，如同我国春节。圣诞节已成为大多数国家全民欢庆的民间节日。改革开放以来，我国年轻人中间亦有互致圣诞快乐的做法。

圣诞通常从12月24日到新年1月6日连续两个星期的时间，往往和欢乐的新年活动融合在一起，由于东正教所采用的历法不同，大约相当于公历圣诞后的10天，才为他们的圣诞节。每年的圣诞节期间，也是市场商务繁忙的时期，在搞好庆祝活动的同时，适应圣诞礼仪，抓住圣诞商机，意义不容低估。

2）复活节

复活节是基督教的又一重要节日，是为纪念耶稣复活而进行的庆祝活动。据传说，耶稣基督被钉在十字架上后，于第三天复活。公元325年基督教尼西亚会议规定每年的春分月圆后的第一个星期日为复活节，即在现行的公历3月22日至4月25日之间（东正教则因历法不同，约推迟两个星期）。

复活节在基督教徒众多的国家中，是仅次于圣诞节的第二大节日。为了庆祝节日，许多国家都放假若干天，家中亲人得以团聚，好友之间互致祝贺。长辈会买些鸡蛋形、小兔形的巧克力等礼品，装进小篮子里送给孩子们。传说鸡蛋象征生命，兔子也常被看作生命的象征，以此寓意耶稣的复活。

复活节期间教会都举行盛大而隆重的纪念仪式，教徒们相遇时，都互道“主复活了”。复活节晚宴也是丰盛的，传统主菜为羊肉和熏火腿。基督教徒把羔羊看作耶稣献身的象征，把猪看成是幸运的象征。现在每逢复活节，有些西方国家都传统地举行庆祝游行活动，人们相互赠送象征生命和繁荣昌盛的复活节彩蛋，气氛欢闹热烈，教会吸收新教徒的洗礼仪式，也常安排在这天进行。

相比而言，复活节较圣诞节的宗教色彩更浓，时间上已过了新年，所以波及面没有圣诞节广泛，只在信教的国家和信教的人群中有庆祝。

3）受难节

受难节，指耶稣遇难纪念日，是基督教又一重要节日。据《圣经》记载，耶稣遇难于星期五，时间依复活节反推，即复活节的前两天为受难节（因为耶稣死后第三天复活）。在这一天，耶稣因门徒中的犹大出卖，被罗马帝国当局钉死在十字架上。

对于耶稣受难日，西方国家习俗不一，有的认为“既为受难，当然不吉”，因此，在这一天他们认为理发、洗衣、打扫室内卫生、给马匹钉铁蹄，甚至做与指甲有关的任何事情都是不明智的。有的认为“遇难尽管不好，但这一天对某些事来说，却是一年中最适宜做的”，如播种“欧菜”（据说一年中除受难节这一天外，其他日子播种都会给牲畜带来死亡），又如，据说这一天给婴儿断奶，会给孩子带来幸福的机会。

许多地方，不同的教派都会在耶稣受难日这一天联合举行礼拜，以示团结。

4）主显节

主显节又称显现节、三王来朝节，指的是“耶稣曾三次向世人显示其神性”。据《圣经·新约》记载，第一次显现是耶稣诞生时，东方天空出现异星，引领东方三博士前往朝拜，他们见了卧于马槽中的耶稣，献上黄金、乳香和没药三样礼物，这次显现他是基督。第二次显现是他开始受洗时，圣灵如鸽子，降临在他的身上，天空中回响的声音说：“这是我的爱子，我所喜悦的！”这次显现他是上帝的儿子。第三次显现是在参加迦拿城的婚宴时，他将水变成酒，这一次显现出他的荣耀。

公元4世纪，天主教教会正式定1月6日为主显节。每年的这一天，教堂都要在搭好的圣诞假山马槽中，特塑三王朝圣献礼的像，并做弥撒，当神父读经读到“他们三王见到婴孩（耶稣）和他的母亲马利亚，就俯伏朝拜”时，全体人员也要随之一起伏身，肃然下跪恭拜。

主显节到1月8号以后，随一年一度的圣诞节结束而结束。东正教仍因历法不同而顺延至1月18日到1月20日前后才结束主显节的活动。

与基督教徒交往的礼仪见表9-2。

表9-2 与基督教徒交往的礼仪

进入教堂	基督教在教堂举行宗教活动时，允许非基督教人士入内，但非教徒进入教堂后，要保持肃静气氛，不可大声谈笑嬉戏，也不可鼓掌吹哨；若教徒唱诗，非教徒可以不出声，但应同样起立；遇到圣餐礼拜时，非教徒应婉言谢绝
尊重信仰	不要与基督教徒在任何地方争论宗教的教义、《圣经》的内容、上帝的故事等，不可说些可能伤害基督教宗教感情的话，也不可对基督教内部不同派别、派系的做法加以评点比较，厚此薄彼
注意习惯	向基督教徒送礼要避免有其他宗教的标志或神像；如旅游途中遇到寺、观等，可征求同行基督教徒的意愿，吃、住、行各随其便，不要强劝；在耶稣受难日期间或星期五或13日，不要邀请基督教徒参加私人的喜庆活动

9.3 伊斯兰教

伊斯兰教大约在公元7世纪初产生于阿拉伯半岛上的麦加城，距今近1 300年，是一种较“年轻”的世界宗教。目前它分布在亚洲、非洲，特别是西亚、北非一带，近年来在西欧和北美也有传播。世界上有近40个国家的伊斯兰教教徒，各占其全国人口总数的半数以上。在我国的多民族中，亦有10个兄弟民族约千万人信仰伊斯兰教。1953年，我国成立了伊斯兰教协会。

9.3.1 伊斯兰教概况

伊斯兰教以《古兰经》为信仰经典，基本教义是信奉安拉（又叫真主）为唯一的神，同时，还要求教徒无条件地顺服安拉的使者穆罕默德。“伊斯兰”一词，是阿拉伯语的音译，意为“顺从”。对信仰伊斯兰教的人，一般称为“穆斯林”或“穆民”，意为“虔诚者”。

伊斯兰教的基本教义，由宗教信仰、宗教义务、善行三部分构成。宗教信仰（伊玛尼），指教徒应当信安拉、信天使、信经典、信先知、信后世。宗教义务（仪巴达特），指教徒信仰伊斯兰教必守的五项基本功课，即念、礼、斋、课、朝。善行（伊赫桑），指教徒在宗教上必须遵守的道德规范。三部分中，宗教信仰属世界观、理论和思想认识，宗教义务和善行则属于实践和行为规范。

伊斯兰教十分强调教徒要严守功课，这亦是穆斯林必须履行的宗教义务，简称为五功。念功是五功之首，就是庄重而严肃地用阿拉伯语念作证词，又叫清真言，这是伊斯兰教信仰的核心，承认安拉是独一无二的，穆罕默德是安拉的使者，教徒一生每日都要常念，临终也不停。礼功为礼拜，教徒必须每天分别在晨、晌、晡、昏、宵5个时间内面向麦加方向祷告。祷告时，礼仪非常复杂，比如必须依次完成7种不同的动作，其中还有若干细节，分为天命和拜中圣行，天命又叫法雷则十二件（拜内、拜外各六件），也叫瓦若布十二件。拜中圣行又叫逊奈二十八节（站立、鞠躬、叩头、跪坐各七件），并有相应的概括称呼，礼拜一天下来，教徒要做拜32次、叩首64次、颂扬安拉178次，要规范地做好这些，实在是需要虔诚。斋功又叫斋戒、封斋或把斋，伊斯兰教具体规定，每年教历的九月（莱埋丹月）为斋月，莱埋丹的含义为磨炼，因此斋月内除病人、旅客、孕妇和哺乳者外，全体穆斯林都应在每天日升前到日落时，禁绝一切饮食，禁房事，戒除一切邪念，一心向往安拉，要到一个月满，在伊斯兰教历的十月一日才可开斋。课功又称天课，本意是“洁净”，是阿拉伯语“则卡特”的译意，天课是伊斯兰教具有慈善性质的一种施舍，亦即通过交纳天课（每年节余的2.5%）以接济赤贫者、穷困者、负债者等，使教徒的自有财产更加干净纯洁。这种“济贫税”，只对有经济实力、理智健全的教徒才按一定的税率交付，并非人人要交。最后是朝功，即朝觐，伊斯兰教规定，凡男子超过12岁、女子超过9岁的穆斯林，理智健全、身体健康，并有足够的经济能力者，就有朝觐的义务，在路途平安的情况下，一生至少要赴麦加朝觐圣地一次，这是真主的要求。朝觐活动，要进行数天（教历十二月八日至十四日）。返回后的穆斯林，被授予“哈吉”称号，接受了这个令人羡慕的荣誉，在教内就享有较高的威望。朝觐活动，历史悠久，每年从世界各地到麦加朝觐者有一二百万人，规模宏大，是世界性的穆斯林大集会，我国每年也派代表团参加朝觐。

《古兰经》是伊斯兰教的主要经典。“古兰”一词在阿拉伯文中是“宣读”“诵读”之意。《古兰经》内容共有114章，涉及社会、政治、经济、宗教、日常生活，也包括一些阿拉伯民族优美传说和神话故事。因此，除有浓厚的宗教色彩外，在阿拉伯民族发展中，也具有很高的历史、文学、文字价值，其中，涉及宗教法、民法、刑法部分，至今仍成为伊斯兰教国家制定法律的重要依据。

在公元7世纪中叶，当时的阿拉伯国家通过与唐王朝的商业往来和外交活动等渠道，把伊斯兰教传到了中国。穆斯林商人通过海陆两路来华后，在当时的广州、泉州和长安等地定居下来，被称为“蕃客”。以后逐渐与当地汉人通婚，加之军事方面的交流、外交方面的往来，才形成了中国的穆斯林。到元朝时期已有“回族人遍天下”之说。改革开放后，伊斯兰教的正常宗教活动得以逐步恢复。

【小知识9-2】

阿拉伯是地理概念，伊斯兰是宗教概念，穆斯林是指信仰者。三者各有重合，各有区分。

9.3.2 伊斯兰教的基本习俗

伊斯兰教较基督教和佛教而言传播时间较短，但发展较快，在世界近百个国家和地区中，有穆斯林（即伊斯兰教徒）近8亿人，教徒人数仅次于基督教，有20多个国家将伊斯兰教定为国教。因此，在对外贸易、商务活动中，了解伊斯兰教的一些基本常识，对我们做好工作会有很大帮助。

1）教职

伊斯兰寺院又叫清真寺，由教长、海推布、穆安津（宣礼员）等教职人员管理。教长是寺院的主要领袖。海推布的职责是在主麻日手持木杖，在寺院的讲坛上主持念经、讲经、赞颂真主等活动，并接受皈依者为穆斯林，海推布可以世袭。穆安津的职责是在寺院里按时呼唤穆斯林做礼拜，并领念带有节奏的专门经文“安拉至大，安拉至大……”统一被称为阿訇。“阿訇”在波斯语中，原意为“学者”“教师”，一般负责主持清真寺的寺务和教务。

2）禁食

伊斯兰教有严格的禁食规定，要求教徒食用清洁食物，不吃自死、捶死、跌死、勒死的动物以及未诵安拉之名宰的牲畜。《古兰经》里，有4个地方提到禁食猪肉，认为猪肉是污秽不洁之物。不吃猪肉，对于伊斯兰教而言，是个教规，对于我国一少数民族——回族而言，则已形成了该民族的风俗习惯，已不仅是宗教的约束力了。这种千百年来代代相袭而成的习俗，应受到尊重和理解。

【小知识9-3】

外事部主任蒋申兰遇到了这样一件事：2005年世界首脑峰会，各国元首在华尔道夫饭店一般要住7～10天，许多元首都自带了一些食用的东西。当一位阿拉伯国家元首抵达饭店时，美国安全人员发现车队中装有30多只活羊，就提出“饭店无法宰任何动物”。可这位元首的工作人员反而提出羊经过飞机长途旅行，肉已经发紧，不好食用，请尽快安排遛放。在饭店工作人员闻言哭笑不得之际，蒋申兰立刻答应下来，并亲自多方联系，很快在新泽西州找到一家牧场，不仅可以遛放，而且还可以宰，圆满地实现了这位元首的民族习俗和每天都可吃到鲜美羊肉的愿望。

资料来源　由《文汇报》相关信息整理得来。

饮酒，早期是不禁的。《古兰经》曾把用椰枣和葡萄酿制的醇酒看成是安拉给人类的恩赐。后来，因饮酒妨碍宗教活动和战斗，便明确禁饮，并指出饮酒的害处，把饮酒和赌博相提并论。提倡饮茶，以茶代酒。

3）净礼

净礼，是穆斯林在做礼拜之前举行的一种宗教仪式。它包括沐浴、净衣、洁处等，目的是让自己和礼拜的处所都洁净无污。净礼的净身，就是用干净的水洗涤身体的部分或全部，并在进行净身的每一动作时，默念相关的祷词。

净礼分大净和小净两种。伊斯兰教规定，成年的男女穆斯林，在封斋前必须做大净，就是要用净水洗涤全身，要求处处都要认真洗到，如有一根毛发没有洗到，这次大净便被认为无效。穆斯林在礼拜或为功修、诵读《古兰经》时，必须做小净，即用净水洗涤部分肢体和某些器官。无论大净或小净，都必须采取淋浴方式，不能用盆（或桶），更不能在池内洗涤。洗涤时，都要做到内心立意或口中默念经文，诵吟真主尊名。

在无水或不能洗涤的情况下，可以用洁净的土、沙等作为代用物，举行象征性的净礼。因以土、砂为多，故又称“土净”。方法是举意，即有清晰的净礼意识，取净土，一拍抹脸，一拍抹两手和两肘。土净毕竟是象征性的，所以不适用于所有的拜功。

【小知识 9-4】

伊斯兰教认为，男子从肚脐至膝盖，妇女从头至脚都是羞体，外人禁止观看别人的羞体，违者犯禁。因此，穆斯林妇女除了穿不露羞体的衣服外，还必须带盖头和面纱，这项规定至今在有些伊斯兰国家（如沙特阿拉伯、伊朗等）仍然施行。

4）问候和拿手

穆斯林之间彼此表达亲近友好，可用“色俩目”做相互祝福和问候的话语。例如，“安色俩目阿来枯姆”意为“主的安宁在你身上”，“吾阿来枯姆色俩目”意为“主的安宁也在你身上”。这种问候，正式而郑重，不宜在沐浴或如厕时使用，也不能在礼拜和诵经时使用。按照伊斯兰教的习俗，致色俩目时，年少者先说于年长者，行进者先说于伫停者，站立者先说于已坐者，进门者先说于门内者，少数人先说于多数人，男子先说于女子。当听到有人向自己致色俩目时，必须立即做答礼。群体听到有人致色俩目时，至少有一人代行答礼。男子向女子致色俩目时，应注意不要握手，保持一定距离，以示庄重。

拿手，是男性穆斯林之间的握手礼。方法是：双方单腿弓步，双手相握，右手拇指交叉在里，左手辅握在外，两人右肩头紧靠，同时，诵念真主嘉惠彼此及眷属。拿手礼的适用范围较广，如表示互助、互勉、团结友爱，表示不计前嫌、彼此谅解，表示敬老爱幼、敬师爱徒。开斋节会礼后，穆斯林之间拿手，表示共贺同庆、恭敬本教等。

观念应用9-1

北京某外贸公司一位女业务员，为了开展向中东某国出口业务，潜心了解阿拉伯国家的民俗和宗教礼仪。在去该国推销产品时，她尊重阿拉伯国情和习俗，穿上素服，戴上头巾，不露秀发，赢得了客户的信任和尊重，一次签订了上百万美元的出口合同。

资料来源　杨军，陶梨．旅游公关礼仪［M］．昆明：云南大学出版社，2000.

分析提示

懂得一些民族宗教礼仪并实际运用它，表明你对别人的尊重。在商务交往中，可能会遇到来自不同国家和地区（含有宗教色彩的民族）的人士，如果我们能尊重对方的礼仪礼节和习俗，生意就会做得更好。

9.3.3　伊斯兰教的主要节日

伊斯兰教的节日主要有3个，即伊斯兰教历十月一日的开斋节（我国新疆地区称“肉孜节”）、教历十二月十日的宰牲节（又称古尔邦节、忠孝节）和教历三月十二日的圣纪节。伊斯兰教的节日均以教历日期为准。伊斯兰教历在我国旧称为回历，它以太阴（月亮）圆缺一次为一月。所以有些地方也有根据自己情况，以见月为准，不恪守日期来纪念自己节日的做法。

1）开斋节

开斋节，是穆斯林最热闹的节日。所谓开斋，就是穆斯林在封斋一个月以后，庆祝穆斯林斋功胜利完成。伊斯兰教规定，每年教历的九月为斋月，传说安拉在斋月敕降了《古兰经》。所以，凡具备封斋条件的穆斯林，在斋月里都必须每天从日出到日落实行斋戒。斋月期满，由阿訇登楼看天象，确定开斋时辰。看到“新月”（月牙），即可开斋，如没能看到月亮，则开斋时辰顺延，但一般不超过3天。

开斋这一天，还必须完成两件当然的功课：一是交付一定数额的开斋税（数额相当于全家一天的生活费），作为开斋施舍，周济贫者。二是举行开斋节的拜功，即在清真寺参加会礼，集体作节日礼拜。会礼结束后，穆斯林举行团拜仪式，互致节日快乐。

热闹的开斋节庆祝活动，一般在前一天就开始。开斋节清晨，人们都先做净礼，沐浴洁身、刷牙、佩香，身穿最美丽的衣服，互致“色兰”“尔德·穆巴勒克”等节日吉祥问候。孩子们更是喜气洋洋，向长辈敬奉奶茶。有些男女穆斯林还特意选择开斋节这天举行婚礼。清真寺会礼后，家家都备有丰盛的节日佳肴，宴请宾朋好友，以增进穆斯林之间的友爱和团结。庆祝活动一般可持续3～5天。

2）宰牲节

宰牲节，是在朝觐麦加的最后一天举行的庆祝活动，又叫古尔邦节（阿拉伯语的古尔邦意为献牲）。宰牲节的活动礼仪与开斋节基本相同，但在本节日宰牲，是它的独特之处。

相传伊斯兰教的先知——易卜拉欣，夜梦安拉命令他亲手杀死他自己的儿子伊斯玛仪，以考验其对安拉的忠诚。第二天清晨，易卜拉欣在麦加附近的米那山谷上正准备忠实执行真主的旨意时，安拉受到感动，派天使送来一只羊，代替伊斯玛仪献祭。从此以后，每年都要在这一天宰牲馈赠。

按伊斯兰教规定，在宰牲节每人都应宰1只羊，或7人合宰1头牛（或骆驼），并规定所宰的羊应满187天，牛或骆驼应满两年零一天。把宰牲之肉分成3份，除自己食用外，还要分送亲友和施舍穷人，即一份自食、一份出散、一份馈赠，绝不允许出售赚钱。

节日期间人人盛装、会礼诵主、走亲访友、欢歌起舞，举行赛马“叨羊”等种种活动，热闹异常。一般要欢庆3天。

3）圣纪节

圣纪节，是纪念伊斯兰教的复兴者，也是最后一位使者——穆罕默德的诞生日。每当伊斯兰教历三月十二日这一天，穆斯林都集会诵经、赞圣，宣传穆罕默德事迹。

穆罕默德出生在麦加城的一个古来什部落家庭，他的祖父给他起名为穆罕默德，意思是“值得称赞者”。穆罕默德在世时和他去世后的一段时间里，圣纪节尚未形成，只是有些人在这一天自发地到他的出生地或墓地，觐谒诵经，直到伊斯兰教第七世纪时，才由艾赛仪德把教历三月十二日正式定为圣纪日。相传穆罕默德的死也是在这一天，这一天成为他的忌日，所以也有称这一天为圣忌日的。

圣纪节的纪念活动一般在清真寺举行，诵《古兰经》，并诵吟《穆合麦斯》《卯路德》等阿拉伯文赞美诗，讲述穆罕默德的生平和圣训以及他在传教中所经受的种种磨难。有些地区还宰牲、炸油香、熬羊肉粥，设宴请客，以示纪念。

与穆斯林交往的礼仪见表9-3。

表9-3 **与穆斯林交往的礼仪**

入寺	不管是穆斯林还是非穆斯林，进入清真寺前都要脱鞋！要注意衣冠整洁，不袒胸露臂；不穿短裤或短裙。男士应穿长裤和长袖衣；女士应遮住所有裸露在外的皮肤，必围头巾（可以在很多大的清真寺入口处借一条）。保持寺内庄严清静。不得大声喧哗，更不准唱歌跳舞。不经阿訇的同意，非穆斯林不准进入礼拜大殿，殿内一般不准拍照。不得抽烟、口出秽语
交友	要尊重穆斯林的生活习惯和宗教心理，话语避免使用伊斯兰教禁忌词汇、不涉及穆斯林反感的事件、不主动评点不同教派的观点；不可主动与主妇或年轻女子握手，也不可对其凝视；不用左手取物递给别人
接待	招待穆斯林客人，最好去清真饭店，一般不要在自己家中设宴款待；如在家中，则注意他们从来不用非清洁茶具来饮茶，最好用罐装饮料招待；宴席上应特别注意菜肴及其餐具中，不可有穆斯林忌讳的食品或图案
祝节	遇到穆斯林的传统节日，应以适当的方式对他们表示祝贺，如伊斯兰教开斋节、宰牲节、圣纪节等，作为好友应主动有所表示；而穆斯林给我们的赠礼，要欣然接受，不可过于推辞，以免引起误解

9.4 佛教

佛教，起源于公元前6至公元前5世纪，相当于我国春秋时代，诞生于古印度，因创始人佛陀而得名，是世界最古老的宗教之一。它广泛流传于亚洲许多国家和地区，特别集中流传于东亚和南亚，近代才传到欧美大陆。佛教在公元1世纪传入我国，经过历史沧桑演化，在我国内地和青藏地区有众多的信徒，也形成众多派别。两千年的流传和发展，佛教文化和礼仪已和社会生活的文化现象紧密相连。

9.4.1 佛教概况

佛教在长期的发展过程中，产生了大量的经藏文献。这些文献被统称为大藏经（又称一切经、三藏等）。“藏”有“箧藏”之意。大藏经分为经、律、论3类。“经”指释迦牟尼所讲的教义，“律”是为僧侣和教徒制定的行为规则，“论”指教义教理的阐释和论说。

根据佛教经藏文献概括，佛教的基本教义主要是四圣谛、八正道和十二因缘。四圣谛，指四条圣理：一是苦谛，说人生就是个“苦”字，如生苦、老苦、病苦、死苦、离苦、憎苦、求苦、阴苦等，总之，苦海无边。二是集谛，讲述造成人生之苦的原因，是由“业（欲望）”和“惑（对佛的无知）”造成的。三是灭谛，即指明消除苦的办法，要信佛，回头是岸，最终得悟涅槃。四是道谛，指信徒们要相信人们是能得道成佛、解脱痛苦的。

道谛包括八点，即八正道：一是正见（正确理解），二是正思（正确思考），三是正语（不讳佛乱说），四是正业（行为合佛），五是正命（遵佛守戒），六是正精进（学佛修行），七是正念（口念心记），八是正定（依佛禅定）。总之，八正道就是要人们在平时生活中，无论是想、说或是做，都要按照佛教的教义去办，受其约束，方能成正果。

十二因缘，又称十二缘起，包括12个环节，是佛教对人生苦难原因的分析。这12个环节是：第一，“无明（不明白佛理）”，这是祸根。第二，由无明而产生的“行（行为）”。第三，由行而产生的“识（认识）”。第四，由识而产生的“名（精神）”、“色（肉体）”。第五，由名、色而产生的“六处（眼、耳、鼻、舌、身、意）”，又称“六根”。第六，由六处而生“触”（即6种感官）。第七，由触而生“受”，有苦受、乐受、不苦不乐受3种。第八，由受而生“爱”，有欲爱、色爱、无色爱3种。第九，由爱生“取”，即贪。第十，由取生“有”，相应的为欲有、色有、无色有，此“三有”又称“三界”。第十一，由有而“生”，即存在上述环节，即可出生。第十二，由生到死。分析了人生苦难的这些“原因”后，佛教认为，只要人不达到涅槃的程度，就必然被困于这十二因缘的链条之中，反复受轮回之苦。

佛教自佛陀释迦牟尼去世之后，因为对教义和戒律的理解有别，开始分派。虽说派系众多，但大体为两种，即大乘和小乘。以公元1世纪为界，后期的佛教把前期的佛教称为小乘，意指自己是大乘（乘是“乘载”或“道路”之意）。大乘和小乘，不仅在对佛经的理解上有区别，在实际操行中也不同。如对佛陀的看法上，小乘初期只认为他是祖师爷和现实的传道者，而大乘则视其为神通广大、威力无边、大慈大悲、全知全能的神。又如小乘一般主张求得修行者自身个人的解脱，而大乘则要求修持成佛，为了“普度众生”。在修持方法上，小乘注重“三学（戒、定、慧）”和八正道，而大乘则还须兼“六度（布施、守戒、忍辱、精进、坐禅、智慧）”。对于大乘在佛陀之外又塑造的许多菩萨（弥勒、观音、地藏、文殊、普贤等），小乘佛教并不承认。从教义上看，大乘比小乘更加唯心主义化，小乘主张“我空法有”，而大乘则干脆“我法俱空”。

从释迦牟尼死后，印度进行过4次“佛教结集”，并分派教徒到世界各地传经：向北，传入中国，再传到日本、朝鲜、韩国等，以大乘为主。向南，传入斯里兰卡、缅甸、泰国、柬埔寨等国，以小乘为主。另一支传入我国西藏地区，再传至蒙古、尼泊尔、锡金、俄罗斯的部分地区，以藏传佛教为主。后者20世纪初传入欧美及巴西、秘鲁、阿根廷，并逐渐发展成为世界宗教。1950年成立的世界佛教徒联谊会，在1963年9月开会决定，联谊会的总部永久设在泰国曼谷。

西汉末年，佛教逐渐传入我国。西域和尚图澄得到后赵统治者的尊重，他除大力传教外，甚至还参与军政，使得统治者正式允许汉人可以出家为僧。他的弟子道安为佛经的汉译做了初步的探索，提出了译释佛经的基本格式和僧侣应遵守的礼仪，为以后的中国汉族地区寺院制度奠定了基础。隋唐时期，由于统治者的极力扶植，佛教在我国进入了鼎盛时期，因而又导致派系纷呈，主要有天台宗、法相宗、华严宗、禅宗和净土宗。唐代名僧玄奘（唐三藏），就属于法相宗（又称唯识宗）。禅宗的达摩、净土祖师慧远等人也很出名。元明以后，佛教在我国西藏地区衍变为藏传佛教，它是由印度传入的密教、汉族传入的大乘佛教与西藏当地的本教结合而成的，其佛经属于藏语体系。

佛教在中国的兴起、发展、传播，与当时中国的国情紧密相连，长期的封建社会制度，给它以适宜的环境。在历史上，佛教一般都能受到我国封建统治者的扶持和宣扬，以实现其所谓"以儒治国，以佛治心"的统治方略。随着社会主义革命的成功和社会主义建设的发展，作为宗教之一、在我国流传了两千多年的佛教，在社会生活中的地位和作用也发生了重大变化。2006年4月13日至16日在浙江杭州市和舟山市举行首届世界佛教论坛，这是中国佛教界2 000多年历史上首次举办的世界范围的佛教大会，来自世界37个国家和地区的3 000名佛教高僧、专家学者、政府官员相聚一起，同种善因，共结善果。佛教在历史发展中对我国的政治、伦理、哲学、文学、绘画、雕塑、音乐、建筑及民俗等方面，都有过重要的影响。

9.4.2 佛教的基本习俗

佛教在历史上的传播，已演化为多种派系，不同派系对佛教经藏、教义理论、修持实践，都有自己的观点和做法，互不相同，因此，基本习俗也各具特色。我们在这里主要介绍的，仅是中国汉族地区常见的一些佛教习俗。

1）寺院制度

最早的佛教徒，大体是一批托钵的游方僧人，他们过着"三衣一钵、日中一食、树下一宿"的简朴生活。后来，随佛教的发展，引起了社会和统治者阶层的募赠，开始有了寺院，便结束了无房舍田地的游荡生涯。我国唐代的马祖道一和他的弟子百丈怀海所创立的“丛林清规”，要求僧侣们在修道的同时要农垦耕作，自食其力，“一日不做，一日不食”，改变了僧侣云游乞化的生活方式，在经济上为寺院的稳定发展起了促进作用。

佛教寺院在各个国家，从名称、建筑到制度等方面都各有不同。印度早期的寺院称毗诃罗，后来规模大了，就改称摩诃毗诃罗。随着佛教传入，我国寺院庙宇也多了起来，既有大都市名胜地的“十方丛林”类的大寺院，也有分散于村落集镇的“师徒相承”的小庙宇。大寺院内，一般设有高低不等的僧职和严格的管理权限，顺序大致分为：第一是方丈（住持），他掌管全寺的一切重大活动，通例3年一任。第二是班首，相当于方丈的顾问，一般有前堂、后堂、左堂和右堂4个。第三是执事，具体掌管寺内事务，分为监院（庶务）、副司（会计）、知客（交际）、知藏（典藏）、僧值（纠察）、维那（教事）等。寺院里往往拥有大批的僧伽。

僧伽，是僧侣或修行者结合成的群体。僧伽一般由出家的比丘（和尚）、比丘女（尼姑）、沙弥、沙弥尼、正学女（见习尼）等所谓“五众”组成，其中的沙弥和沙弥尼，为年龄未满20周岁的出家男女，正学女则为年龄未满18岁的出家女，待他（她）们达到一定年龄时，再转为比丘和比丘女。另外，在家修行的优婆塞（居士）和优婆夷（女居士）与出家修行的比丘和比丘女，并称为佛教四众，又称四众弟子。

【小知识9-5】

作为佛教，不论在家修行还是出家修行，都必须受三皈依法，即皈依佛、皈依法、皈依僧。“皈”是“归顺”“依附”的意思，也有反黑为白的含义。在家修行者，需在寺庙里进行一种“方便皈依”的仪式，并受不杀生、不偷盗、不邪淫、不饮酒、不妄语的“五戒”后方能成为“居士”。出家修行者，则要取得寺庙方丈及众僧的同意，并经历剃度仪式（去发烫疤），接受寺院分年龄、性别规定的不同戒律，披袈换衣，才可成为真正的出家人（比丘或比丘女）。我国佛教协会已于1983年年底决定废除头顶烫疤的仪俗。

佛教要求其信徒舍弃世间“浮华”，到寺院过出家人修行悟道的生活。但也因各种原因，允许做居士的信徒可不出家。我国傣族地区以及东南亚的泰国、缅甸等国，习惯把本国、本地的所有人都视同佛教信徒。因此，他们为加强这方面的影响，规定每个男子在未成年前都应出家，去庙中过一次修行生活再返回家中，这虽不是强制的义务，但它在这些佛教国家里却已约定俗成，得到社会公众的承认。

2）持戒

佛教的戒律很多，这些戒律是对佛教徒的生活、行为乃至思想（如菩萨戒）所作的种种约束，其目的是加强佛教信仰，统一僧伽行为。依佛教《摩诃僧祇律》《十诵律》《四分律》的要求，比丘（和尚）要守戒律250条，比丘女（尼姑）要守戒律348条之多。由于优婆塞和优婆夷尚未出家，只需先守前述的五戒即可。而沙弥和沙弥尼，虽然年龄尚小，但已经出家，所以除要守居士的五戒之外，还要加上不涂饰香鬘、不视听歌舞、不睡高广大床、不在午后进食、不蓄珠宝金银五戒，计为十戒。

在繁多的戒律中，最重要的要数"四重戒"，即不杀生、不偷盗、不邪淫、不妄语。佛教认为这些是所有戒律的根本。四重戒一般都在受戒仪式上由传戒和尚宣讲，其余戒条则由信徒们在受戒后自学领悟。戒律中最严的是破戒，破戒行为被叫做波罗夷，即破了四重戒。如果破戒，哪怕只是违犯了其中一戒，即失去比丘资格，要被逐出教门。

佛教对僧伽要求绝对素食，而对居士只要求定时斋戒。佛教的斋戒，有两种含义：第一指过了中午不再进食，第二指食素。现今多指后者。《中诃含经》《俱合经》中都有要求居士斋戒的内容。居士斋戒，不同于五戒那样要终生守持，而是定时奉行，只是到了斋日才自觉行戒。《百丈清规》中有"月旦、初八、月望、廿三（每月一日、八日、十五日和二十三日）"为四斋日和"正、五、九并六斋日（每年正月、五月、九月3个月里有长斋）"的规定。《地藏本愿经》规定，居士每月要斋戒10天，不食肉、不杀生、不行刑。

观念应用9-2

某饭店中餐厅，总经理宴请一位佛教高僧。中午11点，一群人簇拥着高僧步入厅堂，服务员上前迎接，引领客人入席，并麻利地做好了餐前服务工作。菜是预订好的，按照程序依次上菜，一切服务在紧张有序地进行。

食之过半，宾客要求上主食，三鲜水饺很快端上了桌面。在大家的建议下，高僧用筷子夹起一个水饺放入口中品尝，很快就吐了出来，面色仍旧温和地问："这是什么馅的?"服务员马上意识到问题的严重性，心里说坏了!事先忘了确认是否是素食。三鲜水饺虽是清蒸，但仍有虾仁等原料，高僧是不能食用的，忙向高僧道歉："实在对不起，这是我们工作的失误，马上给您换一盘素食水饺。"

服务员马上通知厨房上一盘素食的三鲜水饺。由于是VIP（重要客人），部门经理也赶来道歉。高僧说："没关系，不知者不为怪。"这次失误虽然很严重，但由于高僧的宽容大度，最终得以顺利解决，但留给服务员的是一个深刻的教训。

分析提示

第一，信仰佛教的人和僧侣，是严格的素食主义者。素食是供佛教徒、道教徒及忌荤腥者食用的，是以豆制品、蔬菜、植物油为主要原料做成的。而清真菜多以牛羊肉和蔬菜等为主要原料，烹制成各种适合伊斯兰教徒饮食习惯的菜肴。二者是有很大区别的。

第二，由于服务员工作粗心，忽略了"素食"与"清真"的不同，以致为高僧上有荤腥原料的食品，触犯了客人禁忌，是严重的失礼。这么严重的失误发生在VIP的接待中，是个沉痛的教训。

第三，通过本案例，我们认识到，服务员必须加强业务知识的学习，准确掌握客人的禁忌，不论工作多么繁忙，都要细心地检查每一个环节，认真接待好每一位客人，以避免触犯宾客的忌讳，引起不必要的麻烦。

佛教相信一切众生之生死轮回皆由身、口、意"三业"为根据，认为消除或减少"三业"有助于促成解脱，故有禁语做法，即僧人自备一小木牌，上书"禁语"二字，遇有教外人士要和自己说话时，便出示木牌，禁止自己说话，也借以求得别人理解。

3）合十、五体、绕佛和袈裟

佛教徒之间或教徒和施主见面时，最常用的礼节是行合十礼。其做法是：双手左右合掌，十指并拢置于胸前，专注一心，曲躬恭敬。

"五体"又称五轮，指人的两肘、两膝和头。佛教徒向佛像或上层佛职人员行礼时，须行此礼，即五体都要着地，此为佛教最高的礼节，恭敬之至，五体投地。绕佛，是佛教徒围着佛像右行绕走，以表示对佛的尊敬。绕佛圈数，可多可少，多者百千，少者一三亦可。佛教徒穿的衣服统称袈裟，俗称僧服。僧服有3种：一是用5条布缝制而成的安陀会，又叫五衣，日常穿用；二是用7条布缝制而成的郁多罗僧，又叫七衣，礼诵、听讲时穿用；三是用9条以上的布缝制而成的僧伽梨，重大场合或进入王宫时穿用。袈裟原为素色，自佛教出现派系之后，各派的衣色就区别有青色、黄色，也有保留赤色的。

与佛教徒交往的礼仪见表9-4。

表9-4 **与佛教徒交往的礼仪**

进入寺庙	不宜中央直行，进退时，应依顺左行，所带包袋、衣帽及手杖等物，忌随意置于佛座上面；尊重寺规，不可嬉笑打闹，不可对佛像评头品足，宜肃静谨慎，衣冠整洁；遇做道场，应遵守现场秩序，不得扰搅
游人应记	不能因为登山攀岭劳顿，就在佛像前的拜垫上休息聊天；寺庙里不许参观的处所，不要闯入；若遇有人在拜佛像，不可在其前面穿过行走；拍照应先征得僧尼的同意；不经允许，不可进入僧尼的寮房
与教徒见面	可称呼其法师、师父，不宜直接询问僧尼的姓名，因入寺后大多都受戒师赐予了法号；一般行合十礼，态度要恭敬，但也不可强拜顶礼；佛教不适于握手，故不要主动伸手与僧尼握手，造成双方的尴尬
不可随意	寺院中的物品，佛教称其为法器，如钟、鼓、鱼磬等，不可好奇地去随意敲打，锡杖、衣钵、旗幡等物，也不可自主挪动；寺内不但不可与僧尼争执，游人旅客之间也要避免在寺内争吵；要注意环境卫生，不乱摘折花木

9.4.3 佛教的主要节日

佛教的节日名目繁多，同一节日在各国、各地的名称也不尽相同，如一年的雨季结束，老挝庆祝出腊节，泰国则称复解节，我国傣族却叫开门节。在我国，很多佛教节日经历长期的历史流传，有些已衍变为民间的习俗和欢乐喜庆的日子，如藏族同胞庆丰收的望果节、青海塔尔寺庆元宵的灯节。佛诞节在我国傣族地区叫泼水节，已成为当地人民共同参与的重要社会活动。下面主要介绍佛诞节、成道节和涅槃节。

1）佛诞节

佛诞节又称“浴佛节”，是佛教纪念释迦牟尼诞生的重要节日。我国傣族及东南亚一些国家称为泼水节，在日本又被称为花节。据《普耀经》说，佛陀诞生时有九龙喷香水浴洗佛身，因此，在每年这一天，教徒们都要举行纪念活动，也有称“浴佛法会”的。在法会上，大殿或殿外设一水盆，盆内供奉一尊金质或铜质的释迦牟尼诞生小像，其像为童子状，他左手指天，右手指地（印度风俗尚右，所以右手指天，左手指地），以显“天上天下，唯我独尊”之意。活动开始，寺院的住持和尚在先，僧众在后，依次用小勺取香水沐浴诞生像，祭拜佛祖，施舍僧众。

因对佛生日存在的各种不同见解，所以不同国家和地区在确定佛诞节的日期上，也就不尽相同。我国汉族地区，自宋代以来均以农历四月初八为佛诞节。日本自明治维新以后，改用公历4月8日为佛诞节。我国藏族和傣族地区以及东南亚佛教国家，以公历5月的月圆日——农历四月十五日为佛诞节。有些国家还把佛诞节、成道节、涅槃节放在一起纪念，叫作“吠舍佉节”（又译“维莎迦节”）。1954年在缅甸仰光的一次佛教会议上，南传佛教确定佛诞这一天为“世界佛陀日”，东南亚佛教国家对这一节日非常重视，都举行大规模的庆祝活动。

用香水浴佛，原是为纪念佛祖诞生的，在一些东南亚国家里却成了人民的传统节日，其热闹程度类似我国春节。例如，缅甸用泼水来庆新年。在印度称为洒红节，在尼泊尔称为抛红节，都因用红颜色的水抛泼而得名。在泰国则称宋干节。节日期间，全国上下欢喜若狂，人人手持水器、水具，聚集在广场或街头。泼水开始，人们在飞溅的水花中嬉戏追逐，相互泼洒，毫无顾忌。虽然大家身上都水漉漉的，淋个透湿，但心中都非常高兴。泼水节期间还开展文艺演出，搞花车游行、龙舟竞赛等大型活动。青年男女还趁过节“丢包”定情，互赠礼物。若节日期间恰逢是下雨天气，则被视为是丰年之兆，更增添欢乐气氛。

2）成道节

成道节，我国民间又称“腊八节”，是佛教纪念释迦牟尼得道成佛的节日。佛教传说，释迦牟尼于29岁离开王宫修道，先修苦行6年未能得道，被饿成皮包骨，濒临死亡。当他打算放弃苦行时遇见一牧女，牧女送他以乳糜。吃后，他端坐在菩提树下，沉思7天，于十二月八日悟得正觉，创立佛教。因此每年的农历十二月初八这一天，寺院僧众都要集于大殿焚香、诵经、梵呗礼佛，讲道说法，其中熬粥供佛是其独有特点。熬粥活动，在元代时规模最大，皇帝给各寺院赐米运柴，各官员及庶民百姓也都购米熬粥，先敬佛，后相互馈送，施予全城贫困百姓。时至今日，成道节熬腊八粥已成为我国重要的民俗。虽然寺院仍保持传统的以粥供佛的宗教仪礼，但对百姓而言，仅作为一种时令食品在流传。

3）涅槃节

涅槃节是佛教徒纪念释迦牟尼逝世的节日。相传释迦牟尼在80岁时死于拘尸那城，佛教称之为涅槃。佛教在它流传的历史中，产生了多种教派，对释迦牟尼的生卒年月，说法各异，因此各派对“佛涅槃日”时间的确定也不一致。

中国、日本、朝鲜等国的大乘佛教的涅槃节，一般定为农历二月十五日，《百丈清规》卷二有文：“二月十五日，恭遇本师释伽如来大和尚人涅槃之辰，率比丘众，严备香花灯烛，茶果珍馐，以申供养。”藏传佛教则认为释迦牟尼的投胎母腹、悟真得道、涅槃升天，都在藏历四月十五日。日本近年改定公历2月15日为涅槃节。关于年份，北传佛教认为在公元前485年，而南传佛教则认为是公元前543年。

佛教寺院在涅槃节一般都举行涅槃法会，挂释迦牟尼的涅槃图像，念诵《遗教经》等。藏传佛教届时每一佛殿都向世俗开放。大多数妇女于此日禁食、禁欲、禁语、禁歌，示修苦行。

观念应用9-3

国际电信公司为何生意清淡？

一家生意兴隆的国际电信公司在泰国曼谷为开一家分公司选地址时，看中了一处房价适中、交通方便且游人众多的地段，而这幢楼的对面塑着一尊并不十分高大，但又非常显眼的如来佛像，有关心者警告公司经理说，贵公司若在此开业，生意会很糟糕的。但公司经理非常自信，认为这不可能，因为公司在远东地区开设的另外几家公司，业务开展都很红火。所以，公司经理没听劝阻，公司就在这里如期开业了。一年来，这家公司果然生意清淡，几乎没有达成一桩像样的大买卖。公司经理终于面对现实，不得不迁移了公司地址，生意这才明显地好起来。经理本人对此始终大惑不解，你能帮他做出解释吗？

资料来源　何浩然. 中外礼仪 [M]. 大连：东北财经大学出版社，2015.

分析提示

原来，业务不景气的根源在于：公司的大楼高度超过了对面的如来佛像两层，也就是说，公司的位置在如来佛像之上。在一个信仰佛教的国家，这是严重犯忌的。因为没有尊重当地人对佛像的信仰和敬畏，导致他们产生感情上的不快及至愤怒，自然不愿与公司往来做生意了。

本章小结

宗教是一种世界性的社会现象和文化现象，其实质是统治人们的自然力量和社会力量在人们头脑中虚幻的、颠倒的反映。信仰和崇拜偶像，是一切宗教共同的特点。在现阶段，我国宪法明确规定保护公民的宗教信仰自由，在商务活动中也应充分尊重各宗教的礼仪和习俗。

基督教包括天主教、东正教和新教三大派系。基督教以《圣经》为信仰基础，大体内容包括创世说、原罪与救赎说和天堂地狱说。三大派系的神职称谓及具体仪礼习俗互有区别，在宗教节日的确定和名称上也不尽一致。圣诞节等基督教节日，已经世俗化，成为大多数国家全民欢庆的民间节日。

伊斯兰教是世界三大宗教中最“年轻”的宗教。主要分布在亚洲和非洲，近年来，在西欧和北美也有传播，信徒称穆斯林。伊斯兰教以《古兰经》为信仰经典，其基本教义包括宗教信仰、宗教义务、善行三个部分。《古兰经》的有些内容已成为伊斯兰国家制定法律的主要依据。伊斯兰教的禁食、净礼等仪礼，应特别受到尊重。开斋节等伊斯兰教节日，亦是开展商务活动时不可忽视的。

佛教诞生于印度，流传中形成多种派系，主要分为大乘佛教和小乘佛教，还有藏传佛教，主要以大藏经为指导。大藏经以经、律、论三部分为内容。佛教基本教义主要是四圣谛、八正道和十二因缘。佛教传入我国以后，历代封建统治者都把佛教教义作为强化统治的一种手段，因此，佛教在我国历史上有着深厚的民俗基础，对我国政治、伦理、哲学、文学、绘画、雕塑、音乐、建筑等领域都产生过重要的影响。佛教的基本习俗和主要节日，也多为人们熟识，其中腊八节等佛教节日，亦已为民间所沿延。

主要概念

宗教　宗教礼仪

知识练习

▲ 简答题

1）什么是宗教？什么是宗教礼仪？

2）如何对待宗教的传统节日？

▲ 填空题

1）宗教现象来自原始人类对________的神秘不安感，也来源于阶级社会的________和________所造成的社会苦难。

2）关于崇拜对象：佛教是________，伊斯兰教是________，基督教是________。

3）我们尊重宗教信徒的________，直接就表现为对________的尊重。

4）宗教是________的产物，也必将会伴随着________、________，历史地、必然地消亡。

▲ 单项选择题

1）辩证唯物主义认为，宗教本质上是对客观世界的（　　）。

A.如实反映　　B.正确反映

C.颠倒反映　　D.客观反映

2）新中国的（　　）实行自治、自养、自传三大原则。

A.佛教　　B.基督教

C.道教　　D.伊斯兰教

3）我国信仰各种宗教的信教群众达（　　）。

A.一亿多人　　B.两亿多人

C.八千万人　　D.五千万人

▲ 多项选择题

1）属于世界三大宗教的是（　　）。

A．佛教　　B．伊斯兰教

C．道教　　D．基督教

2）以《圣经》为信仰基础的宗教有（　　）。

A．新教　　B．天主教

C．东正教　　D．基督教

3）圣纪节不是（　　）的传统节日。

A．佛教　　B．伊斯兰教

C．道教　　D．基督教

技能训练

1）商务活动中应当怎样正确接待有宗教信仰的贸易伙伴？

2）举例说明重视宗教节日的意义和商业价值。

观念应用

▲ 案例题

王先生为什么傻了眼？

我国浙东有一位热情的王先生和一位伊朗商人做生意，双方经过讨价还价达成了协议。因为在中国，所以由东道主设宴庆贺这次合作成功，于是王先生带着这位伊朗商人来到当地的一家有名的饭店，点了很多菜，双方边吃边聊，气氛融洽。当这家酒店上一道名菜——“烤乳猪”时，王先生还颇为得意地向这位伊朗商人介绍这道菜的妙处，可是，他突然看到那位伊朗商人脸色铁青，气呼呼地就要走，王先生不知是哪句话得罪了那位伊朗商人，顿时傻了眼。

资料来源　吕维霞，刘彦波．现代商务礼仪［M］．北京：对外经济贸易大学出版社，2003.

问题：

案例中，王先生为什么会让伊朗商人生气呢？

▲ 实训题

适时组织学生开展活动（如春游），注意参观宗教场所（如寺、庙、观、堂等），观察宗教活动及宗教礼仪。如方便也可以与在场的宗教信徒接触了解，但要教育学生严格遵守宗教习俗和礼仪，谨慎自律，以免产生误解和不快。

综合案例

案例一

健忘的绅士

某大型国际机场的售票厅里，不少旅客正在排队买票，秩序井然。突然，一位手拎高级皮箱，衣着笔挺的绅士从后排冲到前面，粗暴地敲打着售票口的玻璃窗，指责正在忙碌的售票员工作效率太低，耽误了他的宝贵时间。售票员并未计较他的无礼态度，而是和蔼地请他排好队，依次买票，不要影响其他的客人。

这位绅士不但未听劝告，反而更加恼火，大声嚷道："你一个小小的售票员，敢用这样的态度对我。你可知道我是谁吗？"边说边用手指着售票员的面孔，一副不可一世、唯我独尊的狂态。

售票员平静地转过身，向票房里其他的工作人员说："你们有谁能帮助一下这位先生？恐怕他有些健忘，已经不记得自己是谁了。"她又对正在排队买票的众旅客问道："各位有谁能帮这位先生回忆一下吗？他已经忘掉自己是谁了。"

票房里的工作人员和旅客们听了售票员的话，都哄笑起来。这位"绅士"在众人的笑声中窘得涨红了脸，只好悻悻地走回队伍的后排，继续排队。

资料来源　陈萍.最新礼仪规范［M］. 北京：线装书局，2004.

问题：

试分析案例中的两位主角的礼仪行为。

案例二

借助礼仪树形象

金秋十月，某中专学校建校三十周年庆典，当年的莘莘学子，如今大都已成为各行各业的栋梁。眼下的A君已是一家知名综合贸易公司的总经理。校庆活动结束后，有十余位当年非常要好的同窗提议到他的企业参观，A君欣然相邀。

这天，A君身着一套深蓝色的西装，皮鞋锃亮，头发整齐，面目净洁，虽是已近五十岁的人了，但依然给人一种充满朝气和干练的感觉。在A君的安排下，公司门口一条醒目的横幅标语豁然入目："热烈欢迎某中专学校校友考察团来我单位指导工作"，并有迎宾人员恭候，有校友不解地问："我们只是到你公司随便看看，你何必如此认真呢?" A君说："对来参观的客人，我们一向如此，这是我们企业形象的重要组成部分。"

A君一边介绍着企业，一边将校友引入他的办公室，这是一个非常简洁的房间，一张宽大的办公桌，一把转椅，普通沙发、茶几，装饰墙壁的是世界地图、中国地图及一张自绘的公司业务网络图。桌面上的东西整整齐齐，地面、门窗非常洁净。校友们落座后，工作人员立即给每人送上清茶一杯。

稍事休息后，A君带校友们来到员工工作场所，所到之处，员工都热情地同客人打招呼。他们统一着装、统一司徽，给人一种活力旺盛、整齐划一的感觉。所有岗台均有人值守，看似紧张的工作场面，却又井然有序，没有闲聊、没有串岗、没有大声喧哗，就连接打电话也是轻声细语。当A君要某个部门负责人向校友们介绍情况时，只见这位部门负责人彬彬有礼，先向校友考察团人员问好，作自我介绍，然后述说本部门的工作范围、职责等。他语言清晰流畅，动作自如大方，态度客观诚恳，校友们听着均若有所思。

从工作场所出来，A君带校友来到公司院内。这里的环境异常清洁、优美，花草点缀其间，路面上、通道上见不到纸屑、烟头、痰迹等赃物。一位当年就调皮有名的同学，今天又生一怪点，从手提包中拿出一张纸，揉成一个团，扔在路上，想看看A君的员工责任心到底如何。不一会儿，恰有一手拿文件夹的小姐由这里走过，当她发现纸团后，默默地弯腰拣起并投到了路旁的垃圾箱中，校友们望着眼前的一幕，都大为折服。

问题：

结合案例，分析A君的企业为什么能够成功。

综合实训

1. 根据所学知识，策划一次礼仪活动。

2. 根据本课程所学知识，在班级举行一次礼仪比赛。

主要参考书目

［1］金正昆．现代商务礼仪教程［M］．北京：高等教育出版社，1996.

［2］李柠．国际商务礼仪［M］．北京：中国财政经济出版社，1995.

［3］何浩然．中外礼仪［M］．大连：东北财经大学出版社，2015.

［4］金正昆．商务礼仪教程［M］．北京：中国人民大学出版社，1999.

［5］袁革．社交礼仪与口才（修订本）［M］．北京：中国商业出版社，2000.

［6］周彬琳．现代礼仪与口才［M］．北京：中国财政经济出版社，2009.

［7］杨丹妮，等．行礼如仪［M］．北京：人民教育出版社，2005.

［8］张岩松．人际沟通与社交礼仪［M］．北京：清华大学出版社，2013.

［9］周朝霞．营销礼仪［M］．北京：中国人民大学出版社，2006.

［10］马什．国际商务礼仪入门［M］．广州：中山大学出版社，2014.

［11］何浩然．实用礼仪［M］．合肥：合肥工业大学出版社，2004.

［12］张建宏．现代商务礼仪教程［M］．北京：国防工业出版社，2011.

[13] 杨丹妮，等. 国际商贸礼仪 [M]. 北京：人民教育出版社，2008.

[14] 何爱华. 实用商务礼仪 [M]. 北京：人民邮电出版社，2011.

[15] 杨眉.商务礼仪 [M]. 北京：中国商业出版社，1997.

[16] 鲍尔德里奇. 企业人礼仪手册 [M]. 陈芬兰，等，译.海口：海南出版社，1997.

[17] 阿克期特尔. 世界礼仪大观——身势语 [M]. 万明玉，译.上海：上海译文出版社，1998.

[18] 李柳缤. 商务礼仪 [M]. 北京：中国商业出版社，1996.

[19] 姚伟. 现代商务礼仪 [M]. 北京：人民邮电出版社，2011.

[20] 刘莉华. 商务礼仪模拟教程 [M]. 北京：汉语大词典出版社，2011.

[21] 沈群，等. 餐厅服务规范 [M]. 北京：金盾出版社，1996.

[22] 黄馨仪. 商业礼仪 [M]. 北京：中国轻工业出版社，1999.

[23] 陈萍. 最新礼仪规范 [M]. 北京：线装书局，2004.

[24] 众行管理资讯研发中心. 接待技巧训练 [M]. 广州：广东经济出版社，2003.

[25] 张玲. 聆听国际大师最权威的礼仪课 [M]. 北京：科学出版社，2014.

[26] 刘小清. 现代营销礼仪 [M]. 大连：东北财经大学出版社，2006.

[27] 吕维霞，刘彦波. 现代商务礼仪 [M]. 北京：对外经济贸易大学出版社，2003.

[28] 陈玲玲. 现代女性社交礼仪 [M]. 上海：上海科学技术文献出版社，2000.

[29] 张彦，韩欲和. 涉外礼仪 [M]. 南京：译林出版社，

1993.

［30］何浩然．实用礼仪教程［M］．2版．北京：中国商业出版社，1998.

［31］夏志强．商务礼仪100堂课［M］．北京：经济管理出版社，2011.

［32］杨军，陶梨．旅游公关礼仪［M］．昆明：云南大学出版社，2000.

［33］黄洁．姿态的语言［M］．北京：中国工人出版社，2015.

［34］陈向红．新编现代商务礼仪［M］．北京：电子工业出版社，2011.